Veredas da Paz

Veredas da Paz

pelo espírito Fernando

psicografia de Lizarbe Gomes

LÚMEN
EDITORIAL

Veredas da paz
Pelo espírito Fernando
Psicografia de Lizarbe Gomes
Copyright @ 2011 by
Lúmen Editorial Ltda.

1ª edição – maio de 2011

Direção editorial: *Celso Maiellari*
Assistente editorial: *Fernanda Rizzo Sanchez*
Revisão: *Maria Aiko Nishijima*
Projeto gráfico e arte da capa: *Ricardo Brito / Designdolivro.com*
Imagens da capa: *Zven0 / Dreamstime*
Impressão e acabamento: *Yangraf Gráfica*

Dados Internacionais de Catalogação na Publicação (CIP)
(Câmara Brasileira do Livro, SP, Brasil)

Fernando (Espírito).
    Veredas da paz / pelo espírito Fernando ; psicografia de Lizarbe Gomes. – São Paulo : Lúmen Editorial, 2011.

    ISBN 978-85-7813-044-2

    1. Espiritismo 2. Psicografia 3. Romance espírita
I. Gomes, Lizarbe. II. Título.

11-02900   CDD-133.93

Índice para catálogo sistemático:
1. Romances espíritas psicografados : Espiritismo   133.93

LÚMEN
EDITORIAL

Rua Javari, 668
São Paulo – SP
CEP 03112-100
Tel./Fax (0xx11) 3207-1353

visite nosso site: www.lumeneditorial.com.br
fale com a Lúmen: atendimento@lumeneditorial.com.br
departamento de vendas: comercial@lumeneditorial.com.br
contato editorial: editorial@lumeneditorial.com.br
siga-nos no twitter: @lumeneditorial

2011
Proibida a reprodução total ou parcial desta
obra sem prévia autorização da editora

Impresso no Brasil – *Printed in Brazil*

PRECE DO ESCRITOR

Abençoa, Pai, as mãos que escrevem a vida, permitindo que escrevam as lições traçadas no cotidiano das almas, em erros e acertos.

Abençoa, Pai, as mãos que escrevem, dando olhos de ver e ouvidos de ouvir a quem escreve, para vislumbrar a beleza, a alegria, a dor e a tristeza das ações humanas como lições de aprendizado. A nenhuma julgando e com todas aprendendo.

Abençoa, Pai, as mãos que escrevem a vida, dando aos sentimentos a compreensão, para ver nos gestos de nossos irmãos sempre o melhor e, se assim não for, dá-nos a compreensão dos sentimentos alheios, desenvolvendo a nós o amor sem restrições.

Abençoa, Pai, as mãos que escrevem, dando aos lábios as palavras e os sons certos para transmitirem a glória e os exemplos da Criação, fazendo-nos sempre compreendidos por nosso leitor.

Abençoa, Pai, as mãos que escrevem, dando aos pés o rumo certo na vida, auxiliando-nos a trilhar os caminhos ensinados pelo Mestre, para que nossas mãos participem da tarefa de educação dos espíritos, ensinando a exemplo de Jesus, contando histórias da vida.

JOSÉ ANTÔNIO
(Psicografada por Ana Cristina Vargas em
reunião mediúnica de janeiro de 2001)

Apresentação, 9
Momentos de reflexão, 11
Momentos de alegria, 20
Retornando a casa, 28
O reencontro, 36
O pianista, 42
A difícil reconciliação, 50
Uma amizade duradoura, 56
Novos rumos, 67
Aprendendo sempre, 88
Recomeçando, 110
Uma nova concepção de vida, 125
O encontro com Moacir, 137
Diante de novos desafios, 147
Decisiva colaboração, 157
O apelo de Cíntia, 162
Voltando à cena, 171
O amor prevalece, 182
Em busca das origens, 192
O baile, 206
O diamante, 215
Entre dois caminhos, 229
A decisão, 256
A cobrança, 282
Preparando novas experiências, 311

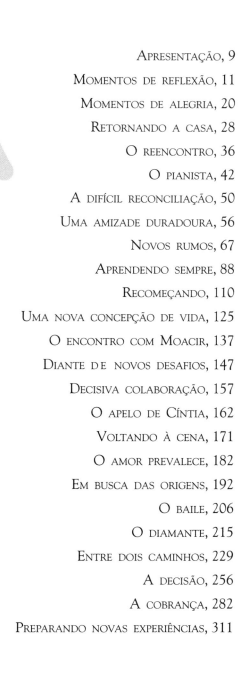

APRESENTAÇÃO

Aos leitores

Pedimos licença para lembrar o conselho sábio de Joanna de Ângelis ao recomendar: *Cuida-te ao escolheres o caminho por onde avançar. Roteiros há que terminam em lugares sem saída e outros que conduzem a amplas regiões de paz. Vê qual rumo que pretendes tomar e elege a via de libertação.*[1] Veredas são caminhos, sendas que o mundo nos apresenta. Cabe a nós escolher qual delas iremos trilhar.

Não são poucas as vezes que tomamos as decisões erradas, movidos por interesses ilusórios e passageiros, assim como, em muitas oportunidades, escolhemos com acerto e bom senso. Nem sempre os trajetos são fáceis de percorrer. Invariavelmente, apresentam obstáculos a desafiar nossa inteligência, capacidade de discernimento, nossa autoconfiança, a elevação de nossos sentimentos, nossa fé no Ser Superior que governa os mundos.

Estas são as histórias que têm povoado os romances. Não apenas as opções que geraram dor, desencanto e arrependimento;

---

1. Ângelis, Joanna de. *Rumos libertadores*. Psicografia de Divaldo Pereira Franco (Nota da Autora Espiritual).

não somente a expiação pelos desacertos cometidos. É preciso mostrar o trabalho pelo sentido ascendente, a possibilidade sempre presente da transformação para melhor, ainda que isso exija ingentes esforços. É preciso dar a conhecer aqueles que oferecem a mão no momento exato, não para criticar ou condenar atos alheios, mas para lhes trazer novas esperanças, convidar ao trabalho em benefício do outro, na salutar iniciativa de buscar o crescimento pessoal, auxiliando no crescimento de todos.

Para tanto, estimado leitor, trazemos até você alguns lances da trajetória de Diana Veiga, personagem de nome fictício que, a partir das próximas páginas vai compartilhar com você um pouco de seu grande empenho no próprio reerguimento, tal como sucede a cada um de nós, visto ser este o convite que a vida nos faz a cada dia: perceber em cada acontecimento uma oportunidade, um aprendizado a nos ensejar o progresso, libertando-nos paulatinamente de tudo o que nos retém na retaguarda.

Ao mesmo tempo, compartilhamos mais uma vez, com você, um pouco do que temos aprendido, agradecendo sempre ao Criador pelos inúmeros amigos, incansáveis na tarefa da colaborar com nosso trabalho.

Os caminhos que você trilhou até agora, prezado leitor, conduziram-no até este livro *Veredas da paz*. Tenha nele mais um companheiro em sua jornada!

FERNANDO

Pelotas, 22 de novembro de 2009

Momentos de reflexão

 Despontavam os primeiros raios de sol daquela manhã de sábado, e Floriano Sagres já estava na praia, contemplando o ir e vir das ondas do mar. Estava sentado na areia após longa caminhada. Ao longe, divisava casais de namorados, uma ou outra pessoa iniciando seus exercícios físicos. No entanto, o movimento ainda era calmo.

Floriano, conceituado escritor e jornalista, estabelecera-se no Guarujá, litoral paulista, havia precisamente três anos. Amava o lugar e valorizava cada momento que podia passar próximo à natureza. Entretanto, não estava nos planos dele estar ali já tão cedo.

Durante a madrugada, acordara sobressaltado por um telefonema. Do outro lado da linha, a voz aflita de uma mulher comunicava algo que, se não poderia ser qualificado de surpreendente, mesmo assim não deixava de ser doloroso: Diana, sua ex-mulher, havia sido internada às pressas num hospital da capital. Estava em coma alcoólico.

O telefonema foi breve. O suficiente para fazê-lo perder o sono. Eram seis e meia da manhã quando ele decidiu sair de casa e passear à beira-mar.

Todavia, Floriano percebia o quanto as experiências da vida o fizeram mudar de atitude. Se fosse em outros tempos, certamente teria viajado, às pressas, para a capital, para se colocar ao lado de Diana, grande amor de sua vida, mesmo que se visse impossibilitado de fazer algo por ela. Ainda assim, iria se fazer presente.

Mas já não era mais tempo de agir por impulso. Floriano não sabia ainda se os últimos acontecimentos haviam servido para amadurecê-lo ou para torná-lo mais frio e insensível aos reveses da vida. Estava com trinta e oito anos, cinco deles vividos ao lado de Diana. E foram tantos os desencontros, tantas as marcas deixadas pelo tempestuoso relacionamento que, nos últimos meses, o escritor havia optado pelo distanciamento e isolamento.

Estava mesmo surpreso pelo fato de Cíntia, sua ex-cunhada, lembrar dele naquele momento de apreensão. Por que justamente ele, pessoa por quem reiteradas vezes ela manifestara indisfarçável aversão? Nunca escondeu o quanto se opunha à união dos dois. Contudo, certamente, quando se viu sozinha e desamparada tanto física como sentimentalmente, num enorme hospital, durante a madrugada, lembrou-se dele, a quilômetros de distância, e finalizou o recado dizendo:

– Era isso, Floriano... achei que você precisava saber! Em seguida, desligou o telefone, deixando-o aturdido e sem saber o que fazer.

Em meio a conjeturas, ainda ignorando como proceder num caso como aquele, nosso amigo viu, ao longe, uma figura bastante cara ao seu coração. Era uma mulher alta, cabelos compridos e cacheados. Magra, ela saltitava à beira do mar, brincando com as ondas. A brisa fazia seus cabelos e seu vestido esvoaçarem graciosamente. Era como se ela fizesse um bailado original, comunicando a todos seu bem-estar e sua alegria.

A cena era contrastante. Enquanto Floriano trazia ainda o semblante carregado, envolvido por dúvidas perturbadoras que pareciam chumbá-lo ao solo, a amiga parecia volitar de tão leve. Curioso por saber o que a teria atraído tão cedo para a praia ainda praticamente deserta, acenou para que ela se aproximasse.

À medida que ela corria em sua direção, definia-se mais seu semblante risonho. Cumprimentou-o carinhosamente e logo anunciou o motivo de sua alegria:

– Estou vindo do hospital agora, Floriano! O bebê de Sônia nasceu! É uma linda menina! Vai se chamar Beatriz!

– Ótima notícia, Andréa! E Sônia, como está?

– Passou muito bem! Está agora com a mãe dela e... Rubens também compareceu.

– Melhor ainda! Espero que todos sejam muito felizes!

Um momento de silêncio se fez entre os dois amigos. Andréa o conhecia o suficiente para saber que algo muito sério havia ocorrido para encontrá-lo sozinho e meditativo àquela hora da manhã, na praia. Então perguntou:

– E você, Floriano? O que aconteceu para deixá-lo com essa sombra de tristeza no olhar?

Ele nada respondeu. Não queria quebrar a intensa alegria da amiga com suas mágoas e preocupações. Mas Andréa insistia e acabou indo direto ao ponto:

– Não me diga que... Diana... só pode ser Diana mais uma vez para deixá-lo tão acabrunhado! Foi ela, não foi?

Vendo que era inútil esconder a verdade, Floriano anuiu com a cabeça e pôs-se a contar:

– Durante a madrugada acordei com um telefonema de São Paulo. Era Cíntia, irmã de Diana, comunicando que ela foi internada e está em coma alcoólico.

– Por que telefonou para você?

– Não sei. Cíntia foi muito "amável" em me informar: "Vinícius não está aqui" ela disse.

– Já faz algum tempo que ele não tem "estado lá" – concluiu Andréa.

– Sim, certamente a estas horas, enquanto Diana está hospitalizada, enquanto eu estou aqui, acabrunhado como você disse, Vinícius está se divertindo em Orlando, na Flórida, com sua nova amante – calculou ele com tristeza e amargura na voz.

– Ah, Floriano! Já vi você sofrer pelo que fez a Diana, pelo que deixou de fazer por ela, pelo que ela lhe fez e agora...

– Agora sofro porque me sinto incapaz, impotente para fazer qualquer coisa. E essa sensação de me ver impossibilitado de agir me incomoda.

Andréa avaliava o quanto a situação o deixava transtornado. Sabia o quanto Floriano amara intensamente Diana e, por certo, ainda a amava. Mas sabia que era inútil atormentar a si mesmo por algo que não estava ao seu alcance resolver. Por essa razão, sugeriu, na esperança de tirá-lo daquele estado de abatimento:

– Meu amigo, acompanhe-me! Vou para casa fazer um café da manhã bem gostoso! Se você vier, prometo fazer aquele suco de que você tanto gosta!

– Ah, agora já me animei mais! – brincou Floriano.

Assim, os dois saíram rumo à casa de Andréa, onde seguiriam conversando animadamente.

✳

A aconchegante habitação não ficava muito longe dali e eles chegaram rápido àquele lugar tão aprazível.

Andréa, conhecida arquiteta e paisagista, morava ali havia cerca de cinco anos. Vivia sozinha na ampla, arejada e bem cuidada residência. O recanto preferido da dona da casa era uma sacada envidraçada, de onde se enxergava o mar.

E era exatamente ali que Floriano se colocava agora. Era bastante agradável estar naquele lugar, em companhia tão apreciada. Enquanto Andréa preparava o desjejum, ele se lembrava da primeira vez que havia estado ali e do quanto a amizade dos dois havia se solidificado ao longo do tempo. Admirava Andréa por sua sensatez, segurança e equilíbrio emocional, mas sabia também o quanto ela sofrera até adquirir essas qualidades. Ninguém melhor do que ela para encontrá-lo naquele preciso momento de indecisão e desconforto.

Bastante animada, ela narrava o nascimento do bebê de Sônia, uma amiga em comum, desde o momento em que a gestante chegou ao hospital até a hora em que receberam a notícia de que Beatriz chegara ao mundo e que a jovem mãe passava bem. Rematou então, enquanto convidava Floriano para a mesa de refeições:

– O mais emocionante foi quando Rubens chegou ao hospital. Nem dona Sara nem eu o esperávamos, mas ele compareceu assim que pôde. Não via o momento de ver a pequena. Quando saí, Sônia já estava no quarto, tendo ele ao seu lado, bastante emocionado. Espero que daqui em diante tudo fique bem!

– Também espero, Andréa! Esses dois moços merecem ser muito felizes!

– Ah! Rubens lembrou-se de você. Comentou comigo o quanto foi bom para ele a conversa que vocês tiveram há algum tempo, você sabe...

– Sim, recordo-me – completou Floriano.

– Por esse motivo eu estava pensando: seria bom que você fosse visitar o Rubens e a Sônia para parabenizá-los! Acho que ficariam muito contentes.

Andréa estava tão entusiasmada com a boa notícia do dia que recém-iniciava que nem notou o quanto o interlocutor estava distraído em seus pensamentos. Floriano, de inopino, perguntou:

– E se ela morrer?

– Quem? A Sônia? Não, nem pense nisso! Ela está muito bem!

– Não! – esclareceu Floriano – eu falo... de Diana! Será que ela corre risco de morte?

Só então Andréa percebeu o quanto o amigo ainda estava sob o impacto da notícia que recebera no meio da madrugada. Ela respondeu calmamente tentando tirá-lo da apreensão:

VEREDAS DA PAZ

– Não sei, Floriano. Isso depende do grau de intensidade, da gravidade do coma. Talvez ela se restabeleça em pouco tempo, talvez tenha sequelas... pelo que você me disse, ainda é cedo para sabermos.

– Você tem razão. Talvez seja prudente ligar mais tarde para a Cíntia, para saber da evolução do seu quadro clínico. Ao menos isso eu poderia fazer.

– Se acha melhor assim...

Tão logo terminou a refeição matinal, sentaram-se ambos na ampla sacada, ainda saboreando o suco de frutas e usufruindo o sol da manhã. Floriano comentou:

– Minha amiga, neste exato momento eu deveria estar concluindo a preparação de uma palestra que farei na segunda-feira para estudantes do curso de Jornalismo. E, no entanto, aqui estou... ainda em estado de choque, sem saber que rumo dar à vida! Que estranho poder é esse que Diana possui em alterar meus planos de uma hora para a outra?

– Ela interfere na justa medida que você permite. Já conversamos sobre isso – lembrou a dona da casa, com acerto.

A essa altura, Floriano se levantou. Olhava o movimento incessante de pessoas na praia e pensava não só no que acabara de ouvir como também nas outras orientações que recebera por intermédio de Andréa. Voltando-se para ela, perguntou de maneira inesperada:

– E os espíritos? O que dizem agora?

– Em relação a...?

– Ao que aconteceu com Diana. Eu lembro que eles disseram, com muita clareza, que ela estava trabalhando contra si mesma, que construía a própria ruína, lembra?

– E na ocasião você achou que não podia ser verdade, que ninguém trabalha contra si mesmo. Em sua opinião, era um contrassenso afirmar tal coisa!

– Sim, mas agora...

– Um momento, "senhor Floriano" – interrompeu-o com humor – eu estou enganada ou o "senhor cético" está menos desconfiado em relação às mensagens do Além?

– Eu mentiria se dissesse que estou inteiramente convencido, mas sou levado a crer, pelo que estou observando... de fato, Diana se portou de maneira a conduzir-se para a ruína. Não tenho vergonha de confessar isso a você, minha amiga, que soube me reerguer quando eu cheguei aqui, num estado de verdadeiro flagelo emocional.

– Não, Floriano! – esclareceu ela, com bondade. – Eu não fiz tanto assim! Foi Deus quem o ajudou e também seus próprios guias espirituais, que o revigoraram naquele momento. Esses amigos invisíveis, que você insiste em não reconhecer, nem por isso deixam de beneficiá-lo quando necessário.

– Será que sou tão ingrato assim com o pessoal do Além? – ironizou Floriano.

– Futuramente você pensará de outra maneira... eu sei disso – asseverou Andréa com serenidade e largo sorriso.

– E agora, minha querida pitonisa? O que faremos?

– Iremos ao hospital visitar nossa amiga Sônia que acaba de se tornar mamãe!

– Mas você não está cansada? Acaba de chegar de lá!

– Ah, querido, eu adoro nascimentos! Adoro ver a vida se renovar na Terra! Então, vem comigo ou não?

VEREDAS DA PAZ

– E quem poderia se negar a acompanhá-la? Só você mesmo para me contagiar com tanta alegria e otimismo!

Assim, ambos se dirigiram para a planejada visita.

MOMENTOS DE ALEGRIA

Quando Floriano e Andréa chegaram ao quarto da maternidade depararam com uma cena enternecedora: Sônia amamentava a filhinha sob o olhar carinhoso do marido.

Foram recebidos com júbilo pelo jovem casal, que se mostrava agora mais confiante. Em breve as duas teriam alta, para a alegria de todos.

Aproveitando a presença dos visitantes, Sônia, com um sorriso nos lábios, entregou a pequena nos braços de Floriano, dizendo:

– Ninguém melhor que o senhor para tê-la junto a si neste momento tão especial!

Ele, emocionado, sem nada dizer, apenas segurou amorosamente o frágil ser em seus braços. Rubens completou:

– Sempre seremos gratos aos dois por terem nos encorajado em momento tão delicado! Eu e Sônia já decidimos. Gostaríamos muito que vocês fossem os padrinhos de Beatriz.

O amável convite foi aceito de pronto. Tanto Floriano como Andréa já conheciam o casal havia alguns anos. A jovem, que se tornara mãe pela primeira vez, era filha de Sara, proprietária de uma floricultura, cujos serviços de muita boa qualidade eram reconhecidos na cidade e bastante requisitados pela paisagista Andréa Giovenazzi. Sônia trabalhava com a mãe e criava arranjos florais que impressionavam pelo bom gosto, sensibilidade e criatividade. Havia pouco mais de um ano que tinha se casado com Rubens, também jovem, de 25 anos, e juntos enfrentavam as vicissitudes iniciais de uma vida conjugal. E era exatamente nos instantes delicados vividos pelo casal que Floriano pensava enquanto fitava o bebê adormecido em seu colo.

A seguir, colocando-a no berço, ele saiu com o pai da menina para o corredor do hospital, deixando Andréa e Sônia mais à vontade para conversar. O rapaz, bastante entusiasmado, comentava:

– Não sei descrever a emoção que sinto agora, Floriano! Jamais esquecerei sua intervenção precisa justamente na hora em que eu e Sônia iríamos cometer um erro do qual certamente nos arrependeríamos por toda a vida. Só hoje, tendo minha filha nos braços, posso entender isso. E pensar que se não fosse por você, ela não teria vindo ao mundo.

– Não pense nisso agora, Rubens! – recomendou o amigo – aproveite ao máximo essa emoção de ser pai pela primeira vez que, certamente, deve ser maravilhosa!

– Ah, Floriano! Sem querer fui descuidado com as palavras e acabei fazendo você se lembrar de experiências desagradáveis, aquelas que, ao compartilhar comigo, fez com que eu mudasse meu ponto de vista em relação à gravidez inesperada de Sônia. Desculpe, não tive a intenção...

– Eu o entendo, não se preocupe. Não é porque eu não senti a emoção de ser pai – embora quisesse muito – que devo me lamentar eternamente. Não creio que isso torne a acontecer comigo. A meu ver, minha oportunidade já passou. Mas você ainda poderá ter essa alegria outras vezes e isso já é suficiente para que eu também fique feliz, meu amigo!

Rubens nada respondeu. Apenas abraçou aquele homem a quem aprendera a querer muito bem por tudo o que ele representava em sua vida.

✳

A ternura da cena, que acabamos de descrever, esteve muito perto de não se realizar.

Precisamente sete meses antes, Floriano conseguiu reverter uma situação que rumava para um desfecho lamentável.

Naquela tarde ensolarada, chegava ele a um hotel do Guarujá para conversar com um amigo que chegara havia pouco para passar alguns dias na cidade.

Aproveitaria, também, para trocar rápidas palavras com o gerente do estabelecimento, seu amigo e, para lá, dirigiu-se. No caminho, viu que alguns candidatos a funcionários do hotel aguardavam para ser entrevistados. Entre os que disputavam uma vaga estava Rubens, a quem Floriano já conhecia.

Cumprimentaram-se e logo este se dirigiu à sala do gerente, onde não se demorou.

Ao sair, novamente encontrou Rubens, bastante nervoso, a conversar com um conhecido. O rapaz parecia bem exaltado a se justificar para o ouvinte. E Floriano, ao passar próximo a eles, ouviu com clareza a frase que tanto o perturbou:

— Não, Pedro! Já está decidido! Não é hora para termos essa criança! Sônia também concorda! Talvez hoje mesmo faça o aborto!

— Mas você sabe que estão fazendo algo contrário à vontade de Deus – contrapôs o outro!

— E o que Deus está fazendo de bom por mim? – respondeu, revoltado. – Veja a minha situação! Aqui estou eu disputando uma vaga de emprego com todas essas pessoas para ocupar um cargo inferior às minhas qualificações porque há quatro meses estou desempregado! Você acha que eu e Sônia temos capacidade para criar um filho numa situação dessas, logo agora que ela tem trabalhado tanto, sustentando a casa sozinha? É melhor que ele nem venha ao mundo... não é, Floriano? – concluiu, dirigindo-se ao senhor que se postara ao lado dos dois, impressionado pelo que ouvia.

— Rubens, gostaria de falar a sós com você, se seu amigo permitir.

Como o outro se retirasse educadamente, Floriano iniciou a conversa que seria tão marcante para o jovem:

— Rubens, talvez eu não seja a pessoa certa para conversar com você a respeito desse assunto; afinal, mal nos conhecemos. Mas, ao mesmo tempo, sinto-me no dever de não me omitir no que se refere a caso tão sério.

– Floriano, devo lhe dizer que é melhor não gastar seu tempo comigo se pensa me fazer mudar de opinião. Sônia já entendeu a situação e concordou em fazer o aborto.

– Será que ela entendeu mesmo, Rubens? Conheço Sônia há mais tempo e sei o quanto ela estimaria ser mãe e, mais ainda, por ser um filho seu, pessoa por quem sempre foi apaixonada! E, no entanto, justamente você pede que ela expulse de dentro de si um ser a quem ela seria capaz de oferecer infinito amor! Será que ela entendeu mesmo... será que continuará a sentir o mesmo afeto intenso pelo marido que a obriga a tal violência contra si mesma?

– No início ela não queria, é certo, mas... não há outra maneira de resolvermos, Floriano!

Um instante de silêncio se fez. O escritor estava admirado consigo mesmo. Sempre havia sido pessoa discreta e reservada. Tempos atrás, jamais se imaginaria fazendo o que fazia naquele exato momento. Nunca se preocupou em interferir nas decisões de ninguém, muito menos sem ser solicitado. Mas já havia iniciado a conversa, tentando alertar Rubens quanto ao erro grave que estava para cometer. E prosseguiria ainda, tentando dissuadi-lo da infeliz ideia:

– Rubens, quando eu tinha a sua idade, também imaginaria ser essa a solução mais fácil. Contudo, uma dura experiência me fez pensar diferente. Há cerca de três anos eu era casado, apaixonadíssimo por minha esposa. Todavia, por várias razões, nossa união não deu certo e decidimos nos separar. Na época, ela não me disse nada, mas esperava um filho meu. Só mais tarde descobri a verdade... Ela fez um aborto... E eu nunca a perdoei... Meu sonho era ser pai, mais feliz ainda ficaria por ser um filho dela, a quem tanto amava.

Rubens notou a profunda emoção no olhar e nos gestos do homem com quem falara tão poucas vezes, mas que agora se revelava sinceramente imbuído pelo propósito de fazê-lo pensar melhor sobre a decisão tomada, nem que para isso tivesse de expor as feridas da própria alma. O rapaz continuou ouvindo a narrativa:

– Por muito tempo evitei qualquer aproximação com Diana. Passei a detestá-la por ter cometido ato tão covarde e brutal. Eu mesmo teria criado o bebê se ela não o quisesse. Enfim, o fato de ela ter matado nosso filho fez com que meus sentimentos por ela se transformassem, dando lugar ao ressentimento, à mágoa, a emoções negativas. – E, rematando, afirmou: – Não deixe que isso aconteça entre você e Sônia. Não sepulte o sentimento tão intenso e saudável que os une com uma atitude violenta, que ela nunca esquecerá por mais que se esforce. Isso pode condenar o relacionamento de vocês.

– Eu sei, Floriano, entendo sua intenção, mas... é tão importante assim ser pai?

– Tornar-se pai significa que Deus conta com você para educar uma alma. Significa que Ele confia na sua aptidão para bem se conduzir, a fim de apontar um caminho melhor para alguém. Ser pai é uma segunda chance de acertar onde você errou, de não ensinar aquilo que sabe não ser o certo, mesmo que seu filho não queira ouvi-lo. É a chance de repetir as experiências bem-sucedidas em sua vida e transmiti-las a essa pessoa que merecerá todo o seu amor por mais que lhe dê preocupações. E é a garantia que toda paixão que você sentiu por uma mulher ficará perpetuada. Eu não pude sentir essa emoção... mas Deus conta com você! Não decepcione o Senhor dos mundos, porque Ele certamente sabe que Sônia será uma mãe excelente, e você saberá enfrentar as dificuldades e se tornará um ótimo pai!

Rubens estava bastante emocionado com tudo o que ouvira. No entanto, receava que já fosse tarde demais. Só então confidenciou a Floriano:

– Sinto muito, mas... acho que a essa altura, talvez já esteja tudo consumado. Sônia ia hoje "naquela clínica". Eu ia junto, mas marcaram a entrevista de emprego para o mesmo horário e não pude acompanhá-la!

– Ah, não! – lamentou Floriano. – Diga-me onde é a tal clínica e vou ver se consigo falar com ela antes que aconteça o pior!

Pegando o endereço, seguiu para lá o mais rápido que pôde. E chegou no exato instante em que Sônia se dirigia para entrar na clínica. Caminhava devagar, de cabeça baixa, parecia alheia a tudo. Floriano, de carro, passou por ela, gritou seu nome, mas ela não ouviu. Enquanto ele estacionava mais adiante, viu, pelo retrovisor, que a moça se detinha na porta do prédio. De súbito, saiu apressada pela calçada, com as mãos no rosto, como se estivesse chorando muito.

Foi então que ele se aproximou, conseguindo alcançá-la. Ela chorava desesperada e se abraçava a ele, dizendo:

– Eu não consigo, Floriano... Não posso fazer isso... Não tenho coragem... Eu não consigo!

– Eu já sei o que está acontecendo, Sônia! Fique tranquila, estou aqui porque conversei muito com Rubens. Talvez ele já tenha mudado de ideia. Tudo ficará bem, minha amiga, venha comigo!

Vendo que ela estava bastante agitada e comovida, convidou-a a caminhar um pouco pela praia, respirando a brisa refazedora. E enquanto via a jovem se recuperar pouco a pouco da emoção intensa, Floriano, à sua maneira, agradecia ao Senhor dos mundos por ter chegado a tempo de evitar um fato que teria tristes consequências. E, não deixava de lembrar, dizendo para si mesmo: "Se eu pudesse ter feito isso por Diana, hoje seríamos mais felizes!".

RETORNANDO A CASA

Após se despedir de Rubens e Sônia, na maternidade, Floriano voltou para casa. Andréa tinha razão. A visita aos amigos fez muito bem a ele, melhorando seu estado de ânimo.

No restante da manhã, trabalhou com afinco na palestra que apresentaria aos estudantes de Jornalismo. Vez ou outra, a lembrança de Diana lhe assomava à mente. Como estaria ela? Telefonou mais de uma vez para Cíntia, mas não conseguira localizá-la.

Durante toda a tarde, continuou a procurá-la e a deixar recados nos lugares por onde ela pudesse passar. E quando o telefone finalmente tocou, Floriano praticamente voou para atendê-lo. Era uma ligação de São Paulo. Seu editor queria saber como estava indo o trabalho atual do escritor. Foi informado de que estava em fase de finalização. Em meio à conversa, ele, que também era amigo pessoal e estava a par dos dramas íntimos de Floriano, comentou:

– Você já deve estar sabendo do que aconteceu a Diana, não?

– Sim... Cíntia me avisou, mas... Não me diga que a imprensa tornou a noticiar com estardalhaço!

– Não, fiquei sabendo por intermédio de uma amiga da família. – Esclareceu o editor e recomendou: – Espero que você não deixe isso afetar seu trabalho mais uma vez, Floriano. É melhor você se manter afastado, não se envolver. Será bom para você e para ela.

– Não se preocupe, Armindo. Já estou procurando reagir de maneira mais tranquila em relação aos desatinos de Diana. Eles já não me perturbam tanto como no passado.

– Fico feliz em ouvir isso – comemorou o amigo. – Até breve, Floriano.

Somente mais tarde, quando já anoitecia, é que o telefone tornou a tocar. Desta vez sim, era a tão esperada ligação. Cíntia afirmava que Diana já estava fora de perigo, de acordo com o médico, mas havia dado um grande susto em todos e concluiu, com a voz impregnada de tristeza:

– O caminho agora é interná-la numa clínica especializada no tratamento do alcoolismo. Nunca pensei que Diana pudesse chegar a esse ponto, mas ela já não se controla mais... Seu organismo já não suporta tantos excessos e eu... já não posso mais me responsabilizar sozinha por ela. Demorei muito a aceitar, mas depois de quase perder minha irmã, entendo que ela, de fato, precisa de ajuda especializada.

As palavras dela repercutiam dolorosamente em Floriano, mas ele prosseguia ouvindo atentamente o desabafo de Cíntia:

– Errei muito com ela, sei disso. Errei mesmo em relação a você. Enfim, não é possível fazer o tempo voltar. Só hoje vejo que você talvez tenha sido o maior amigo que Diana já conheceu.

– Assim que eu puder, vou visitá-la – afirmou emocionado.

– Melhor não, Floriano. Ela não gostaria de vê-lo... Ainda mais numa situação como essa. Você já sabe que ela ficará bem e eu agradeço, simplesmente por vê-lo interessado e torcendo por sua recuperação. Tornarei a lhe dar notícias... Obrigada!

Só agora ele entendia o porquê de Cíntia estar se sentindo tão aflita e desamparada no momento em que lhe telefonou durante a madrugada. Ela também, a seu modo, havia provocado a própria ruína, conforme asseguravam os espíritos, por meio da mediunidade de Andréa.

Cíntia, nos últimos anos, agira como se o mundo girasse em torno de sua irmã mais nova, famosa atriz. Exacerbava sua vaidade, induzia-a aos caminhos tortuosos do sucesso a qualquer preço, selecionava suas amizades de acordo com as vantagens financeiras que pudessem auferir, afastava dela tudo o que pudesse contrariar seus sonhos de grandeza e projeção pessoal.

A relação das duas irmãs era doentia. A mais velha, sentia-se dona da vida da caçula, influenciando sempre para que ela se conduzisse conforme sua vontade tirânica. Diana, por sua vez, utilizava-se da astúcia e sagacidade de Cíntia para se destacar ainda mais no meio artístico. E, com o tempo, foi deixando que se apagasse nela o brilho de sua espontaneidade e iniciativa, sendo guiada, praticamente, pela mão da outra, que exercia as funções de empresária dela.

Só agora, duramente despertada pela cruel realidade que sempre insistira em ignorar e disfarçar, Cíntia percebera o quanto Diana estava fragilizada emocionalmente, perturbada até o extremo de agir no sentido da autodestruição. A carreira, antes prestigiada, via-se ameaçada diante de tantos desequilíbrios. E a concorrida atriz, que anos antes despertava furor entre os admiradores, experimentava o amargo cálice da solidão e do desamparo em plena mocidade, quando deveria estar vivendo o auge do sucesso!

Floriano sabia, no entanto, que não era justo culpar unicamente Cíntia pelos desajustes da irmã. Ele mesmo cometeu os mesmos erros, tentando fugir do problema enfrentado pela esposa. Deveria tê-la socorrido de maneira mais firme quando percebeu sua tendência ao alcoolismo. Contudo, não dava aos fatos a verdadeira dimensão e, quando percebeu, Diana já havia avançado muito na estrada perigosa que escolhera trilhar.

Mesmo assim, Floriano, com paciência e dedicação, esteve bem próximo de conseguir tirá-la daquele pesadelo que a ameaçava constantemente. Ela já estava conseguindo viver bem longe dos excessos, evitando a bebida que tantos transtornos lhe causavam. Tudo ia bem até... até que Diana Veiga, a famosa atriz, conheceu um jovem ator, em início de carreira, mas bastante talentoso. Era Vinícius Aguiar, que trabalhava com ela na mesma produção para a televisão.

De uma hora para outra, Floriano viu sua vida conjugal desmoronar. No início, julgou que a atração da esposa pelo rapaz fosse algo passageiro, mas... Diana se deixou arrastar de tal forma, por uma paixão tão intensa, que logo passou a agir de forma a ignorar completamente sua condição de esposa.

Foi dela a iniciativa de optar pela separação e ir viver com Vinícius. Para sua surpresa, entretanto, constatou que estava grávida e o pai de seu filho era Floriano. Todavia, estava agora apaixonada por outro homem e esse homem não aceitou sua gravidez. Como condição para viver ao seu lado, impôs a ela que providenciasse o aborto ou, então, poderia voltar para o pai da criança.

Além disso, havia o filme no qual ambos atuariam. Seria preciso viajar durante alguns meses, e a gravidez só atrapalharia Diana. Era inconveniente, segundo ela, ter um filho naquele momento. Seu trabalho ficaria prejudicado, bem como a vida afetiva, ao lado do belo e sedutor rapaz que escolhera para companheiro.

E assim, contrariando as Leis Eternas que nos ensinam a preservar a vida humana, Diana expulsou de seu ventre um feto de dois meses, sem mesmo comunicar a Floriano que se tratava de seu filho. Por algum tempo, teve consigo o homem amado; estreou o filme com sucesso e, acima de tudo, contraiu penoso compromisso por sua falta grave. Por muito tempo, sentiria suas terríveis consequências como parte da ruína que provocara para si mesma.

Tão logo Diana recobrou a consciência, ficou bastante assustada com o que lhe havia sucedido. Mal conseguia acreditar que tinha se excedido tanto. Recordava, com pesar, as horas de angústia que vivera. A certa altura, pensou mesmo que não conseguiria sobreviver, que uma força poderosa a arrastava para um lugar terrível, de onde ela não mais conseguiria voltar. Por certo, se não fosse o socorro imediato da irmã e a intervenção precisa dos médicos, ela certamente não teria resistido.

Algumas horas depois de sair do coma, Diana se revelava bastante indisposta. Com certa melancolia, ela perguntou:

– Vinícius... Onde está Vinícius? Quero vê-lo... Preciso falar com ele!

– Diana! Você sabe que isso não é possível... Ele não está mais aqui – respondeu a outra, com paciência.

Insatisfeita, a paciente replicou:

– Não, não pode ser! Como ele pôde ser tão tolo a ponto de se deixar envolver por aquela mulher horrível!

– Ah, Diana! Você quer mesmo falar sobre isso? – perguntou Cíntia, tentando acalmá-la.

– Por que isso foi acontecer? Será que ele não percebe que ela só vai se aproveitar da juventude dele e descartá-lo em seguida?

– Ela fará com Vinícius exatamente o que ele fez com você.

A resposta lúcida e direta de Cíntia feriu a suscetibilidade de Diana, ainda frágil e apaixonada, apesar de abandonada pelo seu amado. Ela chorou amargurada.

Tentando mudar de assunto, a irmã, sempre presente, comunicou-lhe:

– Há alguém que está bastante interessado em sua recuperação. Mostrou-se verdadeiramente preocupado ao telefonar. É Floriano.

Revelando irritação, Diana se revirava no leito e, mal-humorada, rebateu:

– Que me importa! Quero que Floriano me esqueça! Por causa dele Vinícius se afastou. Se ele não tivesse feito aquele escândalo na frente dos jornalistas, nada disso teria acontecido. Mirando bem nos olhos de Cíntia, declarou:

– Preste bem atenção! Quero esse homem o mais longe possível de mim!

A reação de Diana não foi surpresa. A irmã já esperava que ela fosse rejeitar a ideia de rever o ex-marido. A conturbada relação dos dois teve um fim repentino e surpreendente e havia deixado feridas ainda não cicatrizadas. Vendo a necessidade de rumar para assunto mais ameno, Cíntia indagou:

– Qual é a primeira coisa que você deseja fazer quando sair daqui? Que lugar gostaria de visitar?

A resposta foi imediata:

– O Parque do Ibirapuera! Assim que me recuperar quero ir lá dar uma longa caminhada! – E, com o olhar saudoso, acrescentou: – lembra, Cíntia, quando papai nos levava lá e ficávamos horas a correr e a brincar? Ah, como gostaria que papai estivesse aqui neste momento! Quanta saudade dele!

– Eu acho que se papai estivesse vivo, mana, você nem estaria aqui! Jamais teria chegado a esse ponto de quase se destruir. Ele não permitiria que isso acontecesse.

– Você tem razão, Cíntia! E se estou nessa situação, é melhor mesmo que ele não mais esteja aqui para ver.

Cíntia percebia a imensa tristeza e arrependimento na voz da irmã. Julgou prudente aproveitar o fato de que Diana se lembrava da figura paterna com tanta emoção para sugerir:

– Acho que a melhor forma de você homenagear nosso pai é trabalhar pelo reajustamento! Não seja tão cruel consigo mesma!

Não se maltrate tanto! Honre a memória dele com seu esforço em se libertar de uma vez por todas de tudo o que a oprime e a faz infeliz!

– Ah, Cíntia! Eu gostaria tanto! Mas será que consigo? Já fracassei tantas vezes!

– Continue tentando, não desista! – insistiu a interlocutora. – Estaremos com você. E tudo dará certo, acredite!

As duas irmãs, emocionadas, abraçaram-se com ternura. Por várias vezes Cíntia tentara, sem sucesso, tirar Diana da apatia ou da intensa agitação em que ela costumava mergulhar por longos períodos. Sabia agora que já não tinha a seu lado tantas pessoas dispostas a auxiliar no reajustamento da famosa atriz. Muitos amigos haviam se afastado nas horas críticas, muitos colegas e produtores se mostravam indiferentes aos transtornos emocionais de alguém que já havia desfrutado de elevadas posições de destaque no meio artístico.

Mesmo assim, ela se colocava a seu lado mais uma vez. Sabia, entretanto, que isso não era suficiente. Aguardava o momento oportuno de comunicar à irmã a decisão de interná-la em clínica especializada. Antevia a reação oposta, mas persistiria até convencê-la. Já haviam esperado demais. Não era apropriado arriscar mais uma vez e deixá-la exposta ao perigo de tornar a atentar contra a própria vida.

O REENCONTRO

Havia se passado uma semana desde que Diana obtivera alta e se encontrava, agora, morando com a irmã. Cíntia já havia conversado com ela sobre a necessidade de submeter-se a tratamento adequado para, finalmente, libertar-se do vício que tantos prejuízos já lhe trouxera. Ela parecia estar mais receptiva à ideia, todavia, não plenamente convencida. Relutava em se afastar da família, amava a liberdade de ir e vir e nunca foi dada a disciplinas rigorosas. Tinha medo de se sentir tolhida nas suas vontades e das consequências nefastas que isso pudesse ter.

Era uma manhã ensolarada de sábado. Cíntia arrumava o apartamento quando a campainha tocou. Sem imaginar de quem pudesse se tratar, atendeu sem demora. Para sua surpresa, era Floriano que se apresentava, sorridente.

– Cheguei em hora imprópria? – ele indagou, ao ver a expressão de espanto da dona da casa.

– Não, não é isso... é que Diana não está! Acabou de sair.

– Bom sinal! Significa que ela está retomando o gosto pela vida!

– Sim, ela tem se mostrado bem mais disposta nos últimos dias, mas... não sei se é o momento certo de se falarem. – E, vendo que ele ainda se encontrava imóvel, do lado de fora, desculpou-se: – Ah! Como sou descuidada! Entre e fique à vontade!

– Obrigado, Cíntia, mas prefiro ir ao encontro de Diana.

– Ela está no Parque do Ibirapuera. Você sabe, ela sempre gostou muito de se exercitar lá.

– Está bem. Vou ver se consigo falar com ela.

O visitante já ia se retirando quando Cíntia o advertiu:

– Por favor, não diga que fui eu quem indiquei onde ela estava. Faça parecer um encontro casual. Será melhor assim.

– Como você quiser, Cíntia – concordou o ex-cunhado.

A seguir, ele saiu apressado rumo ao local indicado. Teria pouco tempo na capital paulista, antes de voltar ao Guarujá. Mesmo assim, não poderia retornar sem antes ver com seus próprios olhos como estava Diana.

Ao chegar ao amplo parque precisou de alguns minutos até localizá-la. Quando finalmente a encontrou, ela estava fazendo alguns exercícios à sombra de uma árvore. Estava bem mais magra do que antes. Floriano ficou alguns instantes imobilizado, sem saber se deveria mesmo se aproximar. Observava a jovem, desenvolta em seus movimentos e, num relance, recordava quantos bons momentos havia passado ao lado dela. Por uma ironia, a primeira vez em que ele lhe dirigira a palavra foi justamente num parque londrino, na época em que ele lá residia e Diana havia ido fazer seu curso de Arte Dramática. Desde o primeiro encontro até aquele preciso momento, seis anos haviam se passado. Foram anos marcados por alegrias, surpresas, brigas, agressões, reconciliações e mágoas de toda ordem. Sentimentos desconcertantes, sem dúvida. A carismática atriz havia arrebatado o coração do renomado escritor e passado por sua vida como um tufão. E o impacto da presença dele na vida dela não fora menor.

De súbito, Diana terminou sua ginástica. Ao longe, identificou a figura do ex-marido. E, de maneira inesperada, correu em sua direção, abraçando-o emocionada e dizendo:

– Floriano, Floriano! Que bom ver você! Que bom que está aqui!

Ainda sob impacto da reação surpreendente, ele respondeu:

– Também estou feliz em revê-la, Diana.

– Há quanto tempo está aqui!? – indagou sorrindo.

– Acabei de chegar. Estava caminhando pelo parque quando percebi que era você. Como está agora?

– Bem melhor! Passei por um grande susto, você sabe! Mas serviu para que eu me desse conta do quanto estava prejudicando a mim mesma.

Os dois sentaram-se à sombra de uma árvore frondosa e ficaram a observar o incessante movimento de pessoas no parque. Floriano notava o semblante abatido da jovem que tanta paixão lhe despertara anos antes. Não mais o olhar vívido, a pele saudável. A magreza excessiva denunciava o quanto ela havia se maltratado por tempo prolongado. A pele, sem viço, denotava o descuido com que Diana tratava a si mesma.

– Lembra, Floriano, quando saíamos juntos e mal conseguíamos conversar porque as pessoas a todo o momento nos interrompiam para me pedir autógrafos, uma foto?

– Lembro perfeitamente – respondeu, com presteza.

– Pois saiba que já faz uma hora que eu estou aqui... e ninguém me reconheceu... Ninguém se aproximou para falar comigo... nada. É como se eu nunca tivesse existido, como se Diana Veiga tivesse se apagado da memória de todos!

Notando a profunda amargura nas palavras dela, Floriano argumentou:

– É o preço da profissão à qual você se dedicou com tanto amor! Toda profissão tem seu ônus! No seu caso, se você não está em evidência...

– ...todos esquecem rapidamente – concluiu ela com desânimo.

– Contudo, você sabe perfeitamente que pode reverter essa situação com seu talento e voltar a merecer o carinho de seu público. Verá então que não está tão relegada ao esquecimento como imagina – encorajou Floriano.

– Eu ainda não tenho certeza disso. Ainda não tenho ideia exata do quanto o álcool foi capaz de prejudicar minha capacidade de memorização e outras habilidades. Francamente... Acho meu retorno improvável.

– Não, Diana. Você não está sendo sincera quando afirma isso. Já passou por momentos difíceis e soube superá-los. Pode tentar outra vez e, certamente, conseguirá. É uma ótima atriz e isso não mudou.

– Será que os diretores e produtores ainda acreditam nisso? – aventou ela com desconfiança.

– Acreditarão se você acreditar que é capaz. A primeira pessoa a acreditar tem de ser você mesma, Diana!

Ela se revelava surpresa pela contundência de Floriano. Algo nele havia mudado, embora ela não pudesse identificar o que era com clareza. Vendo-o sinceramente interessado em animá-la, ela disse:

– Se eu quiser mesmo retornar, terei de fazer um grande sacrifício. Cíntia tem me falado a respeito da internação em uma clínica especializada, mas... ainda não sei se é uma boa ideia.

– Muitos colegas seus viveram dificuldades semelhantes, você sabe. Optaram por buscar auxílio de grupos e profissionais capacitados em casos como o seu, obtendo excelentes resultados. Por que não se dá uma chance, Diana? Não será tão mal assim!

– Eu tenho ouvido isso de várias pessoas, mas... sinto-me tão frágil! Tenho medo de fracassar de novo!

– Não pense em fracasso, pense em vitória! Só assim você conseguirá.

Decididamente, Diana não estava mais diante do mesmo homem, nem sempre resoluto a quem conhecera havia alguns anos. A firmeza com a qual ele se expressava era tão impressionante que era praticamente impossível permanecer indiferente aos seus conselhos.

Diana levantou-se e tornou a sentar ao seu lado, indagando:

– E se eu aceitar... aceitar a internação, você... ficaria ao meu lado... tornaria a me apoiar?

A pergunta repercutiu em Floriano, causando inquietação. Ele demorou a responder; afinal, haviam sido tantas as tentativas em reabilitá-la, tantas vezes ela o havia desapontado, foram tantas as recaídas... natural que ele hesitasse em se comprometer mais uma vez. Contudo, se não o fizesse, onde estaria a coerência entre o que havia falado se o gesto prático não correspondesse a tão bela teoria?

Ele se mantinha calado, pensativo. No íntimo, Diana entendia a dúvida do ex-marido. Mesmo assim, insistiu, provocativa:

– E então, Floriano? Você tornaria a me apoiar como sempre fez ao meu lado? Lembra-se do que aconteceu da última vez? Você não me abandonou... mas eu o abandonei! Tentaria ou não?

Floriano sofreu muito quando Diana o abandonou para viver ao lado de uma pessoa a quem mal conhecia! Teria sido melhor que ela nem tivesse se referido ao fato. No entanto, com toda a sinceridade, respondeu ele:

– Você sabe que pode sempre contar com minha amizade. Sou favorável a que você tente o tratamento e estarei presente, quando você precisar, minha querida!

Ela o abraçou emocionada e, a seguir, saíram a passear pelo parque, como costumavam fazer. Em um momento tão delicado de sua vida, Diana havia conquistado o apoio e a concordância de alguém que tinha vários motivos para não mais confiar nela. No entanto, se era possível a ele perdoá-la e fazê-la crer que a plena recuperação não era algo tão inatingível assim, cabia a ela se dedicar para provar que o amigo não estava errado e que ela ainda voltaria a brilhar nos palcos e nas telas.

O PIANISTA

No domingo pela manhã, Andréa dirigia-se à casa do amigo Floriano quando, ao chegar ao portão de entrada, ouviu um som que havia tempos não identificava: eram acordes do *Noturno, opus 2*, de Frederic Chopin.

Ainda do lado de fora, ela viu que a copeira estava para sair, mas ainda se detinha a ouvir, embevecida, a execução do intérprete. Ao ver a aproximação de Andréa, ela abriu a porta devagar e, então, ambas ficaram a observar o pequeno concerto que o pianista lhes oferecia.

Tinha ele vasto repertório, desde a música popular à erudita. Todavia, havia algum tempo não se exercitava. Mesmo assim, as notas fluíam harmoniosamente de seus dedos ágeis e precisos e, acima de tudo, a alma impregnava a interpretação.

Enquanto ouvia, Andréa lembrou-se de duas mulheres muito especiais na vida de seu grande amigo. A primeira era Alba Lúcia, mãe dele. Apesar de ter convivido pouco tempo com ela, Andréa aprendeu a admirá-la por sua sensibilidade, tanto em relação à arte como também em relação às necessidades do próximo. Foi com ela, exímia pianista, que Floriano aprendeu os rudimentos da música. Alba Lúcia, figura marcante, era uma dama na verdadeira acepção da palavra. Era culta, elegante, de gosto refinado. Conversava com todos sobre os mais variados assuntos e com desenvoltura. Aprendera muito nos mais diversos lugares onde morou e visitou com o marido, dedicado à carreira diplomática. E era sempre um prazer, lembrava Andréa, com saudade, desfrutar da agradável companhia da senhora, falecida já havia alguns anos.

A segunda, cuja presença foi tão marcante na vida de Floriano quanto a primeira, logo teria seu nome mencionado. Finalizava ele sua apresentação, sendo aplaudido pelas duas testemunhas, quando ouviu a irônica pergunta da visitante:

– Muito bem, meu amigo! Tanto sentimentalismo só pode ter uma razão: você deve ter se encontrado com Diana!

A essa altura, estavam os dois a sós, e ele respondeu bem-humorado:

– Acertou mais uma vez, minha pitonisa! Como sabe? Foi o "oráculo" que a informou?

– Não, desta vez não foi o oráculo. Seus olhos a brilhar, seu jeito animado e esse sorriso é que denunciam tudo.

– Conversamos bastante ontem. Foi muito bom para nós dois. Ela finalmente concordou em iniciar o tratamento. Tenho esperanças de que tudo dê certo. Farei o que estiver ao meu alcance.

– E até o que não estiver, suponho eu – completou Andréa, bem-humorada.

– Mas, diga-me, que envelope é esse que você traz? – indagou curioso.

– Carta de Sílvia. Chegou ontem. Achei que você ficaria feliz em ler.

– Ótimo! Onde ela está agora?

– Na Grécia, fazendo uma série de reportagens especiais.

– Excelente! Isso só vem a confirmar que ela de fato tomou a decisão certa ao mudar seus planos e investir na própria carreira. Mas, deixe-me ler, estou curioso!

E Floriano pôs-se a ler com gosto a missiva de Sílvia. Ela foi mais uma pessoa a se aproximar dele em momento bastante delicado. Ambos haviam sido colegas de faculdade. Tornaram a se reencontrar no período em que o casamento dele com Diana chegava ao fim.

Sílvia, bastante segura quanto aos seus sentimentos em relação a Floriano, decidiu tentar conquistá-lo. Esteve ao seu lado em momentos importantes e, de fato, facilmente se podia concluir que ela era a pessoa ideal para permanecer com o escritor. Era tranquila, madura, lúcida e capaz de oferecer-lhe toda estabilidade emocional que Diana nunca demonstrou.

Mesmo Floriano estava convencido disso e disposto a iniciar um relacionamento mais saudável com Sílvia. E tudo parecia rumar para um desfecho feliz quando, mais uma vez, a ex-esposa se interpôs em seu caminho, com mais uma de suas crises a requisitar-lhe a presença. Foi então que Floriano descobriu, finalmente, o aborto criminoso que vitimara o filho que ele tanto queria. O escritor ficou transtornado. Dessa maneira, Sílvia percebeu com clareza o quanto ele ainda permanecia atado ao ex-amor, o quanto demoraria para que ela desaparecesse de sua vida afetiva, se é que isso um dia poderia acontecer.

Na mesma época, Sílvia, talentosa repórter, recebeu oferta irrecusável de trabalho no exterior. Decidiu, por conseguinte, desistir dos planos de se unir ao homem que, embora amasse, mantinha-se ainda fortemente atraído por outra pessoa, alguém que haveria de se fazer presente ainda por muito tempo.

Foi, portanto, uma tentativa frustrada de Floriano recomeçar um relacionamento duradouro com outra mulher. Ele continuou sozinho enquanto Sílvia prosseguiu, destacando-se na profissão.

Finalizava ele a leitura da carta, muito feliz com as boas notícias. Desejava todo sucesso à bem-conceituada repórter, que sempre lhe dedicara extremado carinho. Mas, naquele momento, recordava-se de outra pessoa bastante especial:

— Agora há pouco, enquanto tocava a composição de Chopin, lembrei-me de minha mãe e do quanto ela o apreciava.

— Sim, eu também me lembrei de dona Alba Lúcia — concordou Andréa.

— Por vezes, sinto tanta saudade, tanta vontade de que ela estivesse aqui! Há muito tempo não tinha coragem de tocar essa música, justamente porque ela não estava mais ao meu lado para ouvir.

— Mas você fez bem, meu amigo. Aqueles que passaram para outra dimensão gostam mais quando nos lembramos deles com carinho, não com tristeza. E tenho certeza de que, cada vez que você toca essa música com emoção, ela se sente acarinhada!

– E, para homenagear os vivos, as mulheres que tem alegria de viver, assim como você, o que uma imitação de pianista, tal como eu, poderia tocar?

Animada com a ideia, Andréa não demorou a responder, lembrando o nome de seu compositor preferido:

– Antônio Carlos Jobim e sua... *Garota de Ipanema*.

– Bem lembrado! – comemorou Floriano.

– Logo passou a executá-la ao piano, enquanto Andréa bailava na sala, de bem com a vida, da maneira que ele tanto costumava admirar.

✳

A seguir, Andréa e Floriano saíram para dar um longo passeio, aproveitando a ensolarada manhã dominical.

No entanto, nós, habitantes da esfera invisível, permanecemos mais tempo na casa. Tanto eu como meu amigo Marcos retornávamos de visita a um centro espírita paulista, onde havíamos acompanhado o trabalho socorrista efetivado por médiuns e por seus mentores, em intrincado processo obsessivo.

Conforme combinado previamente, estávamos sendo aguardados por Alba Lúcia, generosa senhora que se encontrava em visita ao filho, Floriano. Retornava ela, em espírito, à residência confortável que a abrigara nos últimos anos de sua passagem terrena. E revelava-se bastante satisfeita em rever seus recantos preferidos sem nenhum sentimento de pesar ou contrariedade. Dizia-nos satisfeita e esperançosa:

– Meu adorado Floriano, caros amigos, vive agora um momento bastante decisivo em sua vida. Tenho fé de que vai preponderar nele os bons sentimentos e seu caráter conciliador a libertá-lo de antigas mágoas que arrasta consigo. Parece estar sendo sensível aos nossos apelos e tentando, mais uma vez, substituir ressentimentos por atitudes mais construtivas e renovadoras. Deus haverá de recompensá-lo em seus esforços.

Tanto eu como Marcos já sabíamos o quanto a dedicada mãe trabalhara, quanto possível, pelo reajustamento do filho, de quem se afastara devido à inevitável transição para a vida maior. Todavia, seguia acompanhando-o amorosamente.

Enquanto pôde aconselhá-lo na romagem terrena, foi sua presença segura e sensata ao lado do filho que o impediu de descambar para atitudes ainda mais desastrosas.

Todavia, após o seu desenlace carnal, viu-se ele sozinho, sem a palavra amiga da mãe a confortá-lo nos momentos cruciais. Estava também em meio ao doloroso processo de separação conjugal, algo que, por sua vontade, não teria acontecido daquela maneira. Por essa época, já era escritor e jornalista conhecido e bem-conceituado no meio literário, mas sua produção decrescera muito em face dos transtornos emocionais que vivia.

E foi na mesma ocasião, ainda bastante fragilizado em decorrência da desencarnação da mãe, que Floriano descobriu, de maneira abrupta, enquanto tinha mais uma acirrada discussão com Cíntia, que Diana não havia deixado seu filho vir ao mundo.

Bastante transtornado, pois sempre revelara seu imenso desejo em ser pai, seguiu em busca da mulher que lhe impunha tamanha aflição. Encontrou-a em meio a uma entrevista coletiva na qual ela, ao lado de Vinícius, seu novo amante, divulgavam o mais recente empreendimento artístico.

Floriano estava irreconhecível. Foi mais um duro golpe entre tantas outras desventuras já proporcionadas pela mulher que amava. E ele, indiferente ao escândalo que pudesse provocar, invadiu a sala. Diante de todos, dizia impropérios à grande estrela, acusando-a de covardemente matar seu próprio filho. Quando finalmente foi contido, já havia causado enorme perturbação, da qual se aproveitaram os setores da imprensa mais afeitos à divulgação de atos menos dignos das personalidades públicas. Assim, no dia seguinte circulavam manchetes tais como: *"Diana Veiga mata seu próprio filho"*, *"Diana Veiga recusa-se a ser mãe"*, *"Floriano Sagres acusa: 'Diana matou nosso filho'"*, e outras tantas.

Mais tarde, ele arrependeu-se de ato tão tresloucado. Mas Diana, por muito tempo, culpou-o pela péssima repercussão de sua indevida intervenção. Mesmo Vinícius, seu amante, sentiu-se prejudicado e afetado em sua imagem pública, embora ele mesmo a houvesse induzido à prática do aborto. Enfim, foram terríveis os desdobramentos daquele episódio.

Quanto ao público, muitos se manifestaram a favor do gesto de Diana. Afinal, como poderia gerar um filho de alguém que não mais partilhava de sua intimidade? Justificável o ato, a fim de melhor atender aos compromissos profissionais. Diana era jovem ainda e poderia escolher, mais tarde, ocasião mais propícia para tornar-se mãe. Havia também quem mais uma vez declarasse, movido por falso argumento materialista, que a mulher deve ter todo o direito de praticar o aborto quando se vê em uma situação que lhe cause embaraço ou desvantagem, pois é dona do próprio corpo.

A discussão em torno do tema provocou também a manifestação indignada daqueles que contrariam o ato violento, tão prejudicial, não só ao feto quanto à saúde física e emocional da mãe. Não encontravam, estes, razões que pudessem justificar a perda de uma vida humana e a mutilação que Diana, como tantas outras, infligiam a si mesmas em uma situação que poderia ser solucionada de outra forma.

Nem Diana, nem Floriano manifestaram-se mais sobre o assunto, apesar da insistência dos jornalistas. Mesmo assim, a controvertida atitude da atriz permaneceu comentada pelo público por mais algum tempo.

Todavia, o tempestuoso relacionamento, do qual o escritor nunca conseguira se desvencilhar plenamente, parecia rumar para uma etapa mais tranquila, nas palavras de nossa amiga Alba Lúcia.

Ela, ao saber de meu interesse em obter mais informações sobre os casos obsessivos derivados da prática do aborto, concordou em partilhar comigo a dolorosa experiência ocorrida em sua própria família. E, dali, fomos convidados a seguir com ela, a fim de verificarmos, na espiritualidade, as consequências do crime cometido por Diana.

A DIFÍCIL RECONCILIAÇÃO

Ato contínuo, seguimos os três, em condução apropriada para vencer grandes distâncias, rumo a um posto de socorro situado nas proximidades da Colônia Redenção.

Nessa amada colônia, já havia algum tempo, desenvolvíamos nossos estudos e observações acerca de intrincados processos de convivência humana, originados, basicamente, pela grande dificuldade das criaturas em buscar o entendimento, no momento exato, e não ceder lugar à discórdia. Infelizmente, muitos desobedecem ou mesmo ignoram a recomendação de Jesus em procurar a conciliação com os inimigos enquanto é tempo. Lamentavelmente deixam passar importantes oportunidades e permitem, com essa atitude, que o mal perdure indefinidamente. Fazem do próprio coração um campo onde grassam ervas daninhas, sem que nada seja feito para impedir o crescimento destas. E passam longos períodos da existência ignorando o porquê de tanto sofrimento e amargura.

O amplo pavilhão ao qual nos dirigíamos agora, eu, Marcos e Alba Lúcia, abrigava e atendia vários desencarnados vítimas de transtornos emocionais de variada ordem. Ali estavam os desiludidos do amor, vingadores empedernidos duramente atacados em suas mais caras afeições, as vítimas do próprio personalismo, os recalcitrantes em buscar situação mais satisfatória aos dramas que se arrastavam, muitas vezes, por séculos. Enfim, eram doentes da alma quando encarnados, e doentes se mantinham na condição de espírito.

O tratamento para esse tipo de enfermidade costuma exigir muito em habilidade e paciência. Incutir nesses companheiros a noção de que são plenamente capazes de sair da posição de vítimas e libertar-se da aflição prolongada, por meio do trabalho constante no bem e na prática do perdão, é algo que não se faz sem grandes dificuldades. Contudo, a persistência e o carinho de médicos e enfermeiros habilitados acabam por dar excelentes resultados com esses irmãos.

O caso que agora era nosso objeto de estudo referia-se a Afonso Marçal. Havia ele recebido o atendimento de urgência num centro espírita e sido transferido para o posto de socorro, situado ainda próximo às regiões umbralinas.

Aproximamo-nos da sala onde ele se encontrava em processo de convalescença. Estava eu acompanhado apenas por Alba Lúcia e uma das enfermeiras do paciente, já que o amigo Marcos dirigira-se a outra dependência para visitar outros pacientes. A gentil atendente comentou conosco:

— O doutor Ivan avisou-me da visita de vocês. Acredito que será bom para Afonso externar suas aflições, ser ouvido com paciência. Mostra-se ainda abatido e bastante revel ao tratamento que estamos lhe oferecendo. Tem ainda sérias desconfianças em relação a todos os que o cercam o que, infelizmente, costuma ser frequente em pessoas que experimentaram a dolorosa experiência por que ele passou.

Alba Lúcia completou, seguindo o raciocínio exposto:

— É natural que ele esboce esse comportamento, mas, aos poucos, verá por si mesmo que é inútil opor tanta resistência à vitória do bem. Gostaríamos de vê-lo agora.

— Certamente... sigam-me, por favor!

Acompanhamo-la até a sala onde Afonso estava. Ele olhava através da janela o enorme e extenso parque que rodeava o prédio. Sua fisionomia denotava ainda angústia e inquietação apesar de estar bem mais calmo do que da última vez que o vimos. Tratava-se do filho a quem Diana expulsara do ventre materno. Ele era mais uma vez submetido a tratamento médico, visando ao seu reequilíbrio. Contudo, não estava perfeitamente consciente do quanto sua permanência ali e sua colaboração consigo mesmo seriam benéficas ao seu estado geral. E isso pôde ser logo verificado, já nas primeiras palavras que ele nos dirigiu, com azedume:

— Vocês novamente! Preferia não ser importunado! Ainda não estou plenamente convencido se agi certo quando concordei em acompanhá-los!

Alba Lúcia, com a delicadeza habitual, redarguiu:

– Não estamos aqui esperando de você atitude diferente dessa, meu amigo. Sabemos como tem sido difícil para você se libertar das marcas do passado. Mas acreditamos igualmente que, conhecendo lugares e pessoas como estas que o têm atendido, vai, certamente, conseguir modificar sua opinião.

Afonso olhava-nos agora com expressão de desconfiança e rebateu:

– Já ouvi essas mesmas palavras quando concordei em... voltar ao lar daquela mulher como seu filho. Fui encorajado, segui com tantas esperanças, amainei em mim o ódio que sentia por ela e pelo esposo para, no fim – e as lágrimas começaram a rolar em sua face – ser atraiçoado, ser dolorosamente expulso do ninho no qual estava instalado por mãos covardes e impiedosas que puseram abaixo todo o planejamento que vocês fizeram! Onde está a Justiça de Deus, tão propalada? Onde está ela se toda vez que um mísero como eu se dispõe a recomeçar em bases melhores, tem suas esperanças violentamente cortadas por alguém que desiste de cumprir com tudo o que havia se comprometido? Por quê? Por quê? – repetia ele, bastante emocionado.

– A bondade do Criador é tão infinita que mais uma vez se estende a você, Afonso. Não se torture tanto! Não gaste seu tempo em acusações improdutivas! Ouça as orientações que lhe forem dirigidas pelos atendentes e logo entenderá que se outros não cooperaram na hora precisa, é justo que você não repita o erro, negando cooperação a si mesmo.

A frase curta, mas lógica de nossa querida Alba, teve efeito benéfico sobre o combalido paciente, que passou a escutá-la em silêncio:

– Não vamos desanimar, meu amigo! Siga confiante em dias melhores! Não se desespere! Devotamos a você as mesmas esperanças que dedicamos a Diana, que haverá de buscar a corrigenda para o grave erro que cometeu.

– Não sei... – retrucou Afonso. – Por vezes penso que teria sido melhor não ter saído do lado dela, ter persistido na vingança, tê-la destruído, assim como ela fez a mim, mulher infeliz!

Alba respondeu com segurança:

– E se tal ato tivesse se efetivado, certamente agora não estaríamos conversando amigavelmente. Estariam ambos, tanto Diana como você atolados no charco terrível das emoções menos dignas, tristemente atrelados um ao outro, sem maiores perspectivas de socorro imediato, devido às complicações geradas pela mente enfermiça e revoltada de vocês. Não, meu amigo, não é lícito sentirmo-nos donos da vontade de ninguém, conduzir as pessoas para abismos perigosos porque nos sentimos prejudicados por elas de alguma forma.

Afonso andava pela sala, como a ponderar sobre os argumentos apresentados:

– Não exijam muito de mim, além do que já estou oferecendo! Tão cedo não quero me aproximar daquela que me destruiu, apesar de todos os cuidados que recebeu. Ainda precisarei de muito tempo para entender melhor seu ponto de vista e sei que a senhora me compreende.

– É claro que sim – respondeu ela, bondosamente. – Mas deixo-o, tranquila, porque sei que segue por um caminho melhor, que haverá de lhe garantir mais paz no futuro. Vamos agora, Fernando – sugeriu. – Afonso ficará bem.

Acompanhei a veneranda senhora pelos largos corredores da instituição. Agradeci mais uma vez pela excelente oportunidade de aprendizado. Vibrava intensamente para que o tratamento de Afonso fosse bem-sucedido e que ele finalmente apagasse a chama da vingança que insistia em abrasá-lo. Desde que sofrera o aborto, assim que recobrou a consciência do acontecido, passou a ser implacável perseguidor de Diana. De forma pertinaz, tentou e quase conseguiu levá-la ao suicídio para que ela experimentasse, assim, as mesmas agruras que ele experimentou no passado, quando, também ele, havia se suicidado.

Era, portanto, uma situação grave, a exigir de todos muita perseverança, sabedoria e amor.

Uma amizade duradoura

Chovia bastante naquela tarde de domingo, no Guarujá.

Floriano e Andréa retornavam para a casa dela, após o festivo almoço na residência de Sônia e Rubens, em comemoração ao batizado da pequena Beatriz.

O jovem casal agora tinha, diante de si, melhores perspectivas. Tinham se passado dois meses desde o nascimento do bebê, e Rubens já havia sido nomeado para o cargo que disputara em concurso público, após estudar com afinco. Recebia com gosto os padrinhos de sua filha e mais alguns amigos. Todos se congratulavam com o casal, desejando-lhes uma vida tranquila e sem mais tantos sobressaltos.

VEREDAS DA PAZ

Já na casa de sua grande amiga Andréa, Floriano desfazia-se do paletó molhado pela chuva, enxugava com uma toalha o excesso de umidade na roupa e aguardava o chá para o qual fora convidado.

Enquanto esperava, podia ele examinar, mais uma vez, as fotografias da anfitriã, alguns anos antes, com o esposo e a filha. Tempos felizes aqueles em que estavam todos reunidos. Fazia tempo que Andréa vivia sozinha em sua residência. Assim como ele, escolhera deixar para trás a vida na capital, tentando se afastar de lembranças mais penosas. E encontrara na cidade praiana o refúgio ideal para se reequilibrar, auxiliada por amigos cuja cooperação foi decisiva na sua recuperação.

Entre essas amigas estava, justamente a mãe do amigo, Alba Lúcia. Apesar de já estar padecendo do mal que a levou ao desencarne, jamais negara uma palavra de ânimo e conforto ao seu sofrido coração de mãe e esposa, brutalmente separada daqueles a quem tanto amava. E entre as fotografias que Floriano observava, uma em especial o emocionou: nela pôde rever o sorriso materno, como recordação de uma viagem na qual os três amigos estavam presentes.

Ao entrar na sala, Andréa viu o visitante contemplar o retrato. Manteve respeitoso silêncio, enquanto servia o chá. De súbito, Floriano virou-se e declarou:

– Dias atrás, sonhei com minha mãe. Era um lugar desconhecido aquele em que mais uma vez, por breves instantes, ela tornou a me dirigir a palavra. Mas não estávamos a sós. Ao longe, antes mesmo de vê-la, pude ver a figura sombria de um homem a quem não identifiquei com clareza. Mesmo assim, transmitiu-me

57

ele desagradável sensação. E foi justamente nessa hora em que eu começava a me perturbar com a incômoda presença que minha mãe apareceu diante de mim. Ah, Andréa! Ela estava tão linda! Sentou-se ao meu lado da mesma maneira que costumava fazer, e conversamos muito, embora não me recorde com precisão do conteúdo da conversa. Mesmo assim, acordei feliz, desejando que não tivesse sido um sonho, tal o bem-estar que o encontro me proporcionou.

Após breve pausa, ele indagou:

– Diga-me, você, que é mais afeita aos estudos do mundo extrafísico: é possível que isso aconteça? Podemos conversar com os que já deixaram o nosso mundo?

Tentando esclarecer a dúvida, Andréa declarou com segurança:

– Sim, é bem mais comum do que imaginamos. Durante o sono, enquanto nosso corpo descansa, nosso espírito permanece ativo e, em muitas ocasiões, visita lugares e pessoas, mantendo contato com elas. Talvez nem tenha sido esta a primeira vez que você tenha se encontrado com dona Alba. Apenas não guardou recordação disso.

– Então, como você diz, não existem barreiras intransponíveis a nos separar do mundo dos mortos?

– Isso mesmo, Floriano. Essas barreiras só existem na nossa imaginação. Os espíritos costumam nos visitar e nos acompanhar em nossas ações, influenciando também os nossos pensamentos. Assim, também, podemos buscar-lhes a companhia, dependendo da faixa de evolução em que se encontrem.

– Notável! Nunca pensei que pudesse ser assim! Não é natural no nosso mundo pensar que nosso convívio com aqueles a quem amamos continua após a morte deles. A separação cruel parece tão irremediável! – concluiu Floriano, com ar de tristeza.

– Já que você se mostra tão interessado e receptivo ao assunto, é justo que eu comente. Em mais de uma ocasião, percebi a presença de dona Alba com você. Tudo me faz crer que ela esteja numa condição elevada e vem visitá-lo para transmitir-lhe o imorredouro amor materno, meu querido.

A última frase, dita com tanta emoção, fez Floriano mergulhar em profundas reflexões. Por tudo isso, ele calculou, Andréa não revelou surpresa quando ele disse haver conversado com a mãe em sonho. Ela, com a faculdade mediúnica mais acurada, percebeu com mais clareza que, de fato, a figura materna ainda nutria por ele o extremado afeto de sempre e se fazia presente quando possível.

Andava ele pela sala, postando-se diante da enorme janela através da qual via o mar, quando comentou:

– Gostaria muito de ver o mundo e as relações humanas da mesma maneira que você, Andréa. Mas, francamente, declarações como essas, mesmo sendo expressas com tanta convicção, ainda me deixam sem saber o que pensar. Uma noção assim muda tanto nossa visão de tudo e mesmo a finalidade da vida!

– Você tem razão – anuiu a amiga. – Uma visão integral do ser humano modifica e muito a maneira como enxergamos as pessoas, os fatos, as consequências de nossas atitudes. Ainda não temos a ideia exata de que nosso ser espiritual não morre jamais, que conservamos nossos afetos e desafetos mesmo depois de havermos nos livrado do corpo carnal.

– E foi isso que consolou você... Depois que perdeu seus entes queridos, não foi?

– Ah, Floriano! Se eu não tivesse esta concepção de vida que o conhecimento do Espiritismo proporciona, certamente não teria resistido a tão duro golpe!

Nesse instante, o telefone tocou, interrompendo a conversa. Era uma amiga de Andréa avisando que pretendia visitá-la. Floriano julgou por bem deixá-las mais à vontade e despediu-se em seguida. Queria aproveitar o restante do dia para descansar. A semana que viria seria bastante movimentada.

Contudo, inusitada mesmo foi a visita que Andréa recebeu no fim da tarde do dia seguinte. Já não chovia tanto. O sol que apareceu já nas últimas horas daquela segunda-feira trouxe consigo a surpreendente chegada de Diana Veiga.

A dona da casa havia visto poucas vezes a ex-esposa do amigo. Sem dúvida a conhecia mais pelos comentários de terceiros do que por um convívio mais próximo. Ainda se perguntava o que a famosa atriz estaria esperando dela ao ir procurá-la, quando ouviu o seguinte comentário:

– Eu passei várias vezes diante de sua casa até decidir entrar. Por certo você não imagina o que me trouxe até aqui. Por estranho que pareça, talvez nem eu mesma saiba. É como se eu estivesse procurando caminhos para minha própria vida.

– E parte desse caminho passa aqui pelo Guarujá, suponho – concluiu Andréa apontando o sofá ao ver que a visitante esperava em pé no meio da sala.

Diana ficou quieta por alguns instantes e, usando sua habitual franqueza, declarou:

– Sim, hoje, ao sair de São Paulo, vinha com a firme decisão de encontrar Floriano, mas, quando cheguei, a empregada me disse que ele havia viajado. Na dúvida, pedi a ela que não comentasse sobre minha visita.

– Por quê?

– Porque agi por impulso. Mais uma vez não medi as consequências. Veja bem, saí de São Paulo sem nem ao menos saber se Floriano estaria aqui, como se fosse certo que ele estaria sim, ao meu dispor, como tem ocorrido sempre.

– Esse tem sido o papel que você ofereceu a ele nos últimos tempos, não é mesmo? Alguém com quem você sabe que pode contar, pois estará sempre pronto a ajudá-la – ponderou Andréa.

Diana caminhava em direção à ampla varanda, de onde passou a fitar o mar. Sem se virar para a interlocutora, relatou:

– Depois que saí da casa dele passeei pela praia, sem rumo certo. Caminhei muito, havia pouco movimento porque o dia não está ensolarado. Ainda assim, caminhei longamente e me dei conta de que esse sempre foi um problema sério na minha vida. Sempre imaginei que as pessoas deveriam estar ao alcance da minha mão e prontas para realizar meus desejos, assim que eu os manifestasse. Não é tolo pensar assim? Mas era dessa forma que eu agia, com todos, a começar por minha família, meus pais, minha irmã, meus parentes, meus relacionamentos.

Era estranho como Diana sentia-se à vontade para falar de si mesma a alguém que conhecia superficialmente. Depois de muitos meses prisioneira de si mesma, ousava olhar para seu interior e ver aspectos que procurava ignorar. O passeio na praia, o ar livre, o vento a agitar seus cabelos, tudo parecia lhe devolver a sensação de liberdade, a qual ela admirava e da qual necessitava, porém, costumava temer.

Andréa, mesmo sem entender o porquê da presença de Diana, procurava ouvi-la atentamente enquanto ela seguia:

— E sempre procurei apoio nos outros, como se nunca me acreditasse capaz de andar com as próprias pernas. Só agora, depois de tanta dor, tanto fracasso, abandono, depois de quase destruir tudo e todos à minha volta, inclusive a mim, venho entender o quanto é inútil viver assim, dependente, à mercê da opinião alheia. É tão difícil mudar isso que eu não sei se vou conseguir.

Nesse ponto, Diana aproximou-se de Andréa. Sentou-se ao lado dela no sofá e perguntou-lhe:

— Não sei se fiz bem ou não em vir aqui. Apenas lembrei que você é a amiga em que Floriano mais confia por conhecê-lo muito e por acompanhar tudo o que ele tem vivido nos últimos tempos. Você deve saber... ele já nem deveria mais estar pensando em mim depois de tudo o que aconteceu quando eu fui, de madrugada, internada às pressas, naquele hospital de onde muitos achavam que eu não sairia viva.

— Sim, Diana, de fato, Floriano tem conversado muito comigo sobre assuntos que ele evita conversar com outras pessoas, mas no que isso poderá ajudá-la?

Diana, mais agitada, andava pela sala, como a procurar palavras para transmitir seu pensamento:

— Ele deve ter lhe falado que eu lhe perguntei se me ajudaria no tratamento que irei iniciar, e a resposta foi sim. De fato, vou começar um tratamento bem disciplinado para tentar me livrar desse vício que já me fez cometer tantos desatinos. Vai me exigir muito, eu sei. Mas já se tornou uma questão de vida para mim.

– Eu a entendo, Diana, por pouco você não se suicidou!

– É horrível me lembrar disso! Foi uma experiência tão assustadora para mim que me mostrou o quanto eu estava indo por um caminho totalmente errado. Agora sei e me convenci de que não devo seguir por ele. É preciso recomeçar.

Aos poucos, delineou-se à vidência de Andréa o vulto amigo de Alba Lúcia. Ela, com o sorriso sempre amável, inspirou-lhe muita tranquilidade e fez com que Andréa passasse a entender melhor o objetivo da visita. Assim, ela se levantou e, num gesto amigo, enlaçou Diana, ainda insegura quanto aos próprios sentimentos. E indagou:

– Você não sabe ao certo se deve mesmo envolver Floriano nesse processo de recomeço, está em dúvida se deve ou se pode mesmo contar com ele. Não sabe ao certo se isso vai ser bom para vocês, é isso?

– Bem, Andréa, parece que você tirou as palavras de minha boca! Minha grande dúvida é essa. Não sei se faço bem ou mal ao envolvê-lo nisso! Ele reconstruiu a própria vida e fez tudo muito bem sem mim. Tanto eu como ele cometemos muitos erros, é verdade. Muitas vezes nos machucamos sem necessidade nenhuma. Nossos sentimentos sempre foram muito intensos e...

– Vocês se deixavam controlar por eles, em vez de controlá-los...

– Mais uma vez você acertou. Acho que agora é minha vez de pensar nele e não só em mim. Cíntia só ligou para Floriano naquela madrugada porque não havia mais ninguém com quem contar, veja você. Ela se sentiu abandonada por todos. Ela, que sempre foi independente e arrojada, sentiu-se impotente diante da iminência de tudo se acabar e aí se lembrou dele, Floriano, que vivia tão longe, mas, mesmo assim, não se negaria a lhe dar uma palavra de encorajamento. Como a vida é estranha, não é? Talvez ela nem devesse ter feito isso, mas...

– Serviu para que ele renascesse para vocês. Todavia, Diana, saiba que o Floriano que vocês procuram não existe mais.

– Como assim?

– Assim como você não é mais a mesma Diana! Está agora me dizendo pensar de modo totalmente diferente e vendo a si própria de outra forma, não é?

– Sim, é verdade!

– E Floriano também não reagiu da maneira angustiada e impulsiva que costumava reagir quando soube de sua internação. Ficou preocupado, é claro, mas não agiu de forma intempestiva como se fosse o único capaz de salvá-la de si mesma. Sim, ele compreendeu a situação, viu que era grave, porém não se deixou envolver pelo desespero. Ele não se vê mais da mesma maneira diante de você. Se essa é ou não uma boa notícia, cabe a você decidir. Digo tudo isso porque é preciso que você considere antes de resolver se quer ou não que Floriano fique ao seu lado. Não espere mais o herói salvador, porque ele já aprendeu que esse papel não lhe cabe. Ele sabe que é importante preservar o próprio espaço sem permitir que você o invada a todo o momento, por uma razão ou outra.

– Está bem, Andréa! Se fossem outros tempos, diria que você está exagerando, mas hoje reconheço que sempre invadi muito a vida dele com meus problemas como se dele dependesse a solução e não de mim.

– Muito bem, Diana – elogiou Andréa com a conhecida simpatia. – E só por ouvir que você reconhece isso com mais serenidade, vou lhe preparar um delicioso chá.

Assim falando, ela se dirigiu para a cozinha, enquanto Diana passeava o olhar pela sala cuidadosamente decorada com belos arranjos florais. As fotos em destaque chamaram sua atenção. Nelas, Andréa aparecia sorridente ao lado do esposo e da filha. Em outras, a jovem, em trajes de balé, sozinha ou acompanhada pelos pais ou amigos, expressava alegria e vivacidade.

Por um momento, Diana percebeu que pouco sabia a respeito da pessoa a quem se dirigira naquela tarde, em busca de algumas respostas às suas inquietações. Por essa razão, assim que Andréa voltou com a bandeja e serviu o chá, ela afirmou:

– Sua família é linda, Andréa!

– É minha filha Lívea e meu marido Airton!

– E você tem uma talentosa bailarina em casa – disse ela bem-humorada.

O silêncio se fez. A expressão de Andréa alterou-se suavemente. Diana notou. Algo parecia ter tocado os sentimentos da anfitriã, que logo respondeu:

– Sim, Diana, minha filha era uma talentosa bailarina, com uma promissora carreira no balé clássico. Estava se preparando para aperfeiçoar seus estudos no exterior quando ela e o pai faleceram em um acidente de carro ao virem para cá. Já faz cinco anos que isso aconteceu...

– Sinto muito – interrompeu Diana. – Se eu imaginasse nem teria tocado nesse assunto, desculpe!

– Não há do que desculpar! Apesar da imensa saudade que eles deixaram, tenho certeza de que estão bem e felizes.

– Como assim, Andréa? O que a faz ter essa certeza?

A resposta foi bastante segura e deixou Diana pensativa:

– A certeza de que a vida não se acaba com a morte do corpo físico e que a existência daqueles a quem amamos prossegue muito além do que podemos perceber.

A frase, dita com tanta convicção, fez Diana se lembrar da marcante experiência vivida enquanto ela se recuperava no hospital.

Contudo, ainda assim, ela preferiu silenciar sobre o ocorrido. Tratava-se de algo tão forte que ela pensou não ser capaz de descrever com a riqueza de detalhes necessária para bem se fazer compreender.

Diana ainda se demorou alguns instantes na aconchegante residência, porém, era preciso retornar à capital. Regressaria mais serena em relação a muitos aspectos, como resultado da proveitosa conversa que se desenrolara naquele fim de tarde no Guarujá.

Novos rumos

Já era tarde da noite quando Diana chegou a seu apartamento. Surpreendeu-se ao encontrar Cíntia, a irmã, dormindo na sala. Por certo havia chegado tão cansada do trabalho que decidira descansar um pouco no sofá e acabara por adormecer profundamente. Diana achou melhor não acordá-la. Sabia que isso poderia irritá-la. Apenas cobriu-a melhor e, em seguida, seguiu para seu quarto.

Apesar de ter seu próprio apartamento, não muito longe dali, Cíntia, nos últimos tempos, evitava deixar Diana sozinha. Pensava ser mais seguro depois do que aconteceu à irmã mais nova.

Além disso, na atual fase em que vivia, Diana tinha poucos amigos, além dela. E Cíntia sabia o quanto isso a incomodava, pois sempre fora acostumada a estar cercada por muita gente e ser o centro das atenções.

Diante de tantos escândalos, como tratava a imprensa, muitos haviam se afastado e descartado sua companhia. Sabendo do comportamento instável da atriz, temia que ela pudesse se envolver com pessoas sem o devido cuidado, apenas para fugir da solidão. Isso, naquela fase de recuperação, seria ainda mais perigoso, segundo sua avaliação.

Na verdade, mais uma vez ela se colocava na posição de guardiã da vida da irmã mais nova, em uma atitude que era pouco compreendida pelos demais. Aos olhos de muitos, ela afastava Diana dos olhares alheios, não só para preservá-la, mas também para atender a seus próprios interesses, preocupando-se muito mais com o seu bem-estar do que com a outra.

E talvez assim fosse. Todavia, era a única pessoa presente em todos os momentos, nos mais tristes e nos mais festivos, nos triunfos e nas derrotas, exatamente da maneira como o pai delas havia recomendado a ambas, desde a infância. Moacir Veiga também era conhecido ator e produtor teatral. Em longos anos de carreira conhecia muito bem as suscetibilidades do meio artístico, o fascínio que sempre exerceu sobre tantos, os sacrifícios silenciosos e as glórias efêmeras, assim como os perigos e as ciladas que levaram à derrocada de inúmeros artistas de valor.

Foi com imensa satisfação que ele e a esposa notaram na pequena Diana, desde cedo, muita aptidão para a arte. Era algo espontâneo a se expressar na graciosidade natural da menina ao declamar versos, cantar e dançar. Muitos amigos vaticinavam: *"vai ter múltiplos talentos, assim como o pai!".*

E, com o passar dos anos, as expectativas foram se concretizando. Muito jovem, Diana já era convidada a estrelar, com muito sucesso, produções no teatro e na televisão, sempre se saindo muito bem. Sua jovialidade e carisma encantavam a todos.

Aos vinte e um anos, Diana foi aperfeiçoar seus estudos no exterior, ocasião em que conheceu Floriano. Para sua surpresa, porém, o tão amado pai falecera antes de seu regresso ao Brasil, subitamente, causando-lhe enorme desolação.

Tal fato, entretanto, serviu para aproximá-la de Floriano, que procurou ajudá-la num momento em que estava muito fragilizada e sozinha num país estrangeiro. Assim, ele constantemente a acompanhava, procurando animá-la a prosseguir os estudos mesmo sem o incentivo do pai.

Ao retornar ao Brasil, Diana percebeu o quanto a presença de Floriano era importante para ela, o quanto se sentia bem com ele; e o mesmo aconteceu ao rapaz. Contrariando a vontade do pai, que investia na formação dele, a fim de prepará-lo para seguir também a carreira diplomática, Floriano Sagres tomou uma decisão que surpreendeu a todos: voltou para o Brasil à procura de Diana e, pouco tempo depois, casou-se com ela. A partir daí, passou a dedicar-se com afinco ao Jornalismo e à Literatura, áreas para as quais se sentia verdadeiramente vocacionado.

Tal decisão nunca foi bem aceita pelo pai dele, que passou os últimos anos longe do filho. Após seu desencarne, a viúva, Alba Lúcia, voltou a morar em São Paulo.

Naquela época, quando chegou ao Brasil para rever o filho, ele estava casado com uma atriz que estava no auge do sucesso, vivia nas páginas das publicações da moda e seu nome era presença constante em novelas e produções teatrais. No início, surpreendera-se um pouco ao ver o estilo de vida de ambos e, principalmente, ver seu filho, até então introspectivo e pouco afeito a badalações, sentir-se tão à vontade em um meio tão novo para ele. Eram os "milagres do amor", dizia para si mesma ao vê-los juntos, vivendo uma relação que, aos olhos de muitos, não estava fadada ao sucesso, tendo em vista as diferenças entre os dois.

Alba Lúcia, contudo, ia além. Com perspicácia, identificava um sentimento forte e verdadeiro a uni-los, e não apenas uma atração passageira. A vida havia lhe ensinado a desenvolver uma rara e importante qualidade: não julgar. E ela não julgava a nora pelos seus hábitos extravagantes e atitudes intempestivas, gestos teatrais que impressionavam a muitos, mas não a ela, sempre interessada em compreender o que se passava no âmago da esfuziante e inquieta Diana Veiga.

Pressentia que aquele amor entre o filho e a nora enfrentaria muitos percalços para se firmar ante as armadilhas do mundo, porém, diferentemente da maioria, que apenas via as aparências, confiava em que tanto um como outro pudesse alcançar um ponto de equilíbrio que lhes proporcionasse a felicidade.

✳

Alguns dias após a visita a Andréa, Diana dava início a uma nova etapa em sua vida: a da recuperação.

Entendia finalmente que, para isso, era preciso buscar auxílio, renunciar a algumas coisas às quais tinha como importantes, tais como a liberdade de ir e vir a qualquer lugar quando quisesse; renunciaria provisoriamente a isso em nome de sua saúde, de seu bem-estar. Era necessário procurar o equilíbrio perdido em meio a tantos excessos.

E, naquela manhã, conforme o combinado com o médico que recomendara a internação em clínica especializada, Diana seguia para lá na companhia da irmã. Não sabia ao certo quanto tempo permaneceria ali, talvez um mês ou mais. Tudo dependeria do desenrolar do tratamento e de sua resposta a ele. Além de desintoxicar o organismo dos efeitos produzidos pelo álcool, ao longo de tanto tempo, era preciso renovar as ideias, o modo de entender a vida, redefinir sua postura diante de si mesma e, por consequência diante dos outros. Era premente a necessidade de arejar as ideias, buscando a renovação. Diana já sabia que naquele local provavelmente encontraria histórias muito parecidas com a dela. A princípio, preferia que ignorassem sua presença ali; por certo a julgariam uma fracassada. No entanto, percebeu que não havia como ser invisível e passou a esperar que a própria experiência também servisse para outras pessoas.

Enfim, foi com a mente povoada por diferentes expectativas que Diana entrou pelos portões de prestigiada clínica na capital paulista. Tanto ela como a irmã foram recebidas com muita cordialidade pelos recepcionistas. Assim que a nova paciente organizou seus pertences nas novas acomodações, ambas foram conhecer a parte externa da instituição, na companhia de sua diretora, Irene Martins.

Com a habitual simpatia, ela saudou as duas irmãs que ainda pareciam pouco à vontade naquele local. Ao ver que Diana preferia circular sozinha pelo amplo jardim, ela se aproximou mais de Cíntia e, tocando levemente seu braço, num gesto amigo, declarou:

– O doutor Amadeu explicou-nos o caso de Diana, fique tranquila. Aqui ela terá diferentes atividades a ocupar seu tempo, vai se exercitar e terá a assistência espiritual e religiosa que preferir, se assim o desejar. Nosso objetivo é que, com o tempo, todos aprendam a olhar para a frente e seguir libertos da carga de erros do passado. É algo que muitos têm dificuldade, mas acabam conseguindo, no devido momento.

Cíntia ouvia atenta as considerações da experiente senhora, sem deixar de observar a irmã que seguia a curta distância. Voltando-se para Irene, comentou:

– Todos nós queremos Diana Veiga de volta, com seu brilho particular, sua alegria de viver, seu entusiasmo pela vida! Foi tão triste quando tudo isso se perdeu, Irene! Sei que talvez isso demore muito para acontecer. Ainda assim, confio muito na habilidade de vocês. Eu errei muito acreditando ser a única pessoa capaz de auxiliá-la, talvez tenha esperado demais para buscar o recurso...

– Não se atormente, Cíntia! Isso acontece com frequência em muitas famílias! Nem sempre os familiares têm a prontidão necessária para identificar a gravidade do problema e a coragem para buscar a solução! Nós todos queremos Diana Veiga de volta sim, com mais segurança e mais amor a si mesma em primeiro lugar e isso haverá de acontecer; para tanto, ela terá o tempo que for necessário e todo o nosso apoio – concluiu num sorriso amistoso.

Irene infundia serenidade, firmeza e confiança em todas as suas palavras. Sua segurança derivava do fato de já ter assistido a verdadeiros dramas humanos ao longo de mais de vinte anos de dedicação ao trabalho na clínica. Seu papel naquele instante era sempre encorajar os familiares a cooperar com o tratamento, desenvolver em si a paciência necessária para auxiliar com mais eficiência na recuperação do paciente. Muitos chegavam ali na esperança de um verdadeiro milagre, do pronto restabelecimento, da solução rápida para um problema que, em muitos casos, arrastava-se dolorosamente havia anos. Outros tantos chegavam conscientes de que sua participação era importante e mostravam-se dispostos a fazer o melhor. A diretora identificou em Cíntia um profundo sentimento de pesar e arrependimento, contudo, sentiu também sua vontade sincera de acertar mais dali em diante, e isso era imprescindível para o êxito do tratamento.

Em meio à conversa, Irene foi solicitada a comparecer na recepção. Despedindo-se educadamente de Cíntia, seguiu para lá. Só então, a visitante notou que Diana havia se afastado em direção a um agradável e aconchegante bosque. No centro, havia graciosa fonte. Diana estava parada diante do belo cenário, com o olhar tão distante, que mal percebeu a aproximação da irmã. Tinha uma expressão de surpresa no rosto quando falou:

– Foi aqui que ele me trouxe... sim... foi exatamente neste lugar... agora reconheço!!

– Diana, você está bem? Do que está falando?

Ela tinha uma alegria quase infantil e, com muito entusiasmo, virou-se, tomou as mãos da acompanhante e disse:

– Agora sei que é aqui que ele quer que eu fique e vou ficar... sei que vou ficar bem aqui!

– Diana, ainda não consegui entender de quem ou do que você está falando! Seja mais clara, por favor!

Só então ela percebeu que ainda não estava pronta para relatar devidamente o que se passara consigo naquele recanto agradável do jardim da clínica. Tinha a impressão de que, por mais que tentasse explicar, Cíntia não entenderia. Achou melhor silenciar sobre o assunto. Afinal, era algo tão surpreendente que mesmo ela não tinha compreendido com clareza. Limitou-se a dizer:

– Não importa, mana. Sei que ficarei bem aqui, apenas isso! Pode ser que no início eu demore um pouco a me adaptar à disciplina, mas se serve para minha recuperação, vou me esforçar e terei boa vontade. Sinto que minha passagem por aqui vai ser muito proveitosa para mim, agora sei disso.

Cíntia estranhou. Parecia não ser a mesma Diana que havia pouco tempo tinha dúvidas sobre a necessidade e a eficiência da internação em clínica especializada. O que, afinal, a teria feito mudar de ideia, perguntava a si mesma, bastante intrigada. Todavia, conhecia bem Diana. Ela não queria falar do que se tratava e não adiantava insistir. Na ausência de palavras que pudessem expressar a intensidade dos sentimentos, ambas apenas se abraçaram sem dizer mais nada. Cíntia seguiria mais tarde para cumprir as inúmeras obrigações que a aguardavam, porém, iria menos apreensiva e mais confiante de que ambas haviam tomado a decisão mais sensata.

Quanto a Diana, só mesmo no fim do dia, na hora de se recolher ao quarto, é que pôde rememorar com mais cuidado o que lhe havia acontecido.

Recuou no tempo e recordou-se com precisão daquela noite terrível em que foi levada, às pressas, para o hospital, inconsciente, após ter ingerido grande quantidade de bebida alcoólica.

Estava tão confusa e transtornada que não saberia determinar quanto tempo transcorreu desde seu atendimento até o momento em que viveu a experiência mais marcante de sua vida. Recordava-se apenas de que, em meio ao desconforto, à desagradável sensação de estar perdida em algum lugar sem saber ao certo o que se passava, viu-se em ambiente ao ar livre, muito claro e sossegado. Havia muito tempo não sentia algo tão agradável. Não mais aquela companhia a amedrontá-la e a ameaçá-la. Nem sabia ao certo quem era o homem "invisível", sombrio, que insistia em assediá-la. Ele apenas o fazia e constantemente, agravando ainda mais o estado de abandono e revolta no qual ela já se encontrava havia muito.

Contudo, naquele lugar tranquilo, ela não sentia mais medo, nem revolta, nem tristeza. Caminhava devagar pelo lugar procurando reconhecê-lo; nunca havia estado ali. Foi quando, para sua enorme alegria, percebeu a presença de seu paizinho amado, que havia falecido havia alguns anos. Diana não resistiu à emoção e correu a abraçá-lo, gritando:

– Pai... Paizinho amado... é você que está aqui comigo... quanta saudade, pai, quanta saudade!!!

Moacir Veiga, com largo sorriso, abraçou a filha e a fez sentar em meio ao bem cuidado jardim. Manteve com ela um diálogo do qual sabia que ela se recordaria no momento preciso. Finalizou acentuando:

– Filha, querida, cuide-se! Aqui você receberá os cuidados necessários para se restabelecer! Cuide-se, ame-se e renasça para a vida!

– Mas pai... então não poderei ficar aqui com você?

– Filha, você retornará à vida terrena, seguirá aprendendo e se renovando e estaremos, como temos sempre estado, com você! Nós a amamos, filha. Tenha coragem e sabemos que você vai vencer!

O sorriso paterno infundiu novas forças na combalida Diana. Dias após ter sido internada com poucas esperanças de se recuperar, ela recobrava os sentidos. Mesmo bastante atordoada por tudo o que lhe havia acontecido foi, pouco a pouco, compreendendo que era chegada a hora de tomar novas e corajosas resoluções em sua vida e era algo que competia somente a ela fazer. Para sua surpresa, ao chegar à clínica com Cíntia, naquela manhã, identificou no jardim da instituição o local preciso, próximo à fonte, onde seu pai viera a seu encontro naquela oportunidade.

Durante suas reflexões, a sós no quarto da clínica, lembrou-se ainda das palavras de Andréa, em sua casa no Guarujá: "A certeza de que a vida não se acaba com a morte do corpo físico e que a existência daqueles a quem amamos prossegue muito além do que podemos perceber".

"Seria mesmo verdade?", perguntava-se Diana. Queria ter a certeza de que o paizinho querido continuava a velar por ela e a ser feliz em outra dimensão "muito além do que podemos perceber", como destacou Andréa. Se fosse assim, havia um motivo a mais para buscar em si as forças capazes de reerguer-se definitivamente em direção à paz e ao equilíbrio!

Os dias que se seguiram foram de intensas e variadas atividades. O tratamento envolvia também dinâmicas, que procuravam explorar a criatividade, a interação com o meio ambiente, como forma de valorizar as diversas manifestações da vida. Algumas vezes, havia a participação em terapias de grupo, sob a liderança segura de experientes terapeutas. Eram relatos marcados por muita emoção, momentos que a princípio eram vistos por Diana com certa desconfiança. Demorou um pouco para que ela se sentisse à vontade entre aquelas pessoas que haviam também passado por experiências semelhantes ou até mais complexas do que a dela. Em comum, o fato de muitos rejeitarem a ideia de que estavam doentes e precisavam de tratamento. Como o uso do álcool é uma prática aceita e até incentivada na sociedade, muitos demoram a identificar onde começa o caminho do excesso prejudicial à saúde. Tudo lhes parece muito normal e divertido, até o momento em que as brigas familiares tornam-se cada vez mais frequentes, o isolamento dos amigos cresce, os problemas no trabalho surgem, e a única presença desejável é a bebida. É uma fase bastante triste e problemática, na qual invariavelmente o alcoólatra precisa escolher entre se libertar do vício e envidar esforços para isso ou se deixar dominar por ele até as últimas consequências.

Um dado impressionou Diana. Muitos relataram que, em sua família, já haviam visto o sofrimento de outros parentes próximos, vítimas do alcoolismo. Todavia, apesar disso, também eles caíram na mesma armadilha, mesmo quando criticavam a atitude de seus familiares. "Estranho", pensava ela, "como alguém que pôde ver o sofrimento tão perto de si, o mal que era capaz de causar, e deixar-se arrastar igualmente por ele?". Mas esse fato era mais comum do que ela imaginava.

Diana foi se deixando seduzir aos poucos pela bebida alcoólica. Quando percebeu, já estava extremamente dependente da satisfação que ela lhe proporcionava, a tal ponto que dificilmente passava um dia sem beber. Os momentos de abstinência lhe provocavam tal desconforto que logo procurava compensar bebendo além da conta. Sua instabilidade emocional tornava a situação ainda mais perigosa. Assim mesmo ela se julgava a salvo de qualquer problema maior. Não valiam os alertas dos amigos, a perda de contratos importantes de trabalho, o distanciamento de pessoas que lhe eram queridas – nada disso fazia com que ela freasse seus excessos. E quando, finalmente, encontrou-se em profunda solidão, vencida por culpas reais e imaginárias, com o organismo já bastante maltratado pelos abusos da bebida, inconsciente, foi levada ao hospital para só então perceber o quanto tinha sido capaz de pôr a própria vida em risco, em busca de um prazer cada vez mais distante.

Ouvira certa vez de um amigo querido: "Diana, se você vai por esse caminho, eu não posso mais acompanhá-la". A frase lhe doeu profundamente. Ela chorou muito ao compreender que o amigo lhe falava assim para tentar despertá-la, não para maltratá-la. Vinha de alguém que, por gostar muito dela, tentava desesperadamente chamá-la à razão. Ainda assim, preferiu a companhia das garrafas que, segundo dizia, estavam com ela sempre que desejasse e nada lhe cobravam. O amigo de fato se afastou afirmando não suportar vê-la cada vez mais sem vontade de viver e cada vez com menos autoestima. Não iria ficar por perto para assistir à sua derrocada assim como já tinha visto acontecer com tantos astros idolatrados pelo público e que haviam perecido ainda jovens, derrotados pelo vício em drogas e alcoolismo. Seria demais ver Diana ir pelo mesmo caminho. Assim, ele se afastou quando percebeu que não era mais ouvido, deixando uma lacuna importante.

Ali, naquele lugar, serena, pondo os pensamentos e emoções em ordem, a conhecida atriz conseguia refazer todos os passos que a haviam conduzido até aquela clínica de recuperação. Tinha muita saudade dos amigos que deixara escapar por teimosia e orgulho desmedidos. Pensou mesmo em chamar de novo um a um e lhes mostrar que finalmente havia se decidido pelo tratamento. Estava convicta da necessidade de se reequilibrar e voltar a ter uma vida digna e saudável ao lado daqueles a quem amava. Gostaria de poder abraçá-los, dizer-lhes o quanto lhe foram importantes, desculpar-se com eles e, principalmente, dizer o quanto os amava.

Alguns ela sabia estarem vivendo longe, em outras cidades, outros talvez ainda morassem em São Paulo e, possivelmente, já soubessem de sua internação. "Como seria bom revê-los", pensava. No entanto, entendia também que era necessário dar tempo ao tempo e acreditar que tudo se processa no momento exato, adequado para todos, como falava constantemente uma das terapeutas. De fato, todos os que estavam ali haviam errado muito e sido perversos consigo mesmos e com todos os que os amavam. Estavam agora plenamente conscientes disso. Contudo, era preciso continuar a viver, e o desafio que se impunha era viver consciente dos erros do passado, mas sem se deixar escravizar por eles, de maneira que lhe impedissem a continuação da caminhada. Sem dúvida, muitos enganos haviam sido cometidos e traziam as marcas do arrependimento. Todavia, muito havia ainda para acertar, muitas oportunidades de reajustamento no presente e no futuro e era essa a grandeza da vida.

Assim, lentamente, Diana foi sentindo novas esperanças despertarem em si. Cada vez que chegava ao banco cuidadosamente colocado perto da fonte no jardim, lembrava da figura paterna a encorajá-la, afirmando que ali ela iria recobrar o gosto de viver. Lembrava ainda dos conselhos de seu pai quando encarnado: "filha, não importa quantas vezes você vai cair, importa que você se erga e siga adiante". Em tantas ocasiões ela ouvira isso dele sem imaginar que as orientações não valiam apenas para os momentos nos quais ela não fosse bem-sucedida em algum empreendimento artístico e viesse a fracassar. Agora ela compreendia que era essa a atitude a tomar diante dos demais obstáculos que a jornada terrena lhe apresentasse. Sem dúvida, ela não se livraria de inúmeras quedas; o essencial era não permanecer caída, mas levantar-se e seguir adiante.

Era, portanto, com novo ânimo que Diana começava a traçar planos futuros, confiante de que teria condições de superar as dificuldades e trazer de volta a alegria, a saúde, a prosperidade e o amor que sempre lhe caracterizaram a existência.

E para colaborar com esse novo estado de ânimo, a semana que se iniciava reservaria a ela duas boas surpresas: ela iria rever uma querida amiga e fazer uma nova amiga.

Mal acreditou quando viu, no dia seguinte, Cíntia chegar à clínica acompanhada por Carla Guedes, uma pessoa por quem Diana sempre teve especial afeto. Conhecia-a desde a infância, passou com ela parte de sua adolescência e ambas só se afastaram quando a jovem atriz foi morar em Londres. Tornaram a se reencontrar após o casamento dela, pois os respectivos esposos também eram amigos. Assim, desfrutaram juntos passeios, viagens, momentos muito felizes.

No entanto, Carla mudou de cidade com o marido pouco antes de Diana e Floriano se separarem. Havia muito tempo que não se viam.

Cíntia comentou que foi uma grande surpresa reencontrar a amiga e quando lhe contou sobre a internação esta imediatamente concordou em visitá-la. E, ao que parecia, a iniciativa tinha sido feliz porque Diana, emocionada, segurava as mãos da visitante e dizia entre lágrimas:

— Parece que você escutou meus pensamentos! Ainda ontem eu me lembrei das tantas pessoas que eu gostaria de rever e você foi uma das primeiras a ser lembrada, Carla! Não tem ideia da alegria que eu sinto em vê-la aqui!

Carla tinha uma expressão serena e alegre. Seus olhos brilhavam de contentamento ao abraçar a amiga. Recordava-se da tendência que Diana tinha em se exceder na bebida desde a juventude, nas festas frequentadas por ambas; jamais poderia supor que o vício a conduziria a uma clínica especializada, após colocar a própria vida em risco.

Bastante animada ao vê-la com boa disposição, passou a contar as atividades que lhe ocupavam o dia. Trabalhava na empresa do esposo e, no tempo livre de que dispunham, ambos auxiliavam na manutenção de uma casa que abrigava crianças carentes, portadoras de necessidades especiais. Eram ao todo cerca de sessenta meninas e meninos ali assistidos, tarefa essa que envolvia outros casais voluntários que, a compreender a urgência em manter um local tão especial, não mediam esforços em oferecer toda a ajuda necessária a sua fundadora, uma abnegada senhora que se dedicava havia vários anos ao atendimento daquelas crianças.

Diana ouvia tudo com interesse e admiração. Lembrava que Carla sempre manifestava interesse em atividades dessa natureza. Identificava em Jair, o esposo da amiga, o mesmo caráter solidário e generoso, disposto sempre a auxiliar quem quer que fosse. Sabendo que agiam dessa forma e punham em prática seus ideais, ficava bastante impressionada. As crianças pobres, ponderava ela, tinham imensas dificuldades em seu desenvolvimento, mais ainda tinham aquelas com necessidades especiais, algumas, inclusive, haviam sido abandonadas pelos próprios pais.

Diana se comprometeu a ir conhecer mais de perto a atividade benemerente do casal de amigos quando saísse da clínica. E, num clima bastante amistoso, despediram-se até um novo encontro.

Enquanto se despedia das visitas, Diana percebeu que outra paciente fazia o mesmo. Vilma Alencar mais uma vez deixava a companhia da filha com indisfarçável emoção. Era sempre assim. Quem presenciasse a cena invariavelmente se perguntava se ver a filha lhe fazia bem ou mal. Eram abraços demorados, como se desejasse retê-la indefinidamente.

A moça era uma jovem belíssima, não deveria ter mais do que vinte e cinco anos e também ela manifestava tristeza em ter de deixar a mãezinha ali. Diana nunca havia conversado com Vilma em particular. Sabia apenas que era uma artista plástica conhecida em todo o país e lembrava-se mesmo de ter visitado algumas de suas exposições e ter apreciado muito seu trabalho.

O dia seguinte, no entanto, parecia reservado ao encontro das duas, no jardim, lugar preferido de Diana. A conversa fluiu naturalmente, após a abordagem inicial da conhecida atriz, que comentou bem-humorada:

– Lembro de tê-la visto em meio às suas obras, sendo saudada como grande nome da pintura brasileira! Por que a vejo agora tão triste a cabisbaixa?

Vilma entendeu o tom da pergunta. Sabia que não havia nenhum tom de crítica ou censura. Era apenas uma constatação e respondeu com um sorriso:

– Diana Veiga... Lembro-me de tê-la visto em novelas de grande sucesso e nas páginas das mais badaladas revistas. E entre brilhos e cores fomos nos encontrar em um lugar bastante estranho, não acha?

As duas riram bastante da forma irônica com que Vilma resumira a situação. Em seguida, sem muitas formalidades, ambas passaram a conversar, uma das muitas conversas que marcariam a passagem de Diana por aquele "estranho lugar".

– De fato, Vilma, este não é o ambiente para o qual as pessoas queiram se dirigir. Muitas adiam o quanto podem o seu tratamento até o instante em que percebem que apenas agravam a própria situação.

Era fim de tarde. O sol mais ameno atingia suavemente a face de Vilma que, estirada na relva como se quisesse aproveitar os últimos raios do astro rei, passou a conjeturar:

– Lugares como este não são desejados; bom mesmo seria que nem precisassem existir, mas são necessários enquanto durar a insensatez humana. Temos sido perversos com nós mesmos e, enquanto for assim, enquanto praticarmos abusos perigosos, precisaremos desta "estação de repouso" para pôr a própria vida em ordem.

Diana concordou com o ponto de vista da amiga. Já se passavam mais de vinte dias de internação e ela ainda estava bastante insegura quanto aos rumos a tomar quando saísse dali.

– Vilma, muitos passam por aqui repetidas vezes, não é? Nem sempre conseguem se recuperar já na primeira internação!

– É verdade, sim! No meu caso, minha filha me trouxe para cá por duas vezes. E esta última, vim por minha espontânea vontade.

– Vilma, tenho medo de que isso aconteça comigo! Aqui tudo nos dá esperança de que vamos conseguir nos libertar deste vício que tanto nos atormenta. Mas e lá fora? Nada mais nos protegerá! Mais uma vez ficaremos vulneráveis às pressões, às angústias, aos fracassos, enfim, você sabe...

– E como sei! – rematou Vilma. – Os perigos são realmente grandes e ameaçadores! Recomeçar tendo nova postura diante dos obstáculos, como eles frequentemente nos alertam, nem sempre é algo que se consiga facilmente. É preciso muita paciência e persistência consigo mesmo, algo que infelizmente tem me faltado, Diana. Por essa razão estou aqui mais uma vez.

A essa altura da conversa, Vilma virou-se e deparou com a expressão assustada da interlocutora. Resolveu então dar outro rumo aos pensamentos:

– Tenho plena consciência de que se estou aqui outra vez é devido à minha própria dificuldade em lidar com minhas emoções e, principalmente, em responder às expectativas que as pessoas criam em relação a mim. Ah! Diana, isso é um peso enorme que colocam em nossos ombros, peso esse que, na maioria das vezes, obrigamo-nos a carregar sem necessidade nenhuma. Você, como pessoa pública, deve saber do que estou falando.

– Sei sim, Vilma, como sei – concluiu Diana balançando a cabeça em sinal afirmativo.

– Temos nossa vida exposta e nem sempre sabemos lidar com isso. Lembro, por exemplo, do seu casamento, de como foi maravilhoso e comentado pela mídia!

– Foi uma bela festa, sem dúvida – confirmou a atriz.

– Ele era inglês, se me recordo.

– Não, ele é brasileiro, morava havia muitos anos em Londres onde seguiria carreira diplomática. Seguiria se eu não tivesse entrado na sua vida como um tufão e mudado radicalmente seus planos.

Vilma silenciou por um instante como se quisesse pôr as ideias em ordem e procurar as palavras exatas para se expressar. A seguir, indagou:

– Lembro-me também da retumbante separação de vocês. E desculpe se estou falando em assuntos que você prefere evitar...

– Não há problema – explicou Diana –, de fato nosso casamento durou apenas cinco anos, deixando a impressão de que foi um grave erro da parte dele ter deixado para trás uma promissora carreira para ficar com a desastrada atriz que não foi capaz nem mesmo...

Diana estava visivelmente emocionada. Falar desse assunto sempre a incomodava. Preferia jogar uma pedra sobre ele, ignorá-lo, fazer de conta que não tinha acontecido. Contudo, ali, naquele instante, diante de uma desconhecida, sentia necessidade de falar e concluiu num tom pesaroso:

– ...De dar a ele o filho que ele tanto queria... mas eu não pude... não naquela situação, com tantos compromissos importantes para atender!

Um breve silêncio se fez entre as duas, até que Vilma retomou a palavra:

– Diana, há algo importante que aprendi com a vida. É preciso distinguir as aflições reais, as culpas reais daquelas que não são reais. Muitas vezes nos imputam culpas que não temos, criamos mitos que ressaltam nossa grandeza, mas, na verdade, eles apenas acabam por pesar desnecessariamente.

– Não entendo o que você quer dizer, não entendo como isso pode se aplicar a mim, Vilma, por favor, explique-me melhor!

– Veja bem, Diana, você sempre acreditou ou fizeram-na acreditar que era a culpada por seu marido ter deixado de ser diplomata! Se bem conheço os homens, minha querida, isso é um mito! Ele teria desistido da carreira cedo ou tarde. Se você ou outra pessoa tivessem surgido na vida dele apenas precipitariam a decisão. Não tome para si uma culpa que não existe.

Diana surpreendera-se com a interpretação que Vilma dera aos fatos. Nunca havia pensado assim. Sempre se sentira culpada por alterar os planos de Floriano e depois não se comportara da maneira fiel e dedicada que ele fazia por merecer. Sem dúvida, era um peso que ela arrastava consigo. Mas, naquele momento, perguntou-se a si mesma: "Será que precisava mesmo ser assim?".

Já escurecia quando ambas encaminharam-se para o refeitório, dando continuidade à conversa:

– Sei também que ele a acusou pelo aborto! Foi manchete em todas as revistas.

– É verdade... Foi a saída que encontrei para me livrar de um problema – comentou Diana.

– Isso sim é grave! – considerou Vilma.

– Por quê? – Replicou Diana, recorrendo ao habitual argumento: – Por acaso não tenho direito de escolher se quero ou não engravidar? Sou dona do meu corpo, afinal! De que adianta colocar uma criança no mundo se não tiver condições para atendê-la?

Vilma entendeu o tom de defesa. Intimamente ela não queria assumir a responsabilidade pelo seu ato. Mesmo assim, esclareceu:

– Você interrompeu uma gestação que não oferecia risco, isso é grave! A decisão de quem deve viver não compete a nós e sim ao Criador. Você achou que não era o momento de a criança vir ao mundo e impediu que isso acontecesse causando um profundo estrago na vida do pai, na sua e na da criança que viria.

– Ora, era apenas um feto – redarguiu Diana.

– A criança liga-se à mãe desde o momento da concepção! Não se inquiete, Diana, Deus é misericordioso e oferecerá a você uma oportunidade de se corrigir. Não se desespere.

Foi empregando esse tom profético às palavras que Vilma se despediu de Diana, justamente no momento em que ela mais queria continuar a conversa. Ela não lhe parecia uma pessoa religiosa ou mística, muito longe disso. No entanto, falou com uma firmeza e uma convicção que a deixaram bastante impressionada.

Aprendendo sempre

Uma manhã de chuva torrencial vinha trazer dificuldades para o dia a dia do paulistano. Trânsito ainda mais difícil, pessoas ainda mais impacientes, ruas alagadas, cenário caótico de uma grande capital.

Floriano chegara no dia anterior à cidade, quase madrugada, quando a chuva já se fazia ameaçadora. Vinha atender a compromissos profissionais diversos. Havia vencido dias bastante agitados, feito viagens visitando universidades, onde costumeiramente era convidado a falar aos estudantes de Comunicação. Era uma atividade que lhe dava muito prazer, apesar de se tornar extenuante, por vezes. Fazia-o sentir-se útil ao compartilhar as inúmeras e diversificadas experiências que tivera mundo afora, envolvendo relatos comoventes,

VEREDAS DA PAZ

pitorescos, inesquecíveis. Floriano dava a eles um toque especial que atraía a atenção das pessoas. Contava tudo de maneira muito própria e envolvente, e essa habilidade fazia com que fosse constantemente lembrado para eventos como esses.

Aprendia também, renovava-se no contato com os jovens e familiarizava-se com as novas e múltiplas tendências da comunicação mundial.

Ao tomar o café da manhã, procurava definir como seria o seu dia. Tinha reunião marcada com o editor a propósito de seu novo livro de crônicas, matérias para o jornal, visitas a fazer a alguns amigos, e aquela dúvida a perturbá-lo: deveria ou não visitar Diana na clínica?

Soubera de sua ida ao Guarujá, sua conversa com Andréa e lamentara profundamente o desencontro. Desde então os compromissos foram se sucedendo, impedindo-o de visitar Diana. Seria prudente vê-la? Havia apenas telefonado para Cíntia para saber notícias e estas eram bastante animadoras. Conforme constatara, o doutor Amadeu, médico responsável pelo tratamento, ela revelava muito empenho na recuperação e os prognósticos eram os melhores.

Floriano ainda se indagava sobre qual a decisão mais acertada quando leu uma notícia no jornal que o deixou preocupado: Vinícius Aguiar regressava ao Brasil após longa temporada no exterior.

A simples menção do nome do jovem ator alterou sua expressão.

— Logo agora — conjeturou ele —, logo agora que Diana está se recuperando! Que ele não venha lhe trazer transtornos e pôr tudo a perder novamente!

E foi bastante apreensivo que Floriano terminou seu desjejum e resolveu enfrentar o mau tempo, dando curso às suas atividades que poderiam ou não incluir uma visita à ex-esposa.

✳

O mau tempo também impediu a realização de atividades ao ar livre na clínica. Assim, Diana, após se exercitar na academia, sentou-se na ampla varanda e se pôs a ler o livro de poesias de autoria de sua amiga Carla. Para sua surpresa, o silêncio do ambiente logo foi quebrado pela sonora gargalhada de Vilma. Virando-se em direção ao som, Diana ainda a viu enlaçando Irene num demorado abraço, rematado com um beijo na face da senhora que era amiga querida de todas as pacientes.

Certamente Diana ficou curiosa com o que poderia ter causado tanta alegria. E logo veio a saber, pois Vilma dirigiu-se saltitante e risonha em direção a ela, cantarolando sua música preferida. Bastante emocionada, contou:

– Diana, vou ser vovó... Marina vai me dar meu primeiro netinho!

Os olhos claros da futura vovó brilhavam de satisfação. Mais uma vez, trocou um caloroso abraço e recebeu os parabéns.

O livro de poesias de Carla ficou provisoriamente esquecido, pois agora as duas conversavam animadamente:

– Marina, assim que soube do resultado veio me contar! Essa criança já era aguardada havia muito tempo por ela e por Jaime, meu genro. Ah, Diana, você não pode imaginar o tamanho de nossa alegria!

Vilma continuou:

– Queria muito estar com eles agora, mas, por meu descuido, mais uma vez estou aqui.

– Logo estará restabelecida, Vilma, e poderá voltar ao convívio dessa família que vai aumentar agora – encorajou Diana.

Para sua surpresa, porém, a expressão que viu nos olhos da artista não foi de esperança, mas sim tristeza e desapontamento. Só então lembrou que sabia tão pouco a respeito dela e ignorava completamente os motivos de sua internação na clínica. Apenas vira de longe a jovem e bela Marina, cujas visitas eram frequentes e, por vezes, acompanhadas pelo esposo. Certamente, o casal devia estar bem animado com a vinda do bebê. No entanto, a futura avó deixava transparecer uma ponta de vergonha por estar internada numa clínica de recuperação enquanto podia estar comemorando com a família. Curiosamente, mesmo sem proferir uma só palavra, no sentido de investigar as razões da presença dela ali, Diana pôs-se a ouvir a seguinte narrativa, como se Vilma houvesse adivinhado o que ela queria saber:

– Diana, eu era bem jovem quando me tornei mãe! Os primeiros anos de casamento foram muito felizes, eu e meu esposo nos amávamos muito, tínhamos uma vida estável e foi assim até que um acidente fatal me deixou viúva em plena mocidade. Marina era uma criança, e me vi diante do enorme compromisso de ter de sustentá-la com poucos recursos. Passei por muitas dificuldades. Na época, minhas telas já despertavam interesse de alguns compradores, mas nada que atingisse valores muito altos. Foi então que algo surpreendente aconteceu. Mas antes preciso saber... Diana, você acredita na ação dos espíritos sobre as pessoas, acredita que eles possam nos influenciar?

– Ora, amiga – respondeu Diana entre risos –, francamente nunca acreditei nisso. A meu ver são histórias inventadas para explicar o que não se pode entender.

– Ora, amiga – imitou Vilma –, saiba que você está enganada, não são histórias inventadas. A ação deles é real e pode ser muito perigosa também.

Naquele instante, Diana ficou sem saber se pedia licença e se retirava ou se permanecia ouvindo a narrativa. A curiosidade, contudo, foi mais forte e a segurou na cadeira.

Lá fora a chuva se intensificava, estavam as duas surpreendentemente a sós no vasto salão quando Vilma prosseguiu:

– Digo isso porque sempre vi espíritos, desde criança. Quando era adolescente, meu pai chegou a ir comigo a um centro espírita, mas nunca me interessei pelo assunto. No entanto, continuava a vê-los. Um dia, quando estava desesperada, sem saber como agir para resolver minha difícil situação, eu vi um espírito que disse ser um pintor assim como eu. Disse que se chamava Victor Brest e queria me ajudar, pintaria várias telas por meu intermédio e, desse modo, eu ficaria reconhecida pela qualidade do trabalho.

Diana não conseguia tirar os olhos da amiga e continuou a ouvi-la pacientemente mesmo com certa descrença, talvez porque Vilma estivesse sendo bastante convincente em suas afirmativas.

– De fato, Diana, seu trabalho era inovador e de uma qualidade imensa. Ele me ensinou recursos variados, os quais eu desconhecia completamente. De uma hora para outra, as telas passaram a ser vendidas por preços inacreditáveis e minhas telas passaram a frequentar as mais prestigiadas galerias.

– Sim, Vilma, mas pelo que eu entendi não era você que as pintava... era Victor Brest.

Vilma fez um sinal afirmativo com a cabeça, levantou-se, caminhou um pouco e voltou-se para Diana:

– Exatamente... no entanto, passei a agir ignorando isso. Um dia, Victor se aproximou e me disse que, como prova de gratidão, eu deveria declarar a todos que as telas eram de origem mediúnica e ele era o verdadeiro autor. Eu fiquei estarrecida com tal exigência. Naquela noite, ele nada produziu. Foi então que percebi que os espíritos são seres livres, não temos controle sobre eles.

– Você não atendeu ao pedido dele, presumo.

– Quando ele viu que eu não faria isso, disse-me que se afastaria. Sem nada entender do assunto, eu o desafiei dizendo que outros viriam em seu lugar. Minha amiga, eu não sabia o grave erro que cometia!

"Victor podia não ser um espírito esclarecido, pois ainda exigia reconhecimento e talvez, hoje eu sei, não tivesse encontrado a forma mais acertada de me ajudar. Mas nunca havia me feito sofrer, ao passo que os seus 'substitutos'... Esses me conduziram à ruína!"

– Como assim, Vilma? Explique melhor, gostaria de entender!

– Vieram outros espíritos associados ao meu desejo de fama; no entanto, passei a acreditar que por meio da bebida conseguiria melhores resultados e então... mergulhei cada vez mais no vício satisfazendo a essas entidades e causando sérios danos a mim, ao meu trabalho, à minha vida afetiva, pois minha querida Marina afastava-se assustada cada vez que me via embriagada, e os companheiros que de mim se aproximavam preferiam não prosseguir o relacionamento por me julgarem frívola e inconsequente, além de alcoólatra inveterada.

Vilma fez uma pausa. Era doloroso lembrar o quanto ela tinha imposto à filha uma infância triste e tumultuada em virtude do seu descontrole com a bebida. Foi a primeira vez que concordara com parentes que sugeriram a internação para se desintoxicar, comprometendo-se a cuidar da pequena Marina. Todavia, seria apenas um passo de uma longa caminhada.

E essa caminhada seria cheia de obstáculos que testavam a decisão dela em realmente se recuperar. Quando saiu da clínica, Vilma não sabia bem que rumo dar à própria vida. Era uma artista consagrada, com uma filha para educar, mas sabia tão pouco sobre si mesma e surpreendera-se muito com os rumos que suas escolhas a fizeram trilhar! Por quê, afinal, aceitara a proposta de Victor Brest, uma entidade sobre a qual nada sabia? O que o teria atraído? O que, afinal, além do gosto comum pela arte o havia feito se aproximar dela a ponto de influenciá-la tão poderosamente? E aqueles outros espíritos que, em troca de satisfação da própria vaidade, concordaram em manifestar-se por meio dela? Eram essas questões que faziam com que o mundo espiritual se afigurasse para ela como assustador e, por vezes, incompreensível. Era preciso ter muito cuidado com tudo o que envolvesse o relacionamento com os seres do mundo incorpóreo, disso não havia dúvidas.

Portanto, foi com disposição de melhor compreender essas relações que, em certa ocasião, Vilma aceitou o convite de alguns amigos para assistir a uma palestra pública de conhecido orador espírita. As palavras dele a levaram a profundas reflexões sobre si mesma e sobre suas atitudes. E foi em meio a essas conjeturas que mais uma vez o espírito de Victor tornou a aparecer, como a confirmar sua opção. Era mesmo preciso investigar, com mais seriedade, as variadas possibilidades do intercâmbio mediúnico e suas finalidades. Victor tinha uma expressão tranquila, transmitindo-lhe, por meio do olhar e gestos amistosos, o quanto estava feliz por vê-la ali, começando a buscar um conhecimento que tanto poderia ajudá-la.

Com esta motivação, passou a frequentar o centro espírita recomendado pelos amigos. Ali, iniciou a participação no grupo de estudos, fez tratamento por meio do passe e da desobsessão. Sentiu imensa melhora. Os espíritos obsessores foram esclarecidos nas reuniões mediúnicas; Victor Brest se comunicou dizendo ser alguém ligado a Vilma por várias encarnações, que tinha por ela especial afeto, mas que talvez, mesmo assim, não tenha agido corretamente. Entendia melhor a situação e procurava ajudá-la de outra forma que não excitando nela a vaidade e o desejo de fama a qualquer preço. Enfim, decidira também, modificar em si o que estava sendo causa de transtorno e confusão e esperava que Vilma fizesse o mesmo. Victor disse ainda que se preparava para futura encarnação.

Vilma pôde então compreender melhor o que ocorrera. Procurou continuar seu trabalho como artista plástica, aprimorando ainda mais os seus conhecimentos. Prosseguiu sua vida ao lado da querida filha, tudo parecia transcorrer normalmente quando Marina sofreu um grave acidente que limitou seus movimentos por vários meses. A coluna vertebral havia sido lesionada e o tratamento exigiria muita perseverança e calma.

Todavia, Vilma se desesperou diante da imobilidade da filha, tão jovem, a chorar, inconsolável, no leito do hospital. Mais uma vez, ela recorreu à bebida para aplacar sua insegurança e sofrimento. Dessa vez, os familiares foram bastante duros com ela, ao ver que novamente ela se deixava envolver pelo vício, no momento em que a filha mais necessitava de sua presença. As cobranças, contudo, aumentavam ainda mais sua culpa, não conseguia encontrar forças para agir de modo diferente.

Foram meses difíceis para ambas. Felizmente, Marina foi recuperando os movimentos e voltou a andar. No entanto, ficou evidente que Vilma não estava plenamente recuperada. Iniciou novo tratamento.

Novamente, Irene e os trabalhadores da instituição a receberam e procuraram oferecer a ela todos os recursos de que dispunham para que a artista plástica, finalmente, pudesse sair fortalecida do vício que a atormentava e não mais reincidisse. Irene já conhecera muitos casos parecidos com o dela e esperava que a paciente pudesse sair vitoriosa.

De fato, quando obteve a alta, Vilma deu à sua vida ritmo normal. Marina agora já era estudante universitária e ambas se envolviam nos projetos que mais as atraíam. Foram anos tranquilos, durante os quais Vilma conseguiu se manter afastada da bebida, tendo boa convivência consigo mesma, com a família e com os amigos.

No fim do curso, Marina e Jaime conseguiram uma bolsa de estudos no exterior. Casaram-se e foram morar em Madri.

De início, Vilma reagiu bem à separação. Contudo, alguns insucessos na carreira e algumas decepções em relacionamentos amorosos, conduziram-na, novamente, à companhia da bebida.

VEREDAS DA PAZ

Dessa vez, porém, ela mesma procurou por auxílio médico e se submeteu a outro tratamento.

Quando Marina regressou foi prontamente visitar a mãe na clínica.

Depois que Vilma finalizou o relato de sua longa luta com o alcoolismo, Diana se lembrou da fisionomia triste da bela jovem que visitava a conhecida artista plástica. Imaginava o quanto era doloroso para ela regressar e ver a mãe mais uma vez internada por ter sido vencida pelo vício.

Por um momento, voltou sua atenção para si mesma e pensou: "Se eu tivesse tido meu filho, talvez ele estivesse passando por este mesmo sofrimento e seria ainda uma criança".

Nesse instante, porém, outra ideia surgiu em seu pensamento: "Se eu tivesse tido meu filho, talvez não estivesse aqui e sim, passeando e me divertindo com ele, no parque do Ibirapuera".

Envolvida por seus pensamentos, Diana demorou a perceber que a chamavam para avisá-la de que um homem esperava por ela na sala de visitas.

Ela estranhou o recado, pois era costume identificar de quem se tratava. Atribuiu à pressa da pessoa que a avisava em não dizer quem era.

Nos últimos dias, alguns amigos e colegas de profissão tinham ido visitá-la. Quem seria? Floriano que até então não viera? Já sabia do regresso de Vinícius. Seria ele? Não, ele não estava autorizado a visitá-la a pedido dela mesma. Não queria mais vê-lo depois do grave desapontamento que lhe causara ao abandoná-la como se ela nada valesse. Movida pela curiosidade, pôs-se em passos rápidos em direção à entrada.

97

Em pé, na ampla e arejada sala, ele se recordava de já ter estado ali, há alguns anos, em visita a um amigo que felizmente vira se libertar do alcoolismo. Desejava ardentemente o mesmo para Diana. Ele tinha certeza do quanto ela ainda poderia ser bem-sucedida em todos os empreendimentos que assumisse.

A chuva já havia cessado quando ele, relutante se seria ou não prudente vê-la novamente, dirigiu-se até a clínica. Fazia isso, com pesar e esperança. Pesar porque nunca poderia imaginar um desfecho tão triste para uma jovem promissora atriz que quase havia se destruído derrotada por seus medos, angústias e dissabores. Esperança por saber que naquele lugar teria nova oportunidade de se renovar e de triunfar sobre todos esses dissabores.

E Diana já mostrava no rosto corado e na expressão serena os sinais de que isso já estava acontecendo. Ver a jovem com seu belo sorriso e a aparência saudável fez renascer em Floriano as melhores expectativas quanto ao efetivo reajustamento de sua ex-esposa!

Juntos, passeavam de mãos dadas na alameda que conduzia ao jardim. A chuva deixava o aroma das flores mais intenso, como se elas estivessem agradecendo ao Criador a bênção da água. Algumas pessoas também passeavam por ali, como que convidadas a encher os pulmões com o ar renovado, recendendo agradavelmente.

Diana ouvia Floriano falar com entusiasmo de suas atividades, seus projetos, suas viagens, que o haviam impedido de comparecer antes. Chegaram até um banco localizado embaixo de frondosa árvore e nele se sentaram por alguns instantes. Curiosamente, ela se perguntava como fora possível odiá-lo com tal

VEREDAS DA PAZ

intensidade, durante tanto tempo. Diana atribuía a ele muitos dos seus fracassos, principalmente após o episódio no qual ele invadiu o estúdio em meio à entrevista coletiva, acusando-a de haver assassinado seu filho. Não parecia estar diante da mesma pessoa. Os dias de internação a estavam ajudando no sentido de dar aos fatos uma dimensão correta. Já havia sofrido tanto que percebera, aos poucos, não ser justo atribuir aos outros apenas a causa dos próprios insucessos. Por quê, afinal, odiara tanto o ex-esposo e envolvera-se tão apaixonadamente com outro homem que por curto espaço de tempo pareceu ser o mais digno de seu afeto? "Quanta desilusão", pensava agora. Olhando para Floriano, sem nada dizer, Diana recordava também das conversas que tivera com Vilma a respeito da interferência dos espíritos em muitas ações humanas. Recordava, embora sem nada ter mencionado a ela, as inúmeras vezes que se sentiu perseguida por um ser invisível a acusá-la constantemente por algo que ela não compreendia e dos pesadelos constantes. Em várias oportunidades buscava na bebida o anestésico capaz de livrá-la daquela estranha sensação. Dormia, mas os pesadelos com o tal homem de terno escuro, feição maldosa a ameaçá-la ainda mais intensamente, faziam-na acordar mais inquieta e apreensiva do que antes. E mais uma vez recorria à bebida, num círculo vicioso que, ao se prolongar, acabou por levá-la ao mais alto grau de intoxicação: o coma etílico.

Floriano notou o silêncio de Diana, que o olhava fixamente:

— Talvez eu esteja me demorando — comentou ele — talvez seja melhor ir embora. Já vi que você está melhor e isso me tranquiliza bastante.

– Não, querido, não vá ainda!

A expressão "querido" provocou um sorriso em Floriano. Há quanto tempo ela não o tratava assim. Não imaginava que ela seria capaz de tratá-lo com tanta afabilidade. No entanto, com a mão delicadamente posta em seu braço como se tentasse deter sua partida, Diana rematou a frase:

– Agora há pouco, no exato momento em que me anunciaram sua chegada, eu estava pensando em você e... no nosso filho! Estava a me perguntar se caso ele tivesse nascido, se eu estaria neste lugar.

Floriano baixou os olhos. Nada disse. Diana continuou:

– Talvez se ele tivesse nascido, estaria comigo e ocupando minha vida de tal maneira que eu não me deixaria arrastar pelo alcoolismo. Ou, poderia estar sofrendo como tantas outras crianças filhas de mães alcoólatras que também se encontram aqui. Sei de alguns casos em que elas perderam a guarda dos filhos, e de outras que, por consumirem álcool durante a gravidez, comprometeram seriamente o desenvolvimento mental deles! Será, Floriano, que você poderia me esclarecer? Onde eu estaria agora se ele tivesse nascido?

Esse era um assunto que ele evitava comentar. No entanto, percebendo a disposição de Diana em ver os fatos sob um novo ângulo, respondeu:

– Eu acho que estaríamos os três passeando pelo parque do Ibirapuera!

Diana soltou uma gargalhada. Como era bom vê-la sorrir de maneira tão cativante. Ela completou:

– Foi exatamente nisso que pensei também. Cometi um erro grave, hoje sei e busco conviver com isso. Tomei a decisão sozinha, você estava ausente do país e já estávamos separados. Pensei que, assim como eu, você logo encontraria outra pessoa para recomeçar a vida. Enfim, enganei-me. Agi com precipitação, pensando apenas em meus interesses. Um filho naquele momento traria sérios transtornos à minha carreira e ao meu novo relacionamento. Foi só nisso que pensei quando imaginei ter encontrado a melhor solução.

Floriano estava impressionado. Era a primeira vez que Diana abordava o tema sob uma nova visão. Até então, das poucas vezes que falaram sobre o assunto, ela jamais assumiu qualquer responsabilidade sobre ter interrompido uma vida que se desenvolvia. Julgava ter agido com acerto e nada a demovia desse pensamento. Certamente, agia assim para atenuar para si mesma a profunda sensação de culpa.

– Sim, Diana, tanto eu como você cometemos uma sucessão de enganos por não sabermos lidar corretamente com certas emoções. Havíamos rompido nosso compromisso. Você imaginou que eu não haveria de aceitar um filho estando você ligada a outro homem e quando entendeu que não era esse meu pensamento, já era tarde demais. Eu o teria aceitado sim, com todo o meu amor, consciente de que ele não era o culpado por nossos desajustes.

Novo silêncio se fez. Ambos estavam muito emocionados. Diana mais uma vez tomou a palavra:

– Floriano, eu tenho orado muito e pedido perdão a Deus, pedido que Ele me mostre um caminho, uma maneira de me corrigir. E fico contente em saber que você não mais me vê como uma assassina cruel, fria, que agiu movida por intenso egoísmo. Agora sei de algumas verdades que parecem condizer com tudo o que passei.

– Seja mais clara, Diana! Do que você está falando, que verdades são essas?

– Você sabe que eu relutei muito em iniciar o tratamento e até o dia em que entrei aqui pela primeira vez ainda tinha dúvidas se havia tomado ou não a decisão mais acertada.

– Sim – concordou Floriano –, Cíntia chegou a comentar comigo que se surpreendeu quando a viu mudar de opinião ao chegar aqui na clínica.

– Então venha! Vou lhe explicar o que me fez mudar de ideia.

A passos rápidos ela se dirigiu ao aprazível local onde se dera o encontro com o espírito de seu amado pai.

Foi então que iniciou impressionante relato:

– O dia em que fui internada no hospital foi a culminância de uma série de desatinos que vinha cometendo contra mim mesma, já havia algum tempo. Não me alimentava mais direito, não via pessoa nenhuma nem conversava com ninguém. Havia me isolado por completo. Nada mais na vida me interessava. Eu queria que tudo se acabasse. Foi assim que, tendo meu corpo já bastante debilitado pelo uso excessivo do álcool, mais uma vez dele abusei. E se Cíntia não tivesse me socorrido a tempo, eu não teria resistido. Floriano, foi durante minha internação no hospital, quando todos me acreditavam quase morta que eu passei por extraordinária experiência. Junto a mim, vi meu querido pai, que conversou e me animou a não desistir, que muitas realizações eu ainda teria. Ele me conduziu a este lugar, o qual identifiquei prontamente quando aqui cheguei. Por esse motivo me senti confortada e segura, sabendo que estava no ambiente indicado por ele. De fato, aqui tenho aprendido muito e isso tem me auxiliado a me entender melhor.

Ele ouvira atentamente o relato. Não duvidava de sua autenticidade, pois já ouvira outros semelhantes. Ficava contente em saber da proteção paterna auxiliando na recuperação de Diana. Contudo, surgiram algumas dúvidas: "Por que o pai de Diana não a socorrera antes? Por que não evitara, por exemplo, de ela se embriagar a tal ponto que corresse risco de morte? Por que ele a deixou passar por experiência tão penosa para só então vir em seu socorro?". Enfim, se ele não duvidava mais da existência e da ação dos espíritos; por outro lado, demorava a entender como se processava essa ação.

Diana concluía:

– Só contei isso a você. Nem Cíntia sabe. Tenho conversado muito com uma amiga e ela tem comentado sobre a influência dos espíritos em muitas de nossas ações. Começo a acreditar que nisso está a origem de muitas das decisões equivocadas que tomei.

– Sim, Diana. Mas cuidado com o exagero de certas concepções. Não sei ao certo como age o pessoal do Além, mas não me parece justo atribuir a eles tudo o que nos acontece. Por favor, procure se informar melhor e não tire conclusões precipitadas sobre assunto tão sério, é só o que posso lhe recomendar.

Já era tarde. Floriano despediu-se de Diana com um delicado beijo. Surpreendera-se com a mulher com quem havia conversado naquele dia. E ela, igualmente, alegrava-se por mais uma vez ter Floriano Sagres ao seu lado, como uma pessoa querida.

O dia seguinte amanheceu ensolarado no Guarujá e bastante propício para aqueles que apreciam a praia. De sua varanda envidraçada, Andréa observava o movimento intenso e crescente de pessoas querendo aproveitar mais um fim de semana. Ela preferiu ir mais cedo para se exercitar e relaxar à beira-mar, um costume que já tinha havia muito tempo. Naquele instante, no meio da tarde, já havia voltado ao projeto arquitetônico de um grande parque em cidade vizinha. Esse projeto já estava exigindo sua atenção havia vários dias. Em uma pausa, porém, notara o quanto sua casa estava carecendo de um olhar mais atento. Sentiu falta de flores no ambiente. Elas sempre a inspiravam em muitos projetos, não gostava de sentir a sua ausência. Lembrou-se de se arrumar e ir à floricultura de Sônia, que sempre tinha bom gosto em fazer arranjos florais. No entanto, sentia-se cansada. Havia passado vários dias longe de casa, e o pensamento de se estirar preguiçosamente no sofá parecia ter muita força em sua mente. Por fim, decidiu que não iria a lugar nenhum, permaneceria ali mesmo, no ambiente doméstico sem procurar mais compromissos para si mesma. E, assim, Andréa ficou a observar o movimento enquanto saboreava seu suco de frutas, usufruindo sua pausa física e mental. Quanto às flores, iria buscá-las outro dia.

Ela não estava à espera de visitas quando a campainha tocou. Surpreendeu-se. Quem seria?

Ao abrir a porta deparou com o rosto alegre de Floriano, amigo que não via havia algum tempo. Além do belo sorriso, ele trazia mais: um lindo buquê de rosas, de cor suave, a preferida de Andréa.

Ela ficou exultante ao recebê-las. Enlaçou Floriano num abraço carinhoso, mal acreditando no que via. Enquanto providenciava um jarro bem bonito para arrumá-las, ficou sabendo que ele havia ido visitar a pequena Beatriz e almoçado com Sônia e Rubens. A amiga, no fim da visita, fez o belo arranjo o qual chegou em hora tão apropriada, para a alegria de Andréa. Agora podia olhar com mais satisfação para aquele canto da casa que estava a pedir um belo arranjo de flores.

– Como está nossa afilhada? – indagou ao visitante.

– Está um lindo e rechonchudo bebê! Até adormeceu no meu colo, veja você... Eu que sempre fui desajeitado com bebês! – confessou Floriano entre risos.

– Talvez seja a maneira de ela demonstrar desde cedo o quanto se sente bem com você, a quem, de certo modo, deve a vida. Se você não tivesse interferido naquele exato momento, talvez Beatriz não tivesse nascido, lembrou Andréa.

Ele parecia refletir sobre a constatação, concluindo então:

– Não sei até que ponto isso é verdade. Penso que, mesmo que eu não tivesse detido Sônia na entrada da clínica onde ela pretendia fazer o aborto, ainda assim ela não teria entrado. Já estava arrependida de ter ido até lá. Acho que ela teria desistido da ideia infeliz mesmo sem mim.

– Você tem razão; mesmo assim, sua chegada foi bastante oportuna, meu amigo!

Floriano saboreava lentamente o delicioso suco que Andréa lhe servira. Ela, sempre observadora, notava algo diferente no seu semblante. Ele relatava suas viagens, as atividades que o mantiveram afastado e distante nos últimos tempos, contou que havia estado em São Paulo e seus olhos passaram a irradiar um brilho especial. Era como se ele tivesse se libertado de um peso que o oprimia havia muito, e mostrava-se mais leve e à vontade. Em meio a uma brincadeira, ela acabou descobrindo a razão da sensação de bem-estar que havia muito não observava no amigo:

— Floriano, eu sou capaz de adivinhar! Você esteve mais uma vez com Diana!

Ele não precisou verbalizar nada para que ela obtivesse a confirmação. Continuou:

— Sim, só ela tem o enorme poder de colocar esse sorriso em seu rosto e esse brilho em seus olhos.

— Ah, Andréa! — declarou Floriano. — A seu ver serei sempre o menino apaixonado pela mesma garota!

— Não, meu querido, se o que você sentisse por ela fosse paixão já teria arrefecido há muito tempo. A meu ver, você não é o garoto apaixonado que não consegue olhar para outra garota. Diana sempre lhe despertou sentimentos intensos. Intensos, arraigados e permanentes, pelo que eu observo. Justamente por ser assim é que as atitudes dela o ferem tanto. Se fosse apenas paixão você superaria tudo com mais facilidade e não teria reações quase que insanas diante das decisões dela. Agiria com mais indiferença, penso eu.

Floriano seguiu relatando:

— Eu e Diana conversamos muito e, pela primeira vez, acho que conseguimos analisar com serenidade muito do que nos aconteceu, sem mais aquelas acusações mútuas que só pioravam ainda mais nossas feridas. Não quero comemorar antecipadamente, mas me pareceu que ela aprendeu muito com tudo o que lhe aconteceu. Ela viu a morte de perto. Talvez essa experiência a tenha despertado para outro modo de ver a vida.

– Eu concordo com você! Muitas pessoas que passam por experiência semelhante costumam modificar os valores e as atitudes perante a vida. Espero que isso venha realmente a acontecer com Diana e que ela possa reconquistar o espaço merecido, ainda que isso demore! Você sabe que ela haverá de percorrer um árduo caminho para reconquistar a confiança de produtores, patrocinadores, diretores, enfim, de todas as pessoas que contavam com ela e que se viram abandonadas de uma hora para outra quando ela decidiu que não queria mais atuar.

– Sim, você tem razão, ela precisará ser muito persistente, mas haverá de conseguir.

Floriano queria dar outro rumo à conversa e então comentou:

– No dia em que falei com ela, lembrei-me muito de você. Diana me contou que o espírito de seu pai continua a ajudá-la. Pelo que ela me contou, ele indicou o caminho da clínica enquanto ela permaneceu em estado de coma. Não deixei de me surpreender, mesmo sabendo que muitos passam por experiências semelhantes.

– E não é nada incomum – rematou Andréa. – Nesses momentos, nossos entes queridos se aproximam e tentam nos orientar de alguma maneira. Muitos pacientes, após sair do coma, conseguem imprimir um novo ritmo à vida, modificando em muito suas concepções. É como se fosse um choque necessário para despertar para a verdadeira finalidade de nossa estada aqui na Terra!

– Fiquei feliz em saber do encontro dos dois, porque Diana nunca se conformou em não estar aqui quando seu pai faleceu subitamente. Ela sempre foi muito apegada a ele. Sua mãe morreu quando ela era criança e foi educada pelo pai e por Cíntia, sua irmã. Ela deve ter experimentado enorme alegria em ter falado com ele novamente e por si só esse fato já a encoraja a seguir o tratamento.

— Certamente, Floriano! Disso você pode estar seguro — afirmou Andréa.

— Eu só não entendo por que ele não fez isso antes, ou seja, se é mesmo possível que nossos seres amados podem vir nos socorrer, por que não fazem isso antes de algo pior acontecer? Por que ele não impediu, por exemplo, que ela exagerasse na bebida a ponto de ser hospitalizada?

Andréa pensou muito na resposta; afinal, a dúvida do amigo procedia. De fato, muitos imaginam que cabe aos espíritos, se forem mesmo elevados, impedirem que todo mal aconteça a seus tutelados, evitando quedas maiores. No entanto, esse procedimento em nada auxiliaria. Muitas vezes, as quedas são necessárias, pois ensinam o homem a se levantar com suas próprias forças. No momento oportuno, o socorro nunca falta. Ela então respondeu, com a conhecida firmeza:

— Esteja certo também, meu caro amigo, que o pai de Diana deve ter tentado inúmeras vezes se aproximar dela para ajudá-la. Deve ter sofrido demais ao vê-la trilhar um caminho tão perigoso. No entanto, só pôde ajudar de fato depois que ela passou por essa experiência assustadora, no limiar entre a vida e a morte para só então perceber a presença e o amparo paterno.

— Entendo, Andréa! Ninguém consegue ajudar quem não quer ser ajudado!

– É verdade! Os espíritos amigos agem sempre com amor e justiça, mesmo nos momentos em que nem suspeitamos de seu auxílio.

Para Floriano, era bom contar com a palavra esclarecedora de Andréa. Ela sabia eliminar suas dúvidas e incertezas com sua forma particular de falar sobre um mundo desconhecido para ele.

Sentia-se bem toda vez que conversava com a amiga e, com a alma mais leve e mais confiante na justiça de Deus, ele retornou para casa, já no fim da tarde.

RECOMEÇANDO

Havia três meses que Diana saíra da clínica de recuperação. O seu tratamento com o doutor Amadeu prosseguiria com consultas periódicas. Ela procurava manter os bons hábitos que ali aprendera, entre eles, os exercícios físicos regulares. Após chegar de seu passeio de bicicleta pelo parque, terminava de sair do banho quando o telefone tocou. Era seu amigo Henrique Santana, que queria confirmar a reunião de trabalho marcada para aquele mesmo dia. Ela ficou entusiasmada e deu como certa sua participação.

De fato, o convite do amigo de infância em tê-la como assistente de direção em um de seus projetos cênicos estava dando um sopro de vida a Diana. Ela ainda não se sentia suficientemente preparada para voltar aos palcos e, talvez, ainda não fosse mesmo o momento para isso. Todavia, não pensava em se manter longe do mundo da arte por muito tempo. Assim, seguiria aprendendo, preparando-se, sem deixar de transmitir aos atores iniciantes um pouco de sua vasta experiência como atriz versátil que era.

Cíntia e seus amigos também vibraram com a feliz iniciativa de Henrique. Ele, também, filho de atores, havia passado a infância ao lado das duas irmãs. Seus pais eram muito amigos, haviam se conhecido na juventude quando ambos atuavam na época das memoráveis novelas de rádio. O pai de Henrique deixara vários descendentes, muitos deles dedicados também à vida artística. O convívio com a família do amigo sempre foi agradável para as filhas de Moacir e Aurora Veiga, que a viam como se fosse extensão da sua.

Ambas se recordavam do quanto se sentiam bem naquele lar, impregnado de amor e de harmonia. Henrique, seus pais e mais cinco irmãos estavam sempre estudando, sempre ocupados em ter uma boa preparação para a vida profissional. Todos pareciam formar um ambiente harmonioso, no qual os menores desentendimentos e até mesmo as rusgas que surgiam entre uns e outros eram prontamente resolvidas com a atuação firme dos pais. Acima de tudo, imperava o bom humor. Era uma casa alegre, cheia de vida, uma casa que Diana e Cíntia nunca mais encontraram. Com o tempo, viram que tiveram uma felicidade muito grande em conhecer a família Santana, caracterizada por ter qualidades tão raras em um grupo familiar.

Henrique, o primogênito, amava o teatro tanto quanto seus pais e passara grande parte da vida envolvido em produções teatrais. Em muitas delas atuara ao lado de Diana, cuja participação sempre engrandeceu os diversos trabalhos. De todos os seus amigos, talvez tenha sido o primeiro a alertá-la quanto às perigosas opções que elegera em sua vida. Lamentavelmente, assim como muitos outros, na ocasião, foi ignorado. No entanto, assim que viu seu imenso esforço em se direcionar de outra forma, novamente foi o primeiro a se colocar a seu lado. Deixava bem claro, porém, que não agia assim apenas por amizade ou solidariedade, mas sim, porque Diana era de fato a pessoa mais qualificada para a função de que ele necessitava em seu projeto teatral. E ela teria de se dedicar verdadeiramente a ele.

Henrique tinha uma maneira especial de tratá-la e parecia a todos que os dois falavam uma linguagem que os conduzia a um perfeito entrosamento.

E foi pensando nesse momento tão especial que se apresentava em sua vida que Diana decidiu passar na igreja de sua preferência antes de ir à reunião.

As horas passaram rápidas, e lá estava ela no mesmo templo onde havia recebido as primeiras instruções religiosas, onde havia se casado, entre outras tantas lembranças importantes e inesquecíveis. Era um lugar discreto e aconchegante, uma pequena igreja no bairro onde morava. Havia muito Diana não ia ali. Nos tempos mais tumultuados esteve afastada de tudo o que pudesse lhe trazer paz, silêncio. Queria evitar tudo o que a fizesse escutar a si mesma. Seu mundo íntimo estava tão perturbado e confuso que se recusava a um autoexame para não se sentir ainda mais pressionada. E nessa busca de fugir de si própria e de seus atos, quase interrompeu sua jornada na Terra.

Mas os dias eram outros. Queria muito acreditar que o pesadelo havia passado e era preciso mais uma vez se reerguer. Orava a Deus, pedia a seus santos de devoção que a perdoassem e que lhe dessem novas energias para recomeçar sem causar mais transtornos a si e aos outros. Agradecia imensamente por todos os que a haviam ajudado naquela etapa tão difícil e, naquele momento, lembrou-se de alguém a quem gostaria de perdoar; no entanto, não conseguia. Todas as vezes que se lembrava de Vinícius Aguiar, sua mente enchia-se de pesar e arrependimento. Acusava-se por ter sido tão tola e ingênua e não perceber que o sedutor rapaz agira muito mais movido por ambição pessoal do que por um afeto real. Havia sacrificado o próprio casamento, dizia ela, na certeza de ele seria o par a lhe satisfazer todas as necessidades. Esquecera-se de tantos outros aspectos, colocara-o como o centro de tudo em sua vida e, no entanto, ele foi capaz de abandoná-la na primeira oportunidade em que uma vantagem maior lhe apareceu: a possibilidade de uma carreira bem-sucedida no exterior.

E Vinícius Aguiar, segundo se sabia, havia regressado ao Brasil sem ter alcançado o almejado sucesso. "O que o teria feito desistir?", perguntavam-se muitos. Noticiava-se apenas que ele participaria de um novo filme no papel de protagonista.

Fosse como fosse, Diana preferia nunca mais encontrá-lo, embora soubesse que isso seria quase impossível. Perdoá-lo era demais para ela.

Diana terminava suas orações e se preparava para sair quando foi abordada por uma senhora. Até então, ela estava tão absorta que nem havia notado a aproximação de outra pessoa.

Gentilmente, a senhora indagou se ela era Diana Veiga e, quando obteve confirmação, apresentou-se:

— Nós já fomos apresentadas há algum tempo, mas você não deve se lembrar de mim... Sou Emília Aguiar...

— ...A mãe de Vinícius – completou Diana ao identificar em seus traços a semelhança com o filho.

— Sim, Diana. Vim aqui acompanhando meu esposo que gosta muito de visitar esta igreja – disse ela, indicando um senhor que estava à curta distância, em uma cadeira de rodas.

— Não cheguei a conhecê-los. Vocês moravam em uma cidade do interior, não é?

— É verdade, mas agora tivemos de mudar para a capital devido ao tratamento de Geraldo. Ele me disse que não viesse até aqui, pois você poderia não gostar devido ao desentendimento que teve com nosso filho... Mesmo assim, quis saber, como você está, Diana?

Diana captou sinceridade nas palavras da simpática e gentil senhora, que se dirigira a ela de maneira tão afável. Fazia poucos instantes, tinha se recordado da figura de Vinícius e o quanto o detestava agora. Poderia ter tranquilamente respondido que depois de todo o estrago que Vinícius lhe causou, tendo mesmo a incentivado a praticar um aborto como condição de continuar com ela, finalmente, procurava se reabilitar diante da vida. Aprendera que nunca mais iria querer viver com homem destrutivo como aquele. Se tivesse respondido isso, estaria sendo extremamente verdadeira e autêntica. No entanto, entendeu que a amável senhora não merecia ouvir palavras tão duras. Será que ela soube mesmo de todas as atitudes terríveis do filho? Diana chegou mesmo a a pensar que nem a própria mãe o conhecesse bem, tão dissimulado que era.

Assim, ela decidiu responder que estava muito bem, procurando dar continuidade a todos os seus compromissos.

As duas mulheres já iam se despedindo quando, para surpresa de ambas, pai e filho se aproximaram para saudar Diana. Por alguns instantes, ela permaneceu imóvel, mal acreditando no que estava acontecendo. Encontrar Vinícius era algo impensável para ela e, menos ainda, naquele lugar, em circunstância tão surpreendente.

Ele se aproximou educadamente e a beijou. Ela, mais uma vez, ficou sem ação. Se fosse em outro momento, talvez lhe tivesse desferido um tapa. Percebeu, todavia, que tudo acontecia totalmente independente de sua vontade. "A vida e suas surpresas", conjeturou.

Ao ver que ambos podiam estar constrangidos com a presença dela e de Geraldo, Emília se despediu e a deixou conversando com Vinícius, encaminhando-se com o esposo para a saída da igreja, onde aguardariam o filho.

Este, por sua vez, não conseguia encontrar palavras para descrever a expressão do rosto de Diana. Era um misto de raiva, surpresa, pavor, como se ela quisesse estar em qualquer outro lugar, menos ali. A conversa que se seguiu foi breve, mas significativa. Foi ela quem a iniciou, declarando ironicamente:

— Poderia esperar encontrá-lo em qualquer outro ambiente, menos aqui, em uma igreja!

— Você tem razão — respondeu ele sorrindo —, templos religiosos não são lugares de minha preferência, mas meus pais gostam muito de vir aqui e, então, combinei de vir buscá-los. Meu pai tem consulta médica daqui a pouco.

– Seus pais moram aqui agora?

– Sim, moram comigo. Meu pai sofreu uma grave queda de cavalo e está impossibilitado de andar. Não sabemos se vai recuperar plenamente os movimentos; está em tratamento de reabilitação.

A maneira carinhosa com que Vinícius falava do pai fez a imagem monstruosa que até então triunfava na mente de Diana ir se desfazendo pouco a pouco. Tomada de surpresa, ela não sabia bem ao certo o que lhe dizer. Apenas desejou sucesso em seus novos projetos e o restabelecimento de Geraldo.

Despediram-se. A distância, ela observava o carinho com que ele tratava os pais. Era o único filho do casal, procurando oferecer a eles o recurso preciso em momento tão delicado. Se fosse tão monstruoso e insensível, teria tranquilamente permanecido no exterior, completamente indiferente aos problemas de saúde do pai e empenhado em concretizar suas ambições de fama e destaque no mundo artístico. No entanto, a figura terrível que ela detestava, do jovem inconsequente e irresponsável, sedutor e leviano, dava lugar ao filho amoroso e dedicado, alguém que ela nem imaginava existir.

Ainda sob o efeito do inesperado reencontro, Diana seguiu para a tão aguardada reunião de trabalho.

Lá chegando, foi saudada pelos membros do elenco e equipe técnica. Henrique logo tomou a palavra apresentando todos e, com a habitual segurança com que sempre se conduzia, procurou apresentar os detalhes do trabalho que iria necessitar da dedicação de todos. Ali se encontravam atores veteranos e também iniciantes. Era, principalmente, a estes que a atenção de Diana se voltaria. Ela já havia trabalhado com os dois protagonistas da peça, ambos bastante admirados pelo público. Todos participaram, esclarecendo suas dúvidas para definir a atuação de cada um. Havia uma atmosfera de otimismo, e todos pareciam bastante confiantes. O tema da peça girava em torno de duas famílias da atualidade, mostrando situações divertidas e surpreendentes, daquelas que prendem a atenção do público do início ao fim. De autoria de conhecido dramaturgo, a peça, sob direção de Henrique Santana, estava prevista para estrear no ano seguinte.

Ele também demonstrava estar bastante seguro da qualidade do trabalho a ser apresentado ao público. Encerrou a reunião agradecendo a participação de todos e marcando o próximo encontro.

Entre os presentes, porém, uma pessoa atraiu a atenção dele no momento em que chegou. Diana trazia uma expressão estranha ao entrar na sala, como se houvesse presenciado algo assustador. Isso não lhe passara despercebido. Somente no fim da reunião pôde lhe dirigir a palavra. Para tanto, ofereceu-se para levá-la em casa.

Durante o trajeto, tornou a observar o mesmo olhar distante. Henrique falava, Diana respondia com monossílabos. Até que ele, em um tom a que todos já estavam habituados, indagou:

— Mas o que houve, afinal? Você viu alguma assombração?

— Foi quase isso... Não ia lhe contar nada, mas como você percebeu, vou dizer: hoje falei com Vinícius.

— Como? Onde? — perguntou ele, bastante curioso.

— Na igreja!

– Onde? Na fila do confessionário? Quem passou mais tempo lá? Ele ou você?

Era uma forma divertida de fazê-la falar sobre algo que ainda a perturbava. Ela riu muito da brincadeira e só então, mais à vontade, relatou o que se passara.

Depois de ouvi-la, Henrique comentou:

– O encontro de vocês em uma igreja foi bastante oportuno. Se tivesse sido em outro lugar, certamente teriam brigado outra vez.

– Sim, Henrique. Achei tudo muito estranho. Sempre imaginei que quando tornasse a revê-lo diria a ele tudo o que não tive oportunidade de dizer e que sempre julguei que ele devesse ouvir. Sempre disse a todos que nunca mais queria vê-lo porque temia minha própria reação, tal o ódio que ele passou a me inspirar. No entanto, de uma hora para outra, frente a frente com ele, não foi nada como imaginei. Já não sentia mais raiva. Se você me pedisse para definir o que senti, não saberia lhe dizer. Sei apenas que quando entrei naquela igreja ainda nutria por ele enorme ressentimento e rancor, mas agora... parece que nada disso tem mais importância.

– Foi como se você tivesse se liberado de um grande peso!

– Você disse bem. E pensar que por estar tão ferida pela decisão dele em me deixar, eu quase me suicidei... Tudo agora me parece tão menor... Não é estranho?

– Acho que isso se chama amadurecimento, minha amiga! As situações não mudam, o que muda é nossa forma de compreendê-las e de reagir diante delas.

Os dois amigos já estavam se aproximando do prédio em que Diana morava. Despediram-se afetuosamente. Ao entrar

VEREDAS DA PAZ

no apartamento, ela apenas cumprimentou Cíntia e seguiu para o seu quarto. Precisava ficar a sós consigo mesma. O dia lhe trouxera muitas surpresas, muitos reencontros, e ela precisava pôr em ordem o turbilhão de sentimentos que tudo isso lhe provocara.

A irmã respeitou seu silêncio. Já havia notado as mudanças pelas quais passava a até então destemperada e instável Diana. Ao mesmo tempo em que ficava feliz ao vê-la envolvida em novos projetos, voltando a trabalhar no que tanto gostava em meio a pessoas confiáveis, Cíntia ainda temia possíveis recaídas. Desde que saíra da clínica, ela havia se mantido afastada das bebidas alcoólicas. No entanto, a seu ver, o gosto de Diana por festas e ambientes agitados ainda representava um risco, caso ela não soubesse se controlar. Por tudo isso, procurava observar tudo atentamente, sem interferir tanto como antes. E, naquele dia em que a atriz seguiu calada para o quarto, Cíntia apenas orou em silêncio para que nada de mais grave houvesse acontecido.

Ao orar, ela prestou imensa colaboração e auxiliou a irmã com mais eficiência. No quarto, Diana logo adormeceu. Afastando-se momentaneamente do corpo físico, seguiu conosco mais uma vez ao encontro do pai. Moacir tornaria a lhe falar, utilizando-se agora de um artifício que, estava seguro, funcionaria muito bem com aquela que ainda se lhe afigurava como filha querida. Sabia ser aquele o momento apropriado para novamente se aproximar. A jovem já havia se reencontrado com Vinícius de uma maneira que pareceu a todos inesperada, contudo, apenas seguiu a inspiração dos amigos espirituais que prestavam apoio

119

na recuperação dela. Aos poucos, passaria a vê-lo não de uma maneira odiosa, mas sim, compreenderia que muitas das atribulações causadas por ele em sua vida foram apenas uma resposta, o resultado das opções que ela mesma fizera. Não era justo, portanto, culpá-lo indefinidamente, tomando-o na conta de monstro destruidor. Era preciso libertar-se dessas visões distorcidas que havia tempos a torturavam para que pudesse rumar decididamente para a recuperação plena. Moacir queria transmitir essas ideias à filha, mas uma conversa apenas não seria o bastante. Queria encontrar uma forma de tocar sua alma e fazê-la recordar essas noções tão importantes.

Para tanto, teve a ideia de apresentar-se trajado como um de seus personagens mais conhecidos no teatro: o rei Sólon. Na peça *Cassandra*, que o notabilizara, ele era o governante de um reino imaginário na Antiga Grécia quando sua filha Cassandra enamorou-se de valoroso guerreiro do reino rival. Pondo em risco a segurança dos próprios domínios, ela não hesitou em aliar-se aos interesses do inimigo, em troca do afeto de Lísias que, todavia, morreu em combate. Sólon venceu a ameaça estrangeira e salvou seu povo, mas sofreu demais ao saber que a própria filha, Cassandra, conspirara contra ele.

O ponto alto da peça acontecia quando ela, profundamente arrependida e envergonhada, encaminhava-se para o suicídio, pretendendo atirar-se do alto de um rochedo. Detinha-se ao ouvir a voz imperiosa do pai, este na interpretação magistral de Moacir Veiga:

— Lança fora de ti tudo o que é motivo de vergonha, porém, não te arroja ao despenhadeiro de onde não mais sairás, senão para infelicidade ainda maior. Não dobres a fronte ao abismo perigoso que clama por ti, mas ergue-a e olha os céus sem limites a lembrar-te que foste criada para a grandeza e não para a sordidez que faz com que os seres se arrastem ao solo. Filha, para destruíres o mal que há em ti, não precisas destruir-te! Não encontrarás o fim das tuas dores ao lançar-te deste penhasco na imensa ilusão de acabar com tua existência, pois ninguém consegue acabar consigo mesmo! Somos imortais! Esquece a morte e celebra a vida! Liberta-te dos teus erros, não te prendas mais ao passado! Lança fora essa carga que só te faz olhar para baixo e para trás e lembra que podes pairar leve e livre como os pássaros no céu se souberes te erguer para uma nova vida, sem pesares, nem ódios, nem rancores. Vem, filha, olha para mim! Sou teu pai, hoje e sempre, e quero que sejas feliz!

A cena comovia a plateia quando Cassandra finalmente atendia ao apelo paterno e corria para seus braços.

Era exatamente essa a cena, mais uma vez eram essas as palavras que Diana ouvira do pai durante o desprendimento do corpo. Aquelas mesmas palavras que sempre a enterneceram e que ela repetia emocionada cada vez que o via no palco, em interpretação vibrante e arrebatadora. Seu grande sonho era um dia poder estar lado a lado com ele, no papel de Cassandra. Todavia, isso não chegou a se concretizar. No entanto, quis a Misericórdia Divina que mais uma vez o pai tornasse a trazer, de maneira indelével, as lições do perdão e do autoperdão que seu personagem Sólon sempre lembrara a todos.

Conforme Moacir imaginara, Diana acordou no outro dia ainda sob o impacto do encontro e com melhor disposição.

Durante o café da manhã, contou à Cíntia:

– Tive um sonho magnífico com papai. Ele veio falar comigo. Desta vez se apresentou como Sólon, de *Cassandra*... justamente naquela parte que eu sempre preferi.

– Eu sei – interrompeu Cíntia –, a parte em que ele impede o suicídio da filha e vai até ela na tentativa de chamá-la à razão. Eu entendo. De certa forma, pelo que você me contou, de alguma maneira, ele também fez isso por você quando a fez entender que não deveria mais arriscar a própria vida.

– Agora você acredita, Cíntia? Acredita no que eu lhe contei? Nosso pai não desapareceu simplesmente, ele vive... Em algum lugar que desconheço, mas ele segue existindo e tendo por nós o mesmo afeto...

Diana cessou, pois observou os olhos de Cíntia marejados de lágrimas, e sabia que ela não se sentia bem quando via que outros percebiam sua emoção. Por tudo isso, levantou-se de súbito da mesa.

A irmã mais nova compreendeu que não devia prosseguir a conversa. Saiu em seguida para praticar seus exercícios habituais, deixando Cíntia a sós e imersa em pensamentos.

Até então, julgava fantasiosos os relatos que escutara. Ela havia visto de perto toda a imensa dor que a morte súbita dele despertara em todos. Diana não chegou a vê-lo em um caixão fechado, não viu a multidão que se acotovelava em seu velório, não viu a verdadeira comoção que sua partida provocara. Ela estava longe, não testemunhou nada disso e talvez, ajuizava Cíntia, por essa razão continuava a imaginar que o pai não morrera, que continuava a viver em algum lugar indefinido. Ela nem mesmo podia avaliar se isso a ajudava ou não. Parecia que sim, tudo indicava que isso lhe trazia um novo ânimo e uma nova consolação. No entanto, não era suficiente para convencê-la, não a ela, sempre com senso prático e racional. Entendia como sendo mais um voo de imaginação da artista da família.

Cíntia tinha diante de si o retrato pintado por Vilma e que fora presenteado a Diana dias antes de sua alta. Nela, a habilidosa artista plástica pintara a graciosa fonte do jardim, Diana sentada no banco, tendo ao seu lado, para espanto geral, a figura do pai, postado em pé atrás dela, com uma expressão sorridente, confiante e bastante peculiar a Moacir Veiga.

Vilma explicou que em mais de uma oportunidade o vira junto à filha e decidira surpreendê-la com o mimoso retrato. Cíntia, mesmo após ouvir de Diana que Vilma nada sabia do encontro anterior dos dois, naquele mesmo local, não conseguia ver nada de especial no fato, já que Moacir certamente era conhecido por Vilma. Ela quis apenas homenageá-lo colocando-o junto à filha, numa atitude de gosto questionável, a seu ver. Melhor seria respeitar o descanso eterno dos mortos. Nada mais do que isso e, a seu ver, a questão estava encerrada.

Todavia, observando mais cuidadosamente a obra da artista, Cíntia percebeu que ela não o conhecia o suficiente para retratá-lo de maneira tão autêntica, com uma expressão que somente os amigos mais próximos e familiares o identificavam. Quem estava ali não era o artista amado por muitos, não era a face exposta nos jornais e revistas de grande circulação, mas o pai amoroso, contente por estar ao lado da filha amada, com um olhar bastante expressivo, reservado apenas para elas. Como Vilma pôde captar isso? Era de fato uma pintora excepcional.

Colocou de volta a pequena pintura, emoldurada graciosamente e que era exposta em lugar destacado da sala. Seu significado, sua autenticidade, a maneira como fora obtida, enfim, várias questões poderiam ser objeto de controvérsia. Algo, porém, era incontestável: Moacir encontrara uma maneira de mostrar que seu amor era imortal.

Com esse pensamento também Cíntia sentiu-se mais encorajada a enfrentar o novo dia e seus inúmeros compromissos.

Uma nova concepção de vida

Ester de Toledo subia a passos rápidos a escadaria do teatro. Procurava ser sempre pontual nos seus compromissos e essa era uma marca registrada da prestigiada atriz. No entanto, naquele dia, não conseguiu evitar o atraso e seguiu apressada para mais um ensaio.

Na entrada do teatro, encontrou-se com Henrique, que também tivera problemas para chegar no horário marcado. Saudaram-se com um sorriso e, abraçados, dirigiram-se ao encontro dos demais. Para Ester era um verdadeiro presente poder estar trabalhando com aquele talentoso diretor, filho de seu grande amigo Rony Santana. Melhor ainda poder contar com a participação de Diana, também ela filha de outro ator consagrado com quem dividira com honra o palco por diversas vezes.

Ao entrarem no recinto onde os outros atores já se encontravam, tanto Ester como Henrique preferiram continuar em silêncio, apenas observando o curso da conversa que se estabelecia entre Diana e os outros jovens. Já havia alguns dias o grupo polemizava em torno de um fato envolvendo a irmã de uma das atrizes. Ela engravidara e estava bastante feliz com a novidade. Todavia, os exames revelaram algo que deixou a todos apreensivos: a criança nasceria com síndrome de Down. Os comentários em torno do assunto eram divididos. Alguns jovens defendiam a ideia de que seria justo a mãe praticar o aborto a fim de evitar um sofrimento maior para si e para a criança. Outros contestavam tal ponto de vista com veemência, argumentando que, mesmo portador de uma limitação, não se deveria negar à criança o direito de viver. Enfim, as discussões eram acaloradas. Naquela tarde, porém, todos ficaram sabendo que a jovem mãe optara por seguir a gestação e oferecer ao seu filho os cuidados e recursos que estivessem a seu alcance para proporcionar o desenvolvimento dele.

Henrique e Ester chegaram no exato momento em que uma delas, favorável ao aborto, indagava a Diana:

– Você também pensa como eu, pois declarou em entrevistas ser a favor de que a mulher seja livre para decidir se quer ou não levar adiante uma gestação. Eu concordo, porque se um dia enfrentasse a situação de ter uma gravidez indesejada, não hesitaria em abortar – declarou a jovem atriz, buscando o apoio de Diana.

Ela, todavia, depois de ouvir todos os argumentos, respondeu com muita segurança e convicção:

— Luciana, se você tivesse me feito este mesmo comentário há alguns anos, certamente eu partilharia da mesma opinião. No entanto, na época em que fiz tais declarações pensava ter tomado a decisão correta, estava preocupada demais com minha carreira, com meu futuro profissional. Estava começando uma nova etapa ao lado de uma pessoa a quem pensava amar. Então, sacrifiquei a vida que era gerada em mim, mas isso me custou muito caro, posso assegurar a vocês. Sofri um impacto muito grande não só no meu corpo... Fiquei muito abalada emocionalmente. Tinha comigo uma sensação tremenda de culpa, como se algo ou alguém me acusasse continuamente. Resolvi me dedicar integralmente ao trabalho e a outras atividades que me davam prazer buscando me livrar da situação incômoda, a qual não sabia explicar.

Henrique e Ester notaram que todos a ouviam atentamente. Ele, por temer que a situação estivesse a expor demais a amiga, quis intervir, mas foi contido pela experiente atriz que estava a seu lado. Então, ambos permaneceram em silêncio, apenas ouvindo, enquanto Diana prosseguia:

— Foram tempos muitos difíceis para mim e vocês todos conhecem minha história, minha luta para me livrar do alcoolismo, perigosa alternativa que busquei para anestesiar a dor de ver frustrada minha união e o arrependimento por ter me precipitado, num gesto que sacrificou a vida de outro ser. Por tudo isso que passei, hoje lhes digo: o aborto não é a melhor solução. Não o praticaria novamente e não recomendo a ninguém que o pratique.

A frase, dita com tal ênfase, provocou olhares no grupo. Eles pareciam analisar o que a conhecida atriz afirmava, surpreendendo a todos. Então, ela rematou:

– Vocês quiseram ouvir minha opinião e eu fui sincera. Entendo que a vida é um bem precioso e não nos cabe dispor dela, decidir quem nasce e quando nasce. Devemos preservá-la. Não temos capacidade para resolver sobre a vida e a morte de ninguém, principalmente quando se trata de um ser indefeso. Admiro muito a coragem dessa moça! Espero que ela seja muito feliz com seu filhinho que, mesmo com suas limitações, merece ter a mesma oportunidade que nós tivemos. Era isso que eu tinha para lhes dizer. Não quero mudar a opinião de ninguém, apenas espero que vocês possam ter o cuidado de observar esse assunto sob outro ponto de vista.

Ao fim, Diana foi saudada com entusiasmo pelos jovens atores. Logo Ester e Henrique se aproximaram e todos se prepararam para dar início ao ensaio.

Todos estavam bastante empenhados no projeto em execução. A estreia da peça, já bastante aguardada no meio artístico, não tardaria.

No mesmo dia, Ester também faria a prova de um de seus figurinos. Estava ela terminando a prova quando viu Diana passar no corredor. Fez um gesto para que ela se aproximasse e foi atendida.

Enquanto aguardava Ester vestir-se novamente, Diana recordava-se do quanto a admirava desde os tempos em que a vira contracenar com seu pai, Moacir Veiga. Admirava sua postura elegante, sua segurança no palco, sua desenvoltura em desempenhar os mais diversos papéis. Aliás, lembrava-se também do quanto tinha por ela uma "pontinha de inveja", conforme costumava dizer, pois Ester de Toledo havia feito o papel tão almejado por ela: Cassandra.

Enquanto Ester se aproximava para retirar a maquiagem, teve início a conversa das duas:

– Você deve estar estranhando, minha querida, o fato de eu tê-la chamado aqui, não é? Já faz alguns meses que estamos trabalhando juntas e até agora não tive a chance de lhe dizer o quanto me sinto honrada e feliz por estar com você e com Henrique. Não apenas por serem filhos de dois estimados amigos dos quais tenho imensa saudade, não apenas por isso! Admiro muito o amor e a imensa capacidade que vocês têm em pôr em prática um projeto tão cheio de desafios como este! Eu amo e admiro pessoas assim, com muita garra e determinação, que acreditam no que fazem e seguem com persistência. Por tudo isso, digo mais uma vez que me sinto honrada em estar aqui com vocês.

Diana estava emocionada. Mal acreditava no que ouvia. As palavras de Ester eram valiosas para ela que até então seguia em suas idas e vindas, entre um tropeço e outro. Estava sendo chamada a executar com amor e dedicação a tarefa que sempre a encantara e sendo incentivada a isso por alguém a quem muito admirava.

Ela ergueu os olhos e, um tanto constrangida, confessou:

– Não esperava ouvir isso de você... Sinto-me um pouco envergonhada... saiba que agora há pouco eu me lembrava do quanto cheguei a invejá-la porque você fez algo que eu nunca cheguei a fazer no teatro...

– Sim, eu sei – contracenar com seu pai no papel de Cassandra.

– Não me diga! Como você sabe? – inquiriu Diana com expressão de surpresa.

– Moacir me disse que era seu grande sonho e o dele também, sem dúvida.

Ester, sentada em um banco, diante do espelho, viu o quanto a filha do amigo estava emocionada. Passava também um sentimento de desencanto, de incerteza, quanto à própria capacidade, como se perguntasse a si mesma: será mesmo que eu sou essa pessoa que foi descrita, com tais qualidades?

De repente, ela se levantou e pediu que Diana se sentasse em seu lugar, e disse com voz firme, olhando para a imagem refletida no espelho:

– Veja, Diana, você é jovem, talentosa, carismática. Você é uma bela mulher, inteligente, culta, ama o que faz! Você pode não ter realizado alguns projetos. Contudo, quantos outros empreendimentos maravilhosos poderá fazer? Você é tão versátil quanto os outros atores a quem admira, e sabe disso! Seu lugar é no palco e não atrás dele! Prepare-se para retornar, não se desvie dessa meta! Você pode estar insegura, mas nós, que a conhecemos, sabemos que é capaz!

– Quero acreditar no que você me diz, Ester! Ao mesmo tempo, receio que tenha desperdiçado as melhores oportunidades na minha carreira e não volte a tê-las.

– Diana, preste atenção: não importa quantas vezes você vai cair, importa como vai se erguer e seguir adiante.

– Meu pai sempre dizia isso! – exclamou ela.

– Disse-me várias vezes, também. Não esqueça que eu também fui filha dele, de faz de conta é claro, mas fui! – rematou Ester com um sorriso.

Diana mostrava um olhar mais confiante e sua amiga prosseguiu:

– Agora há pouco ouvi sua conversa com os atores iniciantes. Você contou a eles, com coragem e convicção, sobre suas próprias experiências e isso foi muito bom. Saiba que o Henrique, talvez por excesso de zelo, tinha pedido que fôssemos discretos e evitássemos comentar certos assuntos na sua presença.

Diante da expressão de surpresa no rosto de Diana, ela concluiu:

– Mas hoje tanto eu como ele ficamos contentes ao ver sua posição firme e amadurecida diante dessas questões. Você não só não se eximiu em comentá-las como o fez com tranquilidade e verdade em cada uma de suas palavras.

Ela permanecia sentada diante do espelho, ouvindo o comentário de Ester:

– Há tantas perspectivas em sua vida, com as quais hoje, talvez, você nem conte. Pode por exemplo, ainda vir a ser mãe...

– Não, Ester – interrompeu Diana –, ser mãe não faz parte dos meus planos.

– Pode ser, minha querida! Mas não se esqueça de que nada é definitivo neste nosso mundo; aqui tudo é transitório. Hoje você pensa assim, amanhã pode mudar de ideia. Mas ainda que não queira gerar vida em seu ventre, gere vida em sua mente! Sempre foi tão criativa, tão inovadora! Faça renascer essa energia dentro de você, esta energia que está apenas adormecida.

Diana se voltou para a veterana atriz e a abraçou demoradamente. Era sua forma de agradecer pelo encorajamento recebido. Ester havia notado o total empenho com o qual ela se dedicara à peça e a incentivava a ir mais longe, confiando em suas possibilidades. E mais uma vez a fazia recordar a fala incisiva do personagem Sólon, em *Cassandra*:
"Liberta-te dos teus erros, não te prendas mais ao passado!!"

O fim daquela mesma semana trouxe um sábado de céu límpido e temperatura agradável no Guarujá. Na praia, uma garotinha risonha saltitava graciosamente à beira-mar, com a alegria de seus dois anos de idade. Era Beatriz que, acompanhada pela mãe e por Floriano, brincava na manhã ensolarada.

Eles conversavam animadamente enquanto observavam de perto as brincadeiras da menina. Sônia, sempre extrovertida, contava ao padrinho sobre as estripulias de sua afilhada de uma maneira muito divertida.

À curta distância, alguém os seguia com o olhar, bastante intrigada. Era Diana, que chegara havia pouco. Estava se encaminhando para o restaurante onde havia combinado de se encontrar com Floriano. Queria muito entregar pessoalmente o convite para a estreia da peça e reiterar que a presença dele se fazia indispensável.

Ela observava o carinho que ele dispensava à jovem a seu lado. Quem seria ela, tão bonita e simpática? Pareciam tão próximos, andando de braços dados. E aquela menininha a quem ele erguia no ar com tanta alegria e que retribuía seu gesto às gargalhadas?

Diana sabia o quanto Floriano gostava de crianças. No entanto, aquela o fazia agir de modo ainda mais surpreendente. Parecia ter por ela um carinho quase... paternal? A ideia incômoda passou de relance em sua mente, mas logo foi rejeitada. Certamente ela saberia se o ex-esposo tivesse decidido se unir a outra pessoa. E se tal tivesse ocorrido, não havia nada a estranhar; afinal, ela mesma não havia tomado a mesma decisão tempos antes? "Por que Floriano não poderia fazer o mesmo?", conjeturou ela.

Agora Floriano estava parado com o braço sobre os ombros da "tal mulher". A menina correu em direção a ele e o abraçou. Diana continuou a observar ainda um tanto inquieta. Finalmente, entendeu o que se passava quando um outro homem se aproximou da desconhecida. Enlaçou-a e a beijou. Em seguida, tomou a criança dos braços de Floriano, despediu-se dele e seguiu em outra direção. Viu, então, que a menina deveria ser filha de algum casal amigo.

Diana preferiu não se aproximar. Permaneceu no mesmo lugar, a olhar o mar, a movimentação das pessoas, a respirar a brisa. Não saberia explicar o porquê da estranha sensação que a perturbara quando viu o ex-esposo com aquela mulher. Depois que se afastaram, tudo levava a crer que nenhum sentimento maior havia permanecido, nenhum outro interesse, além de manter uma cordial amizade. Contudo, ela ficou afetada quando, por alguns instantes, percebeu que ele também poderia ter dado rumo diferente à própria vida, realizando, por exemplo, o sonho da paternidade com outra mulher.

Sozinha, riu de si mesma e de suas inquietações; de alguma maneira, por meio de um sentimento que não identificava claramente, ainda se sentia ligada a Floriano e não queria se desvincular dele. Era a única certeza que tinha.

Dirigiu-se então a passos rápidos para o restaurante, no horário marcado. Floriano já estava a esperar por ela. Levantou-se, sorridente e, com gentileza, afastou a cadeira para que ela pudesse se sentar e foi logo contando:

– Por pouco você não conheceu minha pequena afilhada, Beatriz. Eu a encontrei quando vinha para cá, ela estava voltando para casa. Está cada vez mais linda – concluiu com a expressão de um padrinho orgulhoso.

Diana ficou em silêncio. Estava feliz em ver a animação dele, falando sobre a criança que o encantava, sobre o sucesso do livro que acabara de publicar e tantos outros projetos em andamento. No dia do lançamento da publicação, ela esteve presente e foi a primeira vez que tornaram a aparecer, em público, juntos, após tantos desentendimentos. Notava o quanto ele se renovara, o quanto se deixara tomar de paixão pela vida, ele que até então nunca tinha sido uma pessoa passional, ao contrário dela, sempre impulsiva e intensa em tudo o que fazia. Por um momento, deu-se conta do quanto a vida parecia estar mudando algumas características e modos de conduta tanto dele como dela. Estaria o outrora circunspecto e sensato escritor tornando-se mais vibrante e emotivo e ela, até então passional, mais equilibrada e prudente?

Pensava nisso quando esboçou um sorriso. Um sorriso encantador, daqueles que Floriano estava saudoso de ver. Intimamente, também ele estava feliz. Tinha diante de si uma mulher diferente, alguém que renascia, sem medo de enfrentar novos desafios. Vinha com boas notícias, com esperanças de que a peça na qual trabalhava fosse bem-sucedida. Dedicara-se com afinco a isso e tinha certeza de um bom resultado.

Ambos viviam uma etapa melhor, mais promissora em sua existência. Os minutos se passaram, chegara o momento de ela partir. No entanto, nenhum dos dois parecia querer abandonar a companhia um do outro. Era o que se podia notar pela maneira com que se olhavam. Em muitas ocasiões, quando a palavra cala, o olhar fala.

Floriano entendeu que ela não queria partir. Diana percebia o quanto ele desejava sua permanência. O silêncio foi rompido quando ele perguntou:

– Você precisa mesmo regressar hoje a São Paulo?

– Penso em voltar hoje, mas nenhum compromisso exige minha presença lá – declarou Diana, para a alegria de Floriano.

– Se você pudesse ficar aqui, poderíamos fazer aquele passeio de barco de que você tanto gosta, jantar naquele restaurante aconchegante que você aprecia... enfim, poderíamos aproveitar mais o fim de semana. O que você me diz? – indagou ele com um sorriso todo especial.

– É uma proposta bastante sedutora – respondeu ela vendo o brilho em seu olhar.

– Tolo seria eu se não tentasse seduzir minha bela Diana, a Deusa da Caça dos antigos gregos, a formosa Ártemis dos romanos... Não, não desisto da ideia de seduzi-la.

Diana pensou e decidiu que não havia por que recusar tão charmoso convite e, bem-humorada, declarou:

– Vou aceitar seu convite e, quem sabe – rematou com ar de mistério –, você consiga seduzir sua "Diana, a Deusa da Caça"!

Juntos eles passaram o restante do dia, como havia muito tempo não faziam. Diana e Floriano já haviam feito vários passeios e viagens. Com ele, realizara seu sonho de infância de conhecer a Grécia e os locais que ainda guardam as ruínas de antigos anfiteatros. Pôde ver de perto onde tudo começou, a origem das artes cênicas e imaginar-se nos tempos de Ésquilo, Eurípedes, Sófocles e suas peças teatrais memoráveis, até hoje veneradas.

Estimavam muito a companhia um do outro e esse afeto ressurgiu com força surpreendente naquele dia.

Floriano e Diana só foram se despedir na tarde seguinte. Para ele, acordar e vê-la novamente em seu leito foi motivo de imensa alegria. Para ela, tê-lo outra vez a seu lado a fez ver o quanto era forte e poderoso o sentimento que os unia. Despertara feliz por ter se deixado seduzir por alguém a quem verdadeiramente amava e por quem era amada.

O encontro com Moacir

Mais uma vez segui ao encontro dos amigos na Colônia Redenção, na instituição onde Afonso estava sendo tratado. As notícias eram animadoras. Ele, a princípio renitente, revel a qualquer ideia de perdoar Diana, aos poucos se mostrava mais inclinado a mudar suas atitudes.

Reconhecia que ela havia errado muito, mas ele igualmente ao tentar exercer um direito que não lhe pertencia. Buscando vingança, havia inspirado nela os piores pensamentos, o desejo de autodestruição, a tendência de aumentar ainda mais suas dificuldades, semeando ainda mais espinhos no próprio caminho.

Afonso procurou agir com impiedade. Perseguia-a, instigava-a a beber cada vez mais, pois sabia ser esse o seu ponto fraco. Sugeriu que ela se afastasse dos amigos e conduziu-a a perigoso isolamento para, assim, ter sua ação facilitada. Eram duas mentes desequilibradas se associando em desajuste crescente.

Diana, naquele tempo, era dócil nas mãos de seu perseguidor invisível. Sentia-se fracassada nas suas altas aspirações de viver com Vinícius um amor ideal. Sentia-se frustrada por não ter conseguido ser a esposa amorosa a quem Floriano fazia jus por seu caráter íntegro e distinto.

Ela, com sua impulsividade, não conseguiu corresponder a esse padrão. Até mesmo Cíntia revelava-se cada vez mais contrafeita devido à instabilidade da irmã, que ora falava em dar novos rumos à carreira, pretendendo executar projetos audaciosos e inovadores que a projetariam ainda mais no cenário artístico, ora alegando que nada mais a interessava e melhor seria afastar-se daquele mundo agitado e incompreensível no qual as mesmas pessoas que eram saudadas e exaltadas eram facilmente condenadas e execradas, tendo seus erros impiedosamente expostos aos olhos de todos.

Ela mesma vivia um momento assim. Até então havia sido, desde menina, quando estreou na televisão, muito estimada e elogiada pelo público de todas as camadas sociais. Os momentos mais importantes de sua vida pessoal eram acompanhados por seus inúmeros admiradores. Tudo servia para exaltar sua vaidade. Aos poucos, percebeu o quanto podia conseguir tudo o que quisesse graças a seu prestígio e posição de destaque, estimulada ainda mais pela ambição da irmã.

No entanto, quando os problemas e as crises no terreno do sentimento começaram a abalá-la, fazendo com que ela cometesse sucessivos enganos, poucos foram os que realmente puderam entendê-la sem julgá-la, oferecendo-lhe alguma amizade.

Recordava-se, por exemplo, que no dia em que fez o aborto, retornou sozinha ao apartamento. Nem mesmo Cíntia, por se encontrar em viagem, estava a seu lado naquele momento tão difícil. Chorou demais naquele dia infeliz e prometeu a si mesma nunca mais passar por semelhante experiência. O tempo foi passando e ela foi relegando o fato ocorrido ao esquecimento, até sepultá-lo de vez em sua memória. Quando a irmã retornou de viagem, friamente lhe comunicou que o "problema estava resolvido" e ela poderia seguir normalmente com as filmagens. Depois nunca mais falou no assunto.

Até o instante em que, Afonso, recobrando sua identidade, decidiu não perdoar o ocorrido e cobrá-la, à sua maneira, por ter descumprido toda a programação feita anteriormente, segundo a qual ele renasceria como seu filho, tendo a bendita oportunidade da qual tanto carecia. Ansiava – e como – por ela! Representaria para ele o fim dos padecimentos que o torturavam havia muito tempo. Tinha sido amorosa e pacientemente convencido a retornar ao lar de Floriano e Diana, onde haveria de ser recebido com todo afeto, pondo fim a um relacionamento tempestuoso, marcado por ofensas graves que envolvia a todos.

De nada valeram os apelos para que ele desistisse da vingança. Seu ódio agigantou-se ao compreender o que lhe havia acontecido. E nada foi capaz de impedi-lo de tentar puni-la até onde fosse capaz.

Inicialmente, satisfez-se ao vê-la desiludida e desamparada. Depois, regozijou-se em vê-la desacreditada pelos admiradores e colegas de profissão. A vaidosa atriz, que até então colocava o prestígio da carreira em primeiro plano, agora se via humilhada; a mulher sedutora, via-se abandonada e preterida pelo jovem a quem se entregara sem reservas, acreditando ser ele a pessoa certa para compartilhar a vida, enquanto ele considerava tudo apenas um jogo no qual se obtinham aqui e ali, vantagens passageiras.

Ela, no entanto, viu-se cega pela própria vaidade e demorou a perceber o que se passava, para logo despertar amargurada e só.

Tal cenário já teria sido suficiente para ter sua raiva contra ela aplacada. Mas não bastou. Ele foi cada vez mais longe: queria que ela passasse pelo sofrimento atroz de se autodestruir para, só então, poder valorizar mais a oportunidade da vida, tal como havia sucedido a ele.

Nesse momento crucial, porém, foi impedido de levar a cabo sua ação nefasta. No dia em que Diana excedeu-se na bebida a tal ponto de provocar o coma, Afonso foi envolvido por benfeitores espirituais e encaminhado ao socorro do qual necessitava, mas se negava a aceitar. Estava flagelado emocionalmente, pois ninguém fere o outro sem ferir profundamente a si mesmo. Estava bastante debilitado, e sua recuperação foi muito lenta. Tinha a mente tremendamente confusa e os sentimentos muito desordenados, o que exigiria um longo período de reajustamento.

Contudo, toda essa fase de tormentoso pesadelo parecia estar chegando ao fim tanto para ele como para ela. Ao que se sabia, era difícil identificar quem era o agressor e quem era a vítima no caso em questão, já que tanto um como outro se alternavam nesses papéis.

VEREDAS DA PAZ

E, justamente quando eu estava a rememorar os principais lances deste relato, encontrei-me com um dos amigos cuja ação havia sido decisiva: o pai de Diana, Moacir Veiga.

Com a gentileza habitual e largo sorriso, ele me saudou afetuosamente, convidando-me a seguir com ele pelos amplos jardins da instituição que visitávamos, em direção à aprazível alameda que chamávamos de Veredas da Paz, tal a tranquilidade que o lugar inspirava, com suas árvores, arbustos, flores coloridas e agradável música a nos convidar à meditação.

Caminhando sem pressa, Moacir foi comentando sobre o assunto que tanto me despertara o interesse: o intrincado relacionamento entre Floriano, Diana e Afonso. Ele me forneceu detalhes importantes e muito elucidativos. Começou enfatizando:

— Meu bom amigo, você já avalia quão numerosas são as ciladas que a vida nos apresenta, resultado de nossos próprios descuidos quando julgamos mal nossas próprias condições, malbaratamos nossas energias, desperdiçamos preciosas chances de aprendizado. Quantos são os abismos com os quais deparamos todas as vezes que desejamos fugir de situação aflitiva ou vergonhosa, tal como aconteceu na peça que encenei por várias vezes quando encarnado!

— Na minha opinião, Moacir, você encontrou uma maneira bastante original de causar impacto em Diana, fazendo-a reagir da maneira mais corajosa e infundindo-lhe novas esperanças! Vê-lo uma vez mais como Sólon, repetindo a inspiradora fala que se enquadrava perfeitamente no momento que ela vivia foi, a meu ver, uma feliz lembrança e uma boa iniciativa.

— Foi o modo de um ator falar ao coração do outro — completou ele, sorrindo.

141

Comentei ainda sobre as notícias que recebi de Afonso e o quanto seu restabelecimento parecia avançar. Moacir também se mostrou animado. Sabia ele do tortuoso caminho percorrido até ali por nossos personagens.

– Em sucessivas existências, foram vários os desacertos cometidos por um e por outro. Na mais recente, Afonso era esposo apaixonado e extremamente dedicado a ela que, no entanto, abandonou-o para fugir com outro homem que, mais tarde, encarnaria como Floriano Sagres. Na experiência atual, ele acabou passando pelo mesmo sofrimento que impusera a Afonso no passado – concluí.

– Infelizmente foi assim, Fernando. Nem sempre, como você sabe, utilizamos bem nossa liberdade de escolha e acabamos por agravar ainda mais uma situação que já é delicada. Os pesados débitos que Floriano acumulou, fizeram-no atrair, para si mesmo, o mal feito a outrem.

A seguir, o dedicado pai passou a comentar sobre as lembranças mais marcantes de sua recente encarnação como genitor de Cíntia e Diana, a formação do lar, a vida em família.

– Conheci minha querida Aurora em uma festa de casamento de amigos nossos em Campos do Jordão. Isso aconteceu nos fins da década de cinquenta, na chamada Era do Rádio, meu amigo. Naquela época, tanto eu como ela já trabalhávamos como rádio-atores, mas ainda não tínhamos nos visto pessoalmente. A impressão que ela me causou com seu jeito de ser, seus modos distintos e delicados emoldurados em um sorriso cativante, foi muito forte sobre mim. Não tardou e logo fomos contratados como protagonistas de uma radionovela e outra e mais outra. Nosso relacionamento então se iniciou.

Moacir fez uma pausa. Eram tempos que ele relembrava com alegria, apesar das dificuldades e incertezas de todo profissional em início de carreira. Prosseguiu ele:

– Após quatro anos de casamento, nasceu Cíntia, nossa adorável menina. Pouco depois de seu sexto aniversário, nasceu Diana. E assim ficou composta nossa família, acrescida por muitas outras pessoas que, mesmo sem ter laços consanguíneos, eram recebidas em nossa casa como se pertencessem a ela. Desde cedo as meninas se habituaram à presença constante de amigos e colegas de trabalho. É fácil entender que, quando se unem atores, cantores e músicos em um mesmo ambiente, o resultado é sempre a expressão da própria arte. Então, eram frequentes os saraus, ainda que improvisados, os ensaios feitos ao ar livre no nosso amplo jardim, um ou outro músico ensaiando os acordes de uma ou outra melodia ou um cantor nos brindando ao exercitar seus dotes vocais, como fazia seguidamente o tenor Domênico Guise, o preferido de Diana. Quantas vezes ela estava triste, aborrecida, e, ao saber da visita do "tio Domênico" logo melhorava de disposição. Ele, com seu largo sorriso, seu gosto por contar a ela os lances mais emocionantes das óperas que protagonizava, seu bom humor habitual, acabava encantando a pequena e fazendo desaparecer qualquer traço de tristeza. Foi ele que, na juventude de Diana, encorajou-nos a investir na carreira dela, enviando-a para aprimorar seus estudos em Londres.

Moacir agora já não tinha a expressão alegre. Lembrava-se, naquele instante, de um dos momentos mais tristes de sua mais recente existência terrena:

– Foi Domênico também a pessoa que mais esteve presente nos momentos mais dolorosos vividos por nossa família, quando Aurora, após longa enfermidade, deixou-nos cheios de amarguras. Na época, Cíntia estava com dezoito anos e Diana, doze anos de idade. Felizmente, os amigos sinceros nos apoiaram muito nessa transição. Curiosamente, Cíntia parece ter se cobrido de uma introspecção permanente depois da morte da mãe. Ela sempre havia manifestado um pendor para o silêncio, nunca foi expansiva; era como se preferisse a companhia dos livros para se sentir mais segura. Já Diana sempre foi mais impulsiva, arrojada, dificilmente estava sozinha, sempre buscava a companhia de alguém. Nossa pequena parece ter encontrado na própria arte uma maneira de expressar a dor de haver perdido alguém tão importante em sua vida. Justamente nessa fase, Diana começou a fazer seus primeiros trabalhos em peças infantis e, mais tarde, algumas participações em seriados de televisão, cativando bastante a afeição do público.

Indaguei a Moacir se ele havia notado sinais de tendência ao alcoolismo na filha mais nova, já na adolescência, ao que ele me respondeu:

– Cíntia nunca foi afeita à bebida, assim como a mãe. Eu sempre procurei não exagerar no consumo de bebidas alcoólicas, principalmente à medida que minhas filhas cresciam. Eu e Aurora observávamos a dificuldade que outros pais tinham em conter os excessos dos filhos quando eles mesmos davam exemplos negativos ao não saber exercer o autocontrole. Sinceramente, nunca notei nenhuma propensão dela em se exceder na bebida. Eventualmente, ela exagerava, recordo-me; nessas horas, ela mesma vinha se desculpar comigo porque reconhecia que não deveria ter agido daquela forma. Devido a isso, eu não me preocupava muito e atribuía tudo aos destemperos da juventude. Jamais poderia imaginar que essa tendência pudesse se fortalecer com o tempo e passasse a representar enorme perigo para ela. Por vezes, nós pais, recusamo-nos a ver o perigo onde ele é iminente. Insistimos em achar que ele não atingirá nossos filhos, que eles ficarão a salvo, porém nem sempre isso ocorre.

– No caso de Diana, essa tendência se acentuou mais na idade adulta, quando ela já estava em ascensão na carreira? – indaguei.

– Sim, meu amigo. Infelizmente, a par de todos os conselhos e advertências que lhes havia feito por já ter trilhado o tortuoso caminho do sucesso e do reconhecimento público, elas, Cíntia e Diana, caíram na armadilha da vaidade, da ambição, do triunfo fácil. Compreendo que as exigências do mundo artístico hoje sejam diferentes daquelas de minha época, mas sempre acreditei que manter a dignidade em qualquer circunstância seja algo inalterável. Cíntia, agindo como sua empresária, muitas vezes a fazia selecionar projetos mais rentáveis em vez de escolher os que lhe trariam satisfação pessoal. E isso arruína a alma de um artista autêntico, meu amigo, devo lhe dizer – declarou ele, pondo a mão no meu ombro, como se quisesse enfatizar o que afirmava.

– Sim, muitos apenas mercadejam com a arte e despertam depois tristemente arrependidos por não terem se conduzido da forma mais digna – rematei

– No caso de minha querida filha, deixou-se envolver por emoções desordenadas, paixões intensas que a conduziram ao fim do casamento, à prática do aborto criminoso, à decadência, ao descrédito na carreira e à dependência do álcool. Para nossa alegria, hoje ela parece estar firmemente decidida a impor um novo rumo à própria vida e, com a ajuda de amigos verdadeiros, ela haverá de conseguir bons resultados.

Comentei com ele que o próprio Afonso, ao saber que ela se mostrava arrependida de haver praticado o aborto e afirmava nem mesmo recomendar tal ato a ninguém, revelara-se disposto a, também ele, mudar sua atitude de rejeição a ela.

– São notícias animadoras, Fernando! – exclamou ele, bastante entusiasmado. – Resta-nos continuar colaborando para que tudo tenha um desfecho justo e feliz para todos.

Permanecemos por mais algum tempo naquele agradável remanso, Veredas da Paz. A seguir, dirigimo-nos ao encontro de nosso grupo de estudos no qual acompanhamos vários casos relacionados à obsessão em seus variados níveis.

Diante de novos desafios

Noite de estreia da peça. Teatro lotado. Grande expectativa entre todos.

Era intensa a agitação nas horas que antecediam o espetáculo. Diana e Henrique se movimentavam atentos aos menores detalhes, e a equipe técnica estava organizada. Restava agora, com o apoio de diversos profissionais, os atores trazerem a público o resultado de tanto tempo de ensaios e dedicação.

Momentos antes, Ester de Toledo teve a ideia de convidar Diana para acompanhá-la em uma prece. Naquele instante sagrado, elas oraram pedindo a proteção divina sobre todos, pelo bom desempenho de cada um, para que ali fossem vividos bons e inesquecíveis momentos, tanto para os que fossem assistir à peça como para os que participariam diretamente da sua montagem. A rogativa de Ester encerrava pedindo para que todos, após saírem daquele templo da arte, pudessem retornar mais renovados em suas perspectivas, já que a encenação, com muito bom humor, trazia grande mensagem de esperança, mesmo nas situações mais adversas. E, como sempre fazia, a renomada atriz agradecia a todas as pessoas que a haviam auxiliado a chegar até aquele momento de sua bem-sucedida carreira, em especial aos amigos Rony Santana e Moacir Veiga, a quem ela considerava grandes mestres na arte teatral.

Ele, Moacir, compartilhou com ela o mesmo sentimento de emoção, e podíamos ver as vibrações suaves de um sentimento puro e sincero, partindo de um para o outro, envolvendo a ambos.

Henrique chegou exatamente no momento em que Ester mencionou, emocionada, o nome do pai dele e, respeitosamente, esperou que ela concluísse a oração para chamar Diana.

Ela, até então bastante inquieta em razão da agitação dos últimos dias, tendo de resolver alguns contratempos de última hora, sentia-se mais serena e renovada após aqueles breves minutos com Ester. Viu a prece como um poderoso recurso, até então esquecido por ela, para renovar as energias. Sentia-se, agora, amparada, segura, tranquila, usufruindo os benefícios de seu contato com Deus.

Estranhou, a princípio, o convite da amiga. A seu ver, orar era ato reservado apenas para o interior dos templos ou então para momentos mais solenes. Com Ester aprendeu esta nova dimensão do ato de rogar e agradecer ao Criador. Se Deus estava em todos os lugares, cogitou ela, certamente, não escolheria este ou aquele lugar especificamente para ouvir amorosamente seus filhos. Talvez, dali em diante, ela passasse a utilizar-se mais dessa prática tão saudável. Não apenas nos momentos graves, de dor imensa, de aflição, mas como um exercício constante para buscar um melhor estado de ânimo, como aquele que ela experimentava agora.

Na plateia estavam Cíntia, Carla, Floriano e Andréa, entre outros rostos amigos. Terminada a apresentação, os atores foram efusivamente aplaudidos. A estreia havia sido um sucesso. Ao final, muitos dos presentes ficaram para cumprimentar o elenco e, para surpresa de Diana, mais uma vez ela pôde encontrar Vilma Alencar, sua amiga artista plástica. Não perdeu a oportunidade de apresentá-la a Cíntia e a Floriano. Vilma estava bem-disposta e animada, acompanhada do genro e da filha. Sua neta já havia nascido e ela se tornara uma avó muito presente. Vivia agora uma fase feliz em sua vida, como novos projetos e planos de aperfeiçoamento em sua arte.

A noite se prolongou trazendo outras tantas surpresas agradáveis para Diana. Quando ela finalmente adormeceu tinha consigo as melhores impressões e sentia-se profundamente gratificada por todo o esforço despendido.

As apresentações da peça se sucediam, tendo sempre o caloroso aplauso do público. Ao final de uma das sessões, ela viveu outra emoção inesperada ao encontrar alguém que havia muito não encontrava.

Naquela noite, permaneceram apenas algumas pessoas no teatro quando uma voz poderosa se fez ouvir. Entoava um trecho da ópera *Turandot*, o preferido de Diana. No palco agora, sob luz suave, estava a figura de um senhor idoso, uma respeitável figura de tenor que anos antes encantara várias gerações com seu admirável talento. Ela, conversando com alguns atores na parte anterior do palco, calou-se imediatamente ao ouvi-lo e, emocionada, correu em direção a ele, gritando embevecida:

– Domênico, meu querido Domênico!!

Era de fato seu grande amigo de infância e de adolescência, uma das primeiras pessoas a acreditar nas suas possibilidades como atriz e a incentivá-la a continuar. Estavam os dois abraçados em um momento único para ambos.

Domênico, aos setenta e dois anos de idade, andava devagar, pois se recuperava de uma cirurgia feita recentemente. Estava acompanhado por sua filha, que também cumprimentava Diana, a quem não encontrava havia muito tempo.

De fato, tanto ela como o pai viviam fora do país fazia alguns anos e haviam regressado a poucos dias a convite de familiares. No entanto, em breve regressariam à Itália, onde residiam.

Enquanto a filha explicava a situação, ele observava Diana, por quem tinha especial e paternal afeição. Em dado momento, quando se viram a sós, perguntou-lhe com a conhecida objetividade:

– E você, minha menina, quando a veremos novamente sob as luzes do palco? É lá o seu lugar, não esqueça nunca disso.

– Sim, meu amigo, eu sei. Eu sinto que devo continuar me consagrando à arte que tanto amo, que faz bater mais forte meu coração. Contudo, meu querido, foram tantos os percalços, tantos os desvios que segui e não sei ainda quando vai se dar esse retorno, embora já tenha recebido alguns convites para interpretar alguns papéis no teatro.

Domênico tomou suavemente o braço daquela a quem conhecera criança, filha de seus tão estimados amigos, Aurora e Moacir, e conduziu-a até o centro do palco, que ainda permanecia iluminado. Não havia mais ninguém ali, além deles. Então, com a voz firme e segura, o velho companheiro lhe disse:

– Minha querida, este é o seu território! Não desista nunca dos seus sonhos, não se esqueça do imenso amor que a une a ele. O palco está em você, ele é parte de você, assim como é parte de mim, como foi parte de Moacir e de tantos outros. Eu sei dos percalços a que você se refere...

Diana baixou a cabeça como se estivesse envergonhada por saber que seu mestre querido tinha conhecimento de seus desatinos.

– Eu sei de tudo por que você passou, mas não foram seus erros que me fizeram vir até aqui hoje para abraçá-la. O que me trouxe até aqui foi a certeza de que você, desempenhe a função que desempenhar no teatro, sempre será vitoriosa, pois ama verdadeiramente essa arte. Mas, torno a insistir, os palcos não podem ficar sem seu talento.

Ela agora erguia novamente a cabeça e indagava:

– Será que devo então aceitar esse convite, mesmo que sejam, aos olhos de muitos, papéis menores e com produção modesta?

Domênico sorriu. Tinha certeza de que ela perguntava já tendo a resposta dentro de si. Queria apenas uma confirmação.

– A meu ver, o importante é recomeçar! Eu também tive momentos difíceis em minha carreira, como todo artista! Mas é na própria arte que temos de buscar forças para nos reerguer e, creia, minha querida, este lugar sagrado para nós sabe recompensar devidamente todos os que a ele se dedicam com amor incondicional!

Em quarenta anos de carreira, Domênico Guise sabia exatamente o que estava dizendo. Vira inúmeros colegas, já desacreditados, renascerem das cinzas como se costuma dizer. Vira outros tantos se deixarem vencer pelo descrédito e se arrependerem amargamente depois. Não queria isso para sua amiga e, por essa razão, mesmo enfrentando as dificuldades que a saúde frágil lhe impunha, foi até ela naquela noite inesquecível para mais uma vez encorajá-la a prosseguir firme em seus propósitos de ser o que sempre havia sido: uma talentosa e autêntica atriz.

✳

Foi em um feriado prolongado que Floriano Sagres pôde reunir os amigos músicos e apreciadores da música em seu recanto no Guarujá. Em uma noite de temperatura agradável, mais uma vez ele se juntava aos demais instrumentistas para executar obras de diferentes épocas, do popular aos conhecidos clássicos.

O anfitrião estava radiante na companhia de Diana e seus demais companheiros de tantos anos: um violinista, um saxofonista e um percussionista, que era também noivo de Cíntia.

A eles também, em uma canção ou outra, unia-se alguém que tinha uma voz suave e afinada: era Sílvia, amiga de Floriano e de Andréa que, com o esposo, estava em visita aos amigos que deixara no Guarujá.

Ela, embora não fosse profissional, sabia cantar muito bem e valorizava ainda mais a reunião informal, acompanhando os músicos com primor.

Andréa, na varanda, respirando em longos haustos a brisa marinha, escutava uma de suas canções preferidas na voz da amiga Sílvia. Observava, também, a fisionomia alegre e descontraída de seu estimado Floriano. Há quanto tempo não o via assim! Agora podia ser visto constantemente na companhia de Diana, que se mostrava sempre solícita e carinhosa com ele. Andréa, ao contrário dos outros, evitava emitir opiniões apressadas. Para ela, ainda não havia nada de definitivo. Ambos haviam passado muito tempo vivendo uma relação tumultuada e outro tanto vivendo separados, tomando rumos diferentes. Novamente se reencontravam; contudo, se a relação seria durável ou não, só o tempo diria, conforme sua visão.

Sílvia, mais uma vez, encerrava sua participação como vocalista improvisada do grupo de amigos e tornava a ser aplaudida. Enquanto seu esposo conversava com Cíntia, com quem tinha uma amizade de infância, ela se dirigiu até onde estava Andréa e pôs-se também a apreciar o céu estrelado, comentando em seguida:

— Você não imagina a saudade que eu sentia de momentos assim, descontraídos, regados a música de qualidade e marcados por muita alegria.

— De fato — concordou Andréa —, Floriano já não reunia os amigos havia alguns anos...

— Desde que ela o abandonou para viver com outro, você sabe bem — comentou Sílvia. — Nós sabemos como foi doloroso para ele e o quanto ele demorou a sair da reclusão, do exílio voluntário, vamos dizer assim.

Andréa sabia o quão Sílvia havia sido apaixonada por Floriano e de seu ressentimento por não ter sido correspondida.

Ele, na época, ainda bastante abalado pelo fim de seu casamento, não se sentia em condições de iniciar nenhum relacionamento com ninguém. Ela atribuía a isso o receio que a amiga expressou a seguir:

– Sinceramente, não sei se ele tomou a decisão certa ao se unir a ela outra vez.

– Tenho ouvido o mesmo comentário de alguns amigos – completou a interlocutora. – Muitos acham que talvez Floriano tenha se precipitado e corre o risco de se decepcionar novamente.

Nesse momento, Diana, com um belo sorriso, o enlaçava num carinhoso abraço à vista de todos. Na varanda, as duas amigas observaram:

– Tudo indica que ela está fazendo um grande esforço para se manter afastada do álcool. Ali, apesar de todos estarem bebendo, ela não está – comentou Sílvia.

– Pelo que sei, Diana continua seu tratamento e não teve recidivas. Está se esforçando bastante, embora, podemos supor, esteja sendo difícil para ela.

– Andréa, parece que você vê com simpatia a união dos dois, não é?

– Veja bem, Sílvia, desde que conheci a mãe de Floriano, Alba Lúcia, tenho tentado praticar algo que ela sempre procurava fazer em relação aos outros: não julgar. Ela era uma pessoa a quem eu sempre admirei por haver vivido em diferentes lugares a maior parte de sua vida, por ter frequentado desde os ambientes mais requintados até os marcados pela pobreza e abandono. Creio que você não a conheceu, era uma mulher admirável. Como esposa de diplomata, viveu entre as mais diferentes culturas, enfrentou situações de perigo e grandes riscos em áreas conflagradas, mas marcou seu caráter pela simplicidade e solidariedade. Infelizmente, não tive tanto tempo para conviver com ela. Era alguém com quem se aprendia muito.

Andréa fez uma pausa. A lembrança de Alba Lúcia sempre a emocionava e ela sempre falava com muito entusiasmo de todas as boas recordações que aquela senhora havia deixado:

— Lembro que enquanto muitos criticavam Diana por seus modos extravagantes ela sabia ter um convívio tranquilo, a meu ver, por nunca tentar moldar a nora a seu padrão, a seu modelo de conduta. Sei também que ela ajudou Floriano o quanto pôde para que ele enfrentasse a separação que ele nunca quis. E agora eu o vejo feliz com Diana e isso me parece suficiente. Se tomou ou não a decisão certa, cabe a ele saber. Nós, por mais que queiramos sua felicidade, não podemos estabelecer o que é melhor ou não. Muitos dizem que ele pode se decepcionar por tê-la novamente a seu lado. Eles estão se dando uma nova oportunidade e, se você observar bem, já não são as mesmas pessoas. Eles têm aprendido muito com os próprios erros, creio eu.

Sílvia refletia sobre o ponto de vista de Andréa. De fato, era muito mais cômodo criticar e evidenciar uma apreensão de que tudo desse errado mais uma vez e Floriano e Diana viessem a se frustrar um com o outro. Era de se esperar que eles não se perdoassem pelos erros cometidos de parte a parte e passassem o resto da vida como inimigos ou que optassem por ignorar a existência um do outro. Todavia, não era isso o que faziam. Demonstravam a todos haver um poderoso vínculo entre eles, um vínculo que os atraía e os convidava a um novo modo de ação, pautado pela compreensão e pelo perdão, para que não mais exercessem papel de vítima e algoz.

Em suas conversas, tanto ele como ela falavam mais dos planos para o presente e para o futuro. Viviam cada dia sem criar muitas expectativas. Como disse Andréa, já não eram mais as mesmas pessoas, haviam se modificado com as injunções da vida, vida que ensina continuamente. E talvez fosse isso que tanto impressionava os amigos que faziam juízos precipitados.

Enquanto Sílvia examinava agora sob o ponto de vista de Andréa, foi novamente convidada a cantar com os músicos. Andréa também se aproximou dos demais. E a noite transcorreu com muita alegria e harmonia, como deve ser nos ambientes onde impera a amizade.

Decisiva colaboração

Estava eu, mais uma vez, a caminho de meu recanto aprazível: Veredas da Paz. Ali tenho um lugar inspirador onde presencio encontros marcantes, muitas vezes decisivos na existência de muitas pessoas. É como se o ambiente, com suas elevadas vibrações, tivesse o dom de encorajá-las à tomada de decisões mais sérias, por vezes difíceis e, portanto, frequentemente adiadas.

Ao chegar, vi Alba Lúcia e Andréa em conversa. Esta, desprendida do corpo durante o sono, mais uma vez ouvia atentamente a palavra da querida amiga a quem tanto admirava.

Alba Lúcia, sempre orientando com prudência, tinha em Andréa uma valorosa colaboradora. Eram almas bastante afins e as duas tinham especial afeto por Floriano Sagres.

Sempre é interessante testemunhar encontros assim, nos quais os que ainda se encontram vivendo experiências como encarnados podem contatar os que habitam a morada do espírito. É uma das formas mais eficientes de os primeiros apreenderem melhor as realidades que se desdobram além dos sentidos físicos para tomar resoluções importantes muitas vezes.

Cheguei no exato momento em que as duas se despediam. Notava-se o afeto que as unia a exteriorizar-se em emanações de suave coloração.

Aproximei-me discretamente. Também eu estimo a companhia de Alba Lúcia e fico feliz sempre que ela pode me dedicar um pouco de sua atenção. Ela, como genitora amorosa, segue acompanhando o regresso de mães à vida espiritual, principalmente aquelas que despertam perturbadas após o desenlace corporal. Ela procura receber e auxiliar muitas mães que desencarnam durante o parto e, por essa razão, em muitos casos têm grande dificuldade de se adaptarem à nova realidade, sentindo-se fortemente ligadas à família que deixaram. Muitas têm encontrado na palavra serena e prudente de Alba Lúcia e demais cooperadoras o alento que tanto carecem nesse momento delicado de transição.

Essa era uma atividade que lhe ocupava muito na Colônia Redenção e à qual ela se empenhava com ilimitado amor. Tal sentimento se expressava no olhar que ela me dirigia ao pedir que me aproximasse:

— Fernando, há muito não nos encontrávamos. Como é bom vê-lo envolvido em novos projetos.

— É verdade, minha amiga — respondi, segurando delicadamente suas mãos. — Há sempre muito para se aprender e eu me esforço por ser um bom aprendiz.

– Você está certo – redarguiu ela –, ter o gosto por aprender é o primeiro grande passo para boas realizações.

Percebi o quanto minha amiga estava ainda mais animada do que de costume. Ela me revelou que havia conversando com Andréa, e esta estava disposta a colaborar. Sutilmente, em conversação com Floriano, ela tentaria reavivar nele as cogitações sobre a paternidade, ideia que, por diversos motivos, ele havia banido de sua mente. Pouco a pouco, os trabalhadores da espiritualidade procuravam prepará-lo para essa experiência, que seria decisiva em sua presente encarnação e, no entanto, havia sido frustrada pela atitude de Diana em interromper a gestação.

Alguns dias depois, podíamos ver Floriano e Andréa caminhando juntos à beira-mar. Era uma tarde quente, praia movimentada, na qual os dois amigos conversavam animadamente, um contando ao outro das inúmeras atividades com as quais haviam se envolvido recentemente.

Ele comentava sobre o novo trabalho de Diana no teatro e seu retorno aos palcos como atriz. Mostrava-se exultante por vê-la firme em seus propósitos de continuar a carreira e contente por saber que ela conseguia manter-se longe das bebidas alcoólicas. Diana encontrara outras formas prazerosas de viver, sem precisar recorrer mais a artifícios. Seu tratamento médico continuava e ela melhorava consideravelmente.

Enquanto ele conversava com Andréa, seu olhar foi atraído para um menininho que brincava junto ao pai. Eram vizinhos a quem o escritor cumprimentou com um aceno. Era possível ver o quanto a cena o enternecia. Andréa, notando a expressão peculiar do amigo em situações assim, indagou como se alguma reminiscência lhe aflorasse subitamente:

— E você, Floriano, quando terá seus filhos para trazer à praia?

Ele sorriu um tanto surpreso pela pergunta e respondeu:

— Acredito que agora não há mais possibilidade. Você sabe o quanto eu gostaria de ser pai, mas...

— Não entendo onde você pode ver impedimento para isso. Pense bem. Será mesmo que é tão impossível assim?

A pergunta fez Floriano cessar por alguns instantes sua caminhada e olhar para o mar. Não estava entendendo por que Andréa o inquiria daquela maneira. Ela sabia o quanto o assunto era incômodo para ele, que sempre preferia evitá-lo. Mas já sabia que muitas das ações e pensamentos da amiga tinham uma "razão oculta" como costumava dizer. Voltou-se a ela e, com bom humor, perguntou:

— Por que você me diz isso? O "oráculo" lhe revelou que vou ser pai, minha pitonisa?

— Não, meu querido — esclareceu ela com ternura —, eu nada sei sobre seu futuro nem poderia. Apenas digo isso por saber que muitas vezes costumamos tratar como assunto encerrado experiências que ainda estão em curso e podem ter um desfecho diferente do que esperamos. No seu lugar, eu não descartaria a ideia de ser pai, algo que sempre o cativou.

Floriano começou a andar vagarosamente, meditando no que Andréa argumentava com entusiasmo.

— Eu não abriria mão desse desejo tão forte. Talvez você imagine que Diana não aceitaria, no entanto... você não pode decidir por ela.

Enfim, meu amigo, é preciso dar à vida a chance de ela manifestar seus desígnios; eles podem ser surpreendentes, mas sempre nos oferecem o que precisamos.

Andréa despediu-se dele com um beijo e seguiu com passos rápidos em direção a um grupo de amigos. Enquanto ela caminhava, Floriano a acompanhava com o olhar. Como ela era especial para ele! Tratava-o de uma forma diferente, como se o conhecesse com profundidade. Habilmente, sabia trazer à tona, no momento preciso, questões que ele, por seu jeito de ser, muitas vezes preferia esconder de si mesmo, o que só lhe trazia pesar e aborrecimento. Andréa caminhava com leveza. Seu corpo esguio movimentava-se com graciosidade e desenvoltura, quase deslizando pela areia. Ela procurava ser uma pessoa leve, desembaraçada de todos os pesares e aflições que pudessem jungi-la ao solo. E Floriano seguiu em seu passo lento a meditar, mais uma vez, nas considerações da amiga, que vinha lembrá-lo de que nem tudo poderia estar tão definido como parecia.

O APELO DE CÍNTIA

Naquela tarde de sábado, Cíntia estava só em seu apartamento e bastante apreensiva. Aproximei-me no exato momento em que ela endereçava a Deus uma prece. Ela não tinha esse hábito. Naquele instante, porém, sentiu imensa necessidade de entrar em contato com o Criador. Entendi, então, o motivo de sua preocupação.

Diana havia saído havia algumas horas, muito irritada com críticas ao seu trabalho que haviam sido publicadas. Enfurecida, dizia para a irmã:

– Eles querem me ver no chão! Na época em que quase me destruí envolvida com o alcoolismo eles me elogiavam, bajulavam-me e, no entanto, eu estava quase morta por dentro sem saber o que fazia comigo mesma. Agora que me esforço para melhorar, o que eles fazem? Tentam me empurrar para o buraco de novo. Que gente é essa? – bradava indignada. À medida que Cíntia rememorava a causa de sua aflição, compreendia o que se passava.

Diana parecia surda aos apelos para que se acalmasse e entendesse que tudo isso era de se esperar e não devia ser motivo de inquietação. De nada adiantou. Cíntia viu a irmã sair sem comentar o que pretendia fazer. E, naquele momento, temeu. Ficou receosa porque sempre que ela fazia isso costumava voltar embriagada.

Por esse motivo, orava. Não queria mais que cenas lamentáveis se repetissem. A recuperação dela ia muito bem, estava bastante tempo longe das bebidas alcoólicas, procurando viver bem consigo mesma. Por essa razão, Cíntia conversava com Deus, intercedendo por Diana:

– Senhor, minha irmã tem encontrado tantos amigos que buscam reerguê-la! Tantas vozes têm vindo em seu socorro! Não é possível que por causa de um único crítico ela vá se perder novamente. Ajuda-nos, Senhor!

Cíntia tinha os olhos marejados. Fixou, por alguns instantes, o quadro pintado por Vilma retratando o olhar amoroso de Moacir, em espírito. E seguiu sua rogativa:

– Se é verdade, Senhor, que os espíritos podem nos ajudar, fazes com que Diana tenha perto dela algum amigo invisível que possa vir em seu auxílio, acalmando-a, fazendo-a agir com bom senso. Ajuda-nos, Senhor como sempre nos tem ajudado.

Cíntia orava contrita. De sua mente e de seu coração partiam jatos de luz suaves, que revelavam a pureza e a intensidade de seus sentimentos. Confiava na ajuda divina, já que se sentia impotente para socorrer Diana de outra maneira e temia que acontecesse o pior.

Ao sintonizar com as esferas superiores, Cíntia atraiu para perto de si nosso amigo Marcos.

Ele se dirigiu a mim, que acompanhava a prece da jovem, e me informou:

– O socorro à Diana já foi providenciado, mas tudo depende da escolha que ela fizer. Hoje pode ser um dia triste para ela ou um dos dias mais felizes que já viveu. Tudo depende de sua decisão. Para isso também contamos com o auxílio de amigos encarnados.

Marcos viu na minha expressão a vontade de entender melhor o que estava acontecendo e, com um sorriso, convidou-me a acompanhá-lo.

Deixamos Cíntia com o noivo, que chegava para buscá-la para um passeio.

A algumas quadras do apartamento das duas irmãs encontramos Diana. Ela caminhava sem rumo, perdida em vários pensamentos desordenados. Sua mente, de fato, estava bastante confusa. Seu estado "íntimo" revelava uma luta entre resistir à bebida ou "tomar alguns goles" para se acalmar um pouco. "Estaria valendo a pena tanto sacrifício?", indagava-se. No entanto, as tais cogitações pareciam sumir quando ela se lembrava de Vilma e do quanto sofreu com suas recaídas. Não queria passar pela mesma experiência. Recordava-se também que o mais prudente era não mais experimentar bebida alcoólica; era o mais seguro.

Entre um pensamento contraditório e outro, Diana estava agora diante de um bar. Bastaria atravessar a rua e terminar com aquela sensação desagradável de ter a boca seca. Valeria a pena arriscar? O bar estava movimentado naquela tarde quente, várias pessoas bebiam descontraidamente. Será que lhe faria tão mal assim fazer como eles? Diana finalmente resolveu ir até lá. Ia atravessando a rua quando um carro parou próximo a ela. Alguém gritou seu nome. Era Carla Guedes, sua amiga de infância que a chamava. Ao vê-la, lembrou-se da promessa que lhe havia feito quando estava em tratamento da clínica e logo declarou:

– Carla, sei que estou em falta com você. Mas não pense que me esqueci. Ainda quero visitar a instituição na qual você trabalha com as crianças portadoras de deficiência.

– Diana, você pode fazer isso hoje, se quiser – respondeu a amiga. – Estou esperando Jair, marquei para encontrá-lo aqui. Estamos indo para lá. Hoje as crianças vão fazer uma série de apresentações, pois estamos comemorando mais um aniversário da instituição. Vai ser uma tarde muito alegre! Venha conosco!

De fato, Marcos tinha razão quando afirmou que tudo dependia da decisão de Diana. Apenas observávamos, não podíamos interferir. Ela ainda hesitava entre dar uma desculpa e dirigir-se para o bar ou atender ao convite da amiga, atitude que poderia inaugurar uma nova fase em sua vida. Tudo dependia dela.

O esposo de Carla chegou justamente na hora em que ela renovava o convite e ainda o reforçou. Diana então respondeu:

– Está bem, vou com vocês! Vou conhecer esse trabalho do qual vocês tanto falam.

E, para nossa alegria, seguiu com eles.

✳

Eram cerca de onze horas da noite e Diana, para aumentar ainda mais a inquietação de Cíntia, não havia chegado. Esta, por sua vez, havia tentado se distrair no agradável passeio com Artur, seu noivo; no entanto, passara grande parte do dia imaginando onde a irmã estaria. Sabia que não podia monitorar seus passos. Ela já era adulta e plenamente capaz de se responsabilizar por seus atos. Era isso que Artur vez ou outra lhe lembrava, porém, a preocupação insistia em permanecer.

Tentara localizá-la, entrar em contato com ela; no entanto, Diana parecia não querer ser incomodada. Cíntia tentara conciliar o sono, mas foi inútil. Sua tranquilidade só voltou quando ouviu o som da chave a abrir a fechadura da porta de entrada. Só então respirou aliviada. Logo, foi se dirigindo a ela:

– Diana, como você está? Onde esteve por todo esse tempo?

Para sua surpresa, a pessoa que voltava era totalmente diferente da que havia saído, deixando-a tão apreensiva. Estava alegre, saltitante, até cantarolando uma divertida canção. Apenas limitou-se a dizer:

– Estou bem, mana! Passei uma tarde muito agradável, como havia muito tempo não me acontecia. Amanhã lhe explico melhor.

Cíntia não se conformou e redarguiu:

– Quero que você me conte agora! Não é justo que tenha me deixado preocupada todo esse tempo e fique agindo como se nada tivesse acontecido!

Diana parecia distante, como se apenas uma parte dela tivesse chegado em casa e a outra ainda estivesse passeando por outros lugares. Cíntia apenas se limitou a vê-la seguir para o quarto sem nada mais dizer.

Sua intenção, de fato, era poder adormecer depois de tarde tão movimentada e surpreendente. Todavia, antes de fechar os olhos, virou-se para o quadro em que era retratada, tendo seu pai, em espírito, ao seu lado. Só então se lembrou das constantes recomendações dele a que as duas irmãs fossem sempre amigas, uma sendo solidária com a outra. Percebeu o quanto havia sido injusta com Cíntia que, certamente, devia ter ficado muito intranquila. Ela, mais uma vez, pensara apenas em si mesma e dera dimensões exageradas a um fato que lhe pareceu tão menor depois de tudo o que viu quando esteve com Jair e Carla, naquela tarde inesquecível. "Preciso parar de agir assim com as pessoas", pensou ela. E começaria dentro da própria casa, voltando à sala, onde a irmã ainda aguardava. Ali deparou com uma cena pouco comum. Cíntia estava sentada, bastante contrita, falando baixinho como se encerrasse uma oração na qual agradecia:

– Obrigada, Deus, por tê-la protegido e por ela ter chegado em segurança. Perdão por meu excesso de zelo. E continue a nos proteger sempre.

Cíntia levantou-se para ir em direção ao quarto quando viu Diana de pé, com uma expressão bastante emocionada. Com a voz embargada ela disse:

– Perdão, Cíntia. Sou mesmo uma egoísta, comportei-me mais uma vez como uma irresponsável que não sabe respeitar os sentimentos dos outros. Estou sempre a reclamar consideração das pessoas, mas sou incapaz de ter essa mesma consideração com os que estão lado a lado comigo. Só penso em mim, nos meus problemas, nas minhas dores. Perdão, Cíntia, perdão! – rematou ela com os olhos baixos.

Esta, ao ver o quanto Diana se emocionara, tomou-a suavemente pelas mãos e sentou-se com ela no sofá, dando início a uma importante e decisiva conversa:

— Eu também agi mal. Tenho tentado controlar cada passo seu; isso não é correto. Lembro que tanto o doutor Amadeu como a Irene nos advertiram que amar em demasia também pode causar dificuldades. Eu preciso entender que você tem de caminhar com suas próprias pernas e se responsabilizar inteiramente por seus atos. Eu agi de uma maneira que não foi boa nem para mim, nem para você. Se não pude aproveitar o passeio, não é justo culpá-la. Você não me deve explicações. Sabe o que faz. Se errar, deve responder pelas consequências; se tomar boas decisões, melhor ainda. Você deve encontrar seus próprios caminhos e eu os meus, Diana.

Ela escutava com atenção o raciocínio de Cíntia, um tanto surpresa por sua forma de avaliar a situação e recordou:

— Papai recomendou que permanecêssemos unidas sempre!

— Sim, concordo! Contudo, agora entendo melhor o que ele nos dizia. Ele queria nos ver unidas, mas não acorrentadas uma à outra, tentando vigiar, controlar o tempo todo, tolhendo iniciativas. Eu tenho me comportado como sua irmã, como sua tutora, sua empresária, arcando com meus acertos, meus desacertos, meus exageros, como se só eu fosse capaz de saber o que é melhor para você! Tola ilusão – rematou ela com um sorriso!

— Cíntia, não me sinto ainda tão forte como vocês imaginam! O que você temia quase aconteceu hoje. Por pouco eu não entrei no bar para beber novamente para me pôr à prova. Corri um risco desnecessário. Não me abandonem! Preciso muito do apoio de vocês.

– E terá, minha querida, terá sempre – concluiu Cíntia apertando fortemente as mãos de Diana! Não estou dizendo que vou abandoná-la; isso não faria jamais. Contudo, precisamos encontrar uma nova forma de nos relacionarmos sem que uma interfira demais na vida da outra.

Cíntia andava vagarosamente pela sala sem perder de vista o olhar de Diana:

– Veja, vou me casar, organizar minha vida de outra maneira, mas sempre vou estar a seu lado em sua caminhada... a seu lado, não caminhando por você, mas com você.

Diana sorriu. Entendeu perfeitamente o ponto de vista da irmã. O relacionamento das duas obedecia a um amadurecimento pelo qual os relacionamentos sadios devem passar. Mais animada, a atriz passou a relatar tudo o que vira em sua visita à instituição, que atendia crianças portadoras de deficiência e que funcionava graças ao trabalho da comunidade e doações de voluntários.

– Cíntia – contou ela com olhos brilhando de contentamento –, eles dançam, cantam, praticam esportes! São crianças muito pobres, mas com uma riqueza interior impressionante! Os trabalhadores da instituição, que fica em uma zona bastante carente da cidade, os familiares, todos são envolvidos naquele projeto comum. Foi algo comovente que eu nunca pensei em um dia poder assistir!

– Foi uma hora feliz aquela em que Carla a chamou – constatou Cíntia.

– Sem dúvida. Não me arrependo de ter aceitado o convite, mas me arrependeria muito se tivesse recusado. Sabe quem eu encontrei lá também? Andréa e Floriano.

– Não sabia que ele se dedicava a projetos como esse.

– Nem eu. Fiquei sabendo que foi a filha de Andréa, Lívea quem teve a ideia de ensinar música e dança às crianças. Ela e um grupo de jovens se uniram à senhora que mantinha a instituição apenas com recursos próprios e alguma colaboração da comunidade. Aos poucos, o trabalho foi crescendo e continuou, mesmo depois da morte de Lívea em um acidente de carro. Andréa e os amigos fizeram questão de seguir adiante o trabalho ao qual Lívea dedicara tanto amor.

– Você, sem dúvida, viveu uma tarde especial.

– Floriano sempre foi muito discreto em suas ações benemerentes; entretanto, sempre apoiou várias iniciativas como essa. Andréa me confidenciou que ele tem sido ativo colaborador, veja você!

– Pelo visto conquistaram mais uma! – ajuizou Cíntia.

– Sem dúvida! Pretendo voltar lá! Ajudar no que eu puder! Vou sabendo que estarei aprendendo muito mais ainda, aprendendo com quem teve limitações mais sérias a superar e, mesmo assim, não desistiu e seguiu adiante.

As duas irmãs estavam agora abraçadas. A longa conversa fez bem a ambas, pois expuseram sentimentos e pensamentos que havia muito estavam para ser expressos e não havia surgido oportunidade. Foram dormir mais tranquilas depois do dia agitado e cheio de emoções.

Nos dias que se seguiram, Diana efetivou sua decisão em conhecer melhor o trabalho da instituição e prestar sua colaboração. Passou a ser presença constante lá e, como já supunha, aprendeu preciosas e inesquecíveis lições de vida.

Voltando à cena

Dois meses se passaram e Cíntia e Artur recepcionavam os convidados da festa de casamento no clube frequentado por ela desde a infância. A recepção bem cuidada, a boa música, a alegria dos noivos, tudo compunha um cenário festivo e acolhedor. À sombra de um caramanchão, caprichosamente ornado com flores de diferentes tons e nuances, estavam sentados Diana, Floriano e Andréa, em animada conversação. O assunto girava em torno de outro projeto com as crianças da instituição da qual os três participavam. Enquanto Diana falava sobre suas ideias e como colocá-las em prática, Floriano a fitava bastante impressionado. Era como se ela tivesse renascido, como se tivesse finalmente conseguido emergir de um poço profundo no qual caíra por descuido.

Ela mostrava uma tenacidade e uma persistência até então desconhecidas mesmo por aqueles que já conviviam com ela havia mais tempo. Já não se inquietava mais por estar um tanto à sombra, sem ocupar as manchetes das revistas e sem ficar sob os holofotes da imprensa. Aprendera a conviver melhor com as críticas e desempenhava com amor e dedicação os papéis para os quais era solicitada. Era um desafio à sua paciência, compreensão e um teste para sua humildade. Ela, que sempre havia sido considerada uma atriz símbolo de sua geração, agora tinha de se adaptar a outra realidade, a outros palcos, a outros públicos. Mas não pararia jamais; essa era sua decisão.

No entanto, Diana Veiga não havia sido tão esquecida assim como muitos imaginavam. E, naquele mesmo dia de festa para as duas irmãs, a atriz foi presenteada com uma novidade cujo portador era Henrique Santana, um dos primeiros profissionais a confiar na sua capacidade de recuperação. Era ele quem chegava, com sua simpatia habitual, para juntar-se aos três amigos:

— Sabia que os encontraria aqui, ao ar livre — disse ele, descontraído.

— Henrique, diga-me logo, não faça mais suspense: qual é a boa notícia que você tem para mim? — intimou Diana.

— Você sabia que no próximo ano vai ao ar uma minissérie que mostrará a Era do Rádio. Seu nome será "Nas ondas do rádio".

— Já ouvi algo a respeito — respondeu ela curiosa por não saber aonde Henrique queria chegar.

VEREDAS DA PAZ

– Sabia também que nossos pais serão representados: sim, minha querida, o velho Rony Santana e o nosso querido Moacir Veiga serão personagens que contarão um pouco dessa história! – rematou ele com um largo sorriso!

– Não, disso eu não sabia. A iniciativa de prestigiar o trabalho deles é excelente!

Só em tomar conhecimento da novidade, Diana já estava exultante. Contudo, havia mais e Henrique prosseguiu:

– Ainda não lhe contei tudo. A produção da minissérie me convidou para participar. Como sabiam também que estávamos trabalhando juntos me pediram que em nome deles entrasse em contato com você. Seu nome foi sugerido para interpretar Aurora Veiga, até pela sua semelhança com sua mãe.

Diana emudeceu. Lágrimas verteram, e ela, entre soluços, comentou:

– Eu... fazer o papel de minha mãe?! Henrique, mal posso acreditar que isso seja verdade!

Ela o abraçou imensamente emocionada, enquanto ele completava:

– Sem dúvida você é a pessoa mais indicada para o papel. Seu público já está saudoso, Diana, quer vê-la atuar novamente! – ressaltou o amigo, bastante animado.

Henrique destacou ainda que ele foi a primeira pessoa a conversar com ela sobre o assunto, mas que em breve ela seria oficialmente convidada para o papel.

Diana estava tão feliz que logo se encaminhou para contar a ótima notícia que recebera para Cíntia e, juntas, elas vibraram de alegria. Era um novo momento que se inaugurava na carreira dela.

173

Floriano e Diana dançaram com muita animação pelo resto da noite para bem comemorar a novidade.

Conforme dissera Henrique, o convite oficial não tardou a ser feito e logo ela se integrou ao elenco já formado. Entre seus componentes estava Vinícius Aguiar. Seria dele o papel de Rony Santana.

Ao saber que mais uma vez ele e Diana tornariam a atuar na mesma produção e a contracenar em muitas ocasiões, Floriano ficou visivelmente contrariado. Para ele, a simples menção do nome do ator já era motivo de aborrecimento.

No entanto, ponderou também que não era lícito interferir na vida profissional de sua amada. Cedo ou tarde isso iria acontecer. Deveria ele confiar na sua segurança e na sua postura de atriz.

Pouco depois, começaram as filmagens da minissérie que teria locações em diferentes cidades, obrigando Diana a viajar com frequência e passar alguns dias no Rio de Janeiro. Contudo, o novo desafio era enfrentado com muita disposição e profissionalismo. A equipe, bastante qualificada, incentivava-a sempre, e ela ia superando eventuais dificuldades com muita força de vontade, conforme aprendera no trabalho desenvolvido com as crianças portadoras de deficiência, que lhe davam continuamente exemplos de superação.

Quanto a Vinícius Aguiar, seu ex-amante, também passara por experiências desafiadoras nos últimos meses. Ele havia se casado com uma bela jovem a quem conhecia desde criança e que havia sido sua primeira namorada na cidade onde haviam nascido. O reencontro dos dois reacendeu em ambos o amor e a atração que sentiam. Assim, logo após o casamento, a moça engravidou, para a alegria do casal e dos familiares. Vinícius estava feliz com a perspectiva de ser pai, preparando a casa para receber o bebê e tendo todos os cuidados com a esposa.

No entanto, por problemas de saúde, a jovem acabou sofrendo um aborto espontâneo. Os médicos fizeram todo o possível para salvar a criança, porém, a gestação foi interrompida, para enorme tristeza de todos.

Buscando entender melhor o que acontecera, Vinícius certa vez, no intervalo da gravação, expôs suas dúvidas e inquietações a Diana:

– É inevitável pensar na hipótese de que talvez minha esposa esteja sofrendo por um erro que eu cometi. Não acho isso justo, Diana. Queríamos tanto nosso filhinho! Já faz dois meses que o perdemos e até hoje ela não se recuperou. Não que ela me culpe pelo que aconteceu, não é isso. No entanto, por mais que nós todos busquemos animá-la com a ideia de ser mãe novamente, ela parece não aceitar.

– Ora, Vinícius, é muito recente!! Ela precisa de mais tempo! Vocês têm de ser pacientes se quiserem realmente ajudá-la – ponderou Diana.

Vinícius ouviu-a, conservando o olhar baixo. Era penoso para ele tocar nesse assunto. Todavia, queria muito saber a opinião de Diana. Por essa razão, erguendo o olhar, indagou-lhe:

– Você acha que estou sendo punido por Deus pelo que lhe fiz quando a induzi a abortar? Agora quando eu tanto queria ser pai... fui privado dessa alegria!

– Você não deve ter esse tipo de pensamento, Vinícius! Não sofra à toa! Eu não sei o que Deus espera de nós, mas certamente

Ele não fica a escolher castigos só para ver as pessoas sofrerem. Sempre há uma razão justa para tudo e isso eu aprendi, meu caro.

Diana tentava fazê-lo ver a situação de outra maneira quando uma voz masculina se fez ouvir:

– Não se culpe, não se atormente mais, Vinícius! Você errou sim, porque a induziu a cometer um crime! Mas Deus não pune, educa! E quem sabe você terá mesmo a chance de formar uma bela família com sua esposa!

Era Floriano que chegava para fazer uma surpresa a Diana e, ouvindo um trecho da conversa, não pôde se furtar a dar sua opinião.

Vinícius estava emocionado. Não esperava ouvir tais palavras do homem a quem ele também havia prejudicado, frustrando suas esperanças em ser pai. A ele se dirigiu, expressando-se assim:

– Ouvir isso de você me dá enorme conforto, Floriano. Você, que tem tantos motivos justos para me odiar, vem me dar forças para que eu possa continuar, sem me desesperar. Eu só posso lhe pedir perdão e lhe agradecer.

Com um aperto de mão e um abraço, os dois se despediram. Diana admirou a atitude de Floriano, sua capacidade de perdoar, de ir além de estreitos limites do entendimento e ser generoso mesmo com as pessoas que o haviam feito sofrer tanto. Ela apenas silenciou. "A vida, sem dúvida, oferece sempre as oportunidades de reajustamento", cogitou ela. "Basta saber aproveitá-las."

✳

Em virtude dos novos compromissos, Diana reduziu suas visitas à instituição de atendimento à crianças portadoras de necessidades especiais. Contudo, sempre que lhe era possível, visitava o lugar e dedicava-se a diferentes atividades com os pequenos.

Em um desses dias, no intervalo de uma das atividades, ela foi surpreendida por uma pergunta de uma jovem, que a deixou momentaneamente sem reação:

– O que a traz aqui, Diana Veiga? A culpa por ter sacrificado uma vida para dar mais importância ao sucesso?

A atriz mal acreditou quando ouviu a pergunta. Ao voltar-se, viu quem indagava. Era Milena, uma das mais dedicadas trabalhadoras da instituição. Todos já conheciam sua franqueza habitual, ela não media as palavras. Diana conhecia sua sofrida história de vida e sabia o quanto ela, com pouco mais de vinte anos, já era bem amadurecida.

Milena, ao ver a surpresa estampada no rosto de Diana, aproximou-se devagar. Havia muito precisava conversar com ela. O momento pareceu propício, pois estavam as duas a sós na sala de recreação. Ela esperava o irmão, Robson, portador de síndrome de Down, que frequentava a instituição já fazia algum tempo e, no momento, estava na aula de flauta, instrumento que tocava com muita habilidade. A jovem, cabelos e olhos bem claros, tornou a indagar:

– É somente a sua culpa por ter realizado um aborto que a traz aqui, Diana? Eu pergunto porque seria bom se soubéssemos que podemos realmente contar com você. Se for somente por culpa, assim que você se sentir "redimida", em paz com sua consciência, vai se afastar como se nunca tivesse estado aqui. Se for por algum outro objetivo maior, talvez, então, possamos contar mesmo com você.

Diana ainda estava emudecida. Sabia que estava diante de uma das iniciadoras das múltiplas atividades ali realizadas. Milena apresentara a Lívea Giovenazzi o modesto trabalho de Telma com as crianças e com ela, que se uniu a outros jovens dedicados à música e à dança, e todos passaram a realizar, voluntariamente, diversos projetos com aquelas crianças ali atendidas – projetos que incentivaram ainda mais a participação de outras pessoas da comunidade. Percebeu, portanto, que era pertinente a preocupação da jovem. Esta, por sua vez, enfatizou:

– Diana, não pense que eu estou querendo magoá-la ou ofendê-la. Você pode responder à pergunta para si mesma, não para mim se não quiser. Devo lhe dizer que já vi outras tantas "celebridades" passarem por aqui, encantarem-se com nosso trabalho e logo ali perderem o interesse, principalmente quando veem que as dificuldades são maiores que o "encantamento do lugar". Isso sem falar daqueles que vêm aqui, tiram fotos com as crianças, aparecem com elas nos programas de televisão apenas para simular generosidade com os seus fãs. Há muito tempo não estamos mais permitindo isso, porque não precisamos desse tipo de publicidade. Necessitamos de pessoas realmente dispostas a trazer algo de bom para a vida dessas crianças. E você já deve ter percebido o quanto elas se afeiçoam verdadeiramente a todos. É só por essa razão que eu lhe peço que avalie muito bem seus propósitos para não cometer mais enganos ao querer redimir sua falta.

Milena se dirigia à porta de saída quando Diana a deteve, respondendo:

– É verdade, eu tenho comigo um sentimento de pesar e arrependimento muito grandes por ter feito um aborto e há muito

VEREDAS DA PAZ

tempo ansiava por uma oportunidade de me ressarcir de alguma maneira, fazendo algo de bom e de útil a quem precisa!

– Você se arriscou muito, arriscou a própria vida indo a uma clínica clandestina – ponderou Milena.

– Sim. A tal clínica foi fechada dias depois por ordem judicial. Na época, achei que era a única alternativa para mim e todos só ficaram sabendo porque meu ex-marido não conseguiu segurar em si a imensa dor e revolta que sentiu ao tomar conhecimento do ocorrido e tornou público um fato de nossa vida pessoal. Não fosse assim, você não teria ficado a par desse meu drama íntimo. Digo mais, Milena, se fosse há algum tempo eu me irritaria facilmente com a sua pergunta, a qual consideraria impertinente e feita dessa forma, à queima-roupa, como se diz. Atualmente, porém, depois de tanto sofrimento, procuro entender seu ponto de vista e dizer que não pretendo, de maneira alguma, usar meu trabalho com eles para minha própria promoção, nem tampouco pretendo criar falsas expectativas.

Diana levantava-se e caminhava em direção à Milena, fixando firmemente seus olhos indagadores:

– Quando cheguei aqui pela primeira vez, senti que deveria desempenhar alguma tarefa. Telma parece ter sentido a mesma coisa porque ela, com uma espécie de intuição, muitas vezes identifica as pessoas que permanecerão daquelas que apenas passarão, disso você sabe melhor do que eu. Graças a essa confiança, procuro me dedicar com muito amor ao que me foi pedido e lhe asseguro: o que me traz até aqui não é apenas arrependimento e desejo de reparação de meu erro, mas, principalmente, meu sincero amor por eles.

Milena agora a fitava com mais serenidade e mostrou um belo sorriso ao ouvir as palavras de Diana, ditas com tanta firmeza:

– É muito bom que você tenha entendido minha preocupação. Tenha certeza de que precisamos muito de pessoas capazes de amá-los verdadeiramente, para que cresçam seguros e confiantes em si mesmos.

As duas mulheres seguravam as mãos amistosamente quando uma voz infantil chamou por Milena. Elas foram ao encontro de Robson, abraçaram-no e logo ele saiu de mãos dadas com a irmã.

Ao ver os dois se afastarem, caminhando pelo amplo corredor, Diana lembrou-se da história que Telma lhe contou sobre os dois irmãos. Segundo ela, Milena o educava sozinha desde os dezoito anos de idade, quando sua mãe faleceu. O pai havia abandonado a família muitos anos antes, quando soube que seu filho não seria uma criança "normal". Desde então, Telma a auxiliava e a orientava o quanto podia e, como retribuição, Milena também cooperava ativamente para a manutenção dos serviços daquela casa assistencial.

"Certamente por tudo isso", cogitou Diana, "a coragem e a firmeza de caráter tenham despontado muito cedo nessa jovem com quem acabei de conversar e que ousou interpelar-me de modo tão intempestivo, trazendo à tona uma questão que, sem dúvida é fundamental para que eu pudesse definir melhor o meu papel ali, entre aquelas crianças."

Com efeito, segundo nos informara Alba Lúcia, o encontro de Diana com as crianças portadoras de necessidades especiais fazia parte do planejamento reencarnatório. Ela conheceria o lugar por meio de Floriano e de Andréa. No entanto, ali chegou tangida pelo remorso e arrependimento que lhe provocaram o desejo ardente de algo fazer de bom para seu próximo. Não precisaria ser assim, caso ela não tivesse frustrado o renascimento de Afonso. Ele também cresceria vendo os pais participarem de um trabalho muito importante voltado para a solidariedade e, com isso, aprenderia elevados valores.

Quanto a Afonso, não mais impunha obstáculos a uma nova tentativa de renascer no lar do casal. Para tanto, era preciso prepará-los também.

Naquela mesma noite, ambos, desembaraçados do corpo físico, iriam se reunir com os instrutores espirituais e com Afonso para, assim, dar curso aos desígnios do Criador em suas leis justas e misericordiosas, que sempre agem no sentido do reajustamento do ser humano.

O AMOR PREVALECE

Pela manhã, Floriano Sagres despertara um tanto confuso. Não saberia descrever corretamente as sensações experimentadas. Todavia, não se sentia incomodado. Ao contrário, sentia-se confiante e protegido. Certamente porque voltara a se ver, em sonho, em companhia da mãe. Alba Lúcia sempre o encorajara nos momentos mais críticos e, mais uma vez se fez presente no diálogo mantido entre ele, Diana e Afonso. Seria apenas o primeiro de outros encontros que tinham por finalidade aproximar ainda mais os antigos antagonistas. Foi a primeira vez, depois de muito tempo, que estavam frente a frente sem se considerarem inimigos, sem emitirem vibrações mútuas de ódio e vingança. Diana não identificava mais em Afonso a figura do perseguidor implacável. Ele não era mais o vulto misterioso e apavorante que vez ou outra se apresentava a Floriano. O casal já não mais atraía a poderosa ira daquele a quem deveriam ter recebido como filho.

Afinal, conforme aprendemos, por mais que tentem evitá-la, mesmo os obsessores precisam, e bastante, de paz. Em dado momento, eles acabam por perceber a inutilidade do sentimento de ódio, principalmente quando veem, nos objetos de sua rejeição, uma nova atitude de vida.

Sem dúvida, se Diana e Floriano houvessem optado por seguir o caminho da desavença, do desamor, das infindáveis cobranças, se permanecessem trilhando o caminho da indiferença à dor alheia e da autopiedade, seria muito mais difícil Afonso modificar seu modo de agir em relação a eles.

No entanto, esgotava-se a energia destruidora que o movera por tanto tempo. O paciente auxílio, o socorro permanente que recebera dos servidores da colônia espiritual muito cooperaram para o seu restabelecimento e, apesar da dor de haver sido rejeitado pela mãe, compreendia agora que ela agira movida pelo medo, pela insegurança e mesmo pela ignorância das leis que regem a vida. Convencera-se de que era justo e necessário submeter-se à nova experiência no lar do casal.

Durante o encontro, Floriano conversou com Alba Lúcia e os instrutores, dispondo-se a levar adiante o compromisso da paternidade; quanto à Diana, ainda relutava com a ideia.

Aproximava-se o fim de uma semana bastante agitada para o escritor. Ele havia feito várias palestras, havia sido convidado a participar de debates ao lado de outros jornalistas e trabalhado na divulgação de seu mais recente trabalho. Havia cumprido com todos os seus compromissos e esperava que o sábado e o domingo lhe reservassem o merecido descanso.

Ainda era cedo e Floriano terminava o café da manhã quando o telefone tocou. Era Diana. Ela comunicava que estava indo gravar algumas cenas da minissérie em Campos do Jordão, cidade onde os pais dela haviam se conhecido. Convidava-o para ir a seu encontro, já que pretendia voltar apenas no domingo.

Ele havia estado tão pouco tempo em casa! Por um momento pensou em recusar, mas... era Diana e ela sempre encontrava uma maneira de fazê-lo mudar de planos. Decidiu, então, aceitar o convite.

Já fazia algum tempo que não ia a Campos do Jordão. Curiosamente, chegou no exato momento em que estava sendo gravada a cena na qual Moacir pedia Aurora em casamento, tendo ao fundo uma das mais belas paisagens da cidade.

Passou o restante do dia ao lado de Diana, descobrindo com ela outros recantos maravilhosos do lugar.

No domingo pela manhã, finalmente, tomou a decisão que vinha adiando e o fez de forma bastante criativa.

Levou-a exatamente para o mesmo local encantador onde, anos antes, Aurora havia aceitado o pedido de casamento de seu amado Moacir.

De início, Diana não entendeu por que estava sendo conduzida por ele até o local da gravação. E mal acreditou quando ele novamente a pediu em casamento. Por esse motivo, ficou em silêncio por alguns instantes. Estava feliz, mas, ao mesmo tempo, não sabia se era chegado o momento de refazer a união. Queria muito ter certeza de que não passava de um entusiasmo súbito de Floriano e, por essa razão, perguntou:

— Você tem mesmo certeza de que quer se casar outra vez com a mesma mulher?

O vento agitava seus cabelos bem cuidados. Ele pensou muito antes de dar a resposta tão esperada e falou com firmeza:

— Eu não estou querendo me casar com a mesma mulher! Você já não é mais a jovem sonhadora que conheci em Londres e que me cativou em seguida. Você agora é outra pessoa, mais madura, mais corajosa, ciente da própria capacidade, senhora dos seus atos. Eu também aprendi muito com tudo o que se passou conosco. Sofri demais o tempo em que estivemos longe um do outro!

— Sim, Floriano — completou ela, prendendo os longos cabelos, revoltos pelo vento —, já não sou a mesma pessoa e hoje sei o quanto errei quando decidi me afastar de você! Não deveríamos ter nos separado, hoje eu entendo.

— Tanto eu como você erramos, mas agora podemos recomeçar. Nós sabemos que algo importante permanece inalterado, apesar de tudo o que aconteceu: a força do nosso amor!

Diana sentia a sinceridade dos sentimentos que ele expressava naquele momento. Era um instante decisivo para a vida dos dois. Reiniciar uma vida em comum em novas bases era algo bastante desafiador. Floriano não se deixara levar por tolos preconceitos que costumam afastar aqueles que se amam. Ela também entendera que era importante ter consciência dos erros, contudo, não se deixara punir permanentemente.

Assim, de fato, o amor prevaleceu. Novamente Floriano e Diana estariam juntos legalmente, dando início a uma promissora vida conjugal.

Dois meses se passaram, as gravações da minissérie haviam chegado ao fim. Com ela, surgiram para Diana novas propostas de trabalho, renovando-lhe as esperanças de prosseguir com êxito sua carreira artística.

Na vida pessoal, tudo se encaminhava com tranquilidade. Tanto ela como Floriano procuravam se organizar para novamente iniciar uma vida a dois. Para tanto, já haviam encontrado um apartamento ao gosto de ambos e o preparavam para ser o futuro lar. De fato estava confirmada a decisão pelo "recasamento" como apelidaram os amigos.

Floriano continuaria desfrutando de sua casa no Guarujá, pois não era sua intenção passar muito tempo na capital. Amava demais seus momentos especiais vividos à beira-mar, em meio à paisagem que ele tanto apreciava. Diana também, sempre que possível para lá se dirigia.

E foi numa dessas manhãs – enquanto aguardava a chegada de Floriano para o almoço – que a vimos entretida em interessante leitura. Tão interessante que ela, absorta, demorou a se dar conta de que a campainha tocava. Apressou-se em atender e deparou com Andréa, a se apresentar com semblante alegre e bem-disposta.

As duas amigas saudaram-se e Diana logo a conduziu para seu recanto preferido: a varanda.

Perto dali estava o piano, para o qual Andréa olhava com uma profunda expressão de saudade, logo percebida. Ela então afirmou:

– Não consigo olhar para este piano sem lembrar de Alba Lúcia e como ela nos encantava com seu talento de exímia pianista!

– Sim – concordou Diana. – Eu a vi poucas vezes tocando o piano, mas sempre me emocionava ao ver nossa amiga executando as músicas que tanto amava com imensa sensibilidade! A propósito, Andréa, gostaria de lhe mostrar o livro que eu estou adorando ler. Só um instante.

Diana retornou com um exemplar de O Livro dos Espíritos, de Allan Kardec.

Como já fosse uma obra conhecida para a visitante, a atriz logo foi expressando suas impressões sobre a obra:

– A meu ver é um livro fascinante. Há algumas semanas Carla chegou com um exemplar lá na instituição e eu pedi licença para ver. Em poucos minutos folheei algumas páginas e me impressionei com a precisão das perguntas e respostas. Saí dali e fui comprar um na livraria e desde aquele dia, não consigo deixá-lo de lado.

– Este livro – comentou Andréa – deveria ser lido sempre com isenção de preconceito, de ideias preconcebidas. Não é apenas um livro sobre Espiritismo. É um verdadeiro patrimônio da humanidade, um dos mais bem elaborados tratados sobre relações humanas, unindo os dois mundos: o visível e o invisível.

– Exatamente, Andréa. Era justamente sobre isso que há muito gostaria de conversar com você. Estou lendo a parte sobre o sono e os sonhos, sobre o que é chamado de Emancipação da Alma. Aqui diz que podemos mesmo entrar em contato com nossos amados por meio dos sonhos, assim como visitar lugares de sofrimento ou sentir a influência de entidades perversas se a elas estivermos ligadas. Sinceramente, nunca achei que isso fosse possível. Sempre imaginei uma barreira intransponível a separar o mundo dos "mortos" e o mundo dos vivos, como imagina a maioria das pessoas. Mas, agora, entendo que não é assim e que as experiências que me acontecem de entrar em contato com meus pais, por exemplo, são perfeitamente normais, nada têm de incomum.

Diana relatou as conversas com Moacir Veiga que, de tão reais, não poderiam ser consideradas sonhos, frutos da imaginação. Recentemente, havia conversado com sua mãe, Aurora, contado a ela sobre a imensa alegria que sentira ao interpretá-la na minissérie. Foram momentos emocionantes, nos quais a mãezinha mais uma vez reiterou o convite a que ela aceitasse a maternidade, não como penosa obrigação, mas sim como abençoada tarefa de amor; não como castigo, mas como forma de reconstruir laços destruídos pelo ódio e pela vingança, sentimentos que deveriam ser vencidos.

Andréa também lhe contou sobre as conversas que tem com Lívea, sua filha que desencarnou tão jovem.

Nesse ponto, Diana indagou:

– Como você conseguiu suportar passar por esta verdadeira tragédia na sua família?

– Graças à solidariedade dos amigos que se não formam a família consanguínea, formam, sem dúvida, a família pelos laços espirituais. Naquela época, conheci Carla, que havia pouco se apresentara na instituição com o esposo. Os dois já eram espíritas e, a princípio, passei a frequentar as reuniões públicas do passe. Eu estava em um estado lastimável, Diana. Sempre acreditei na continuidade da vida porque desde criança tive vidência e percepções de entidades espirituais ao meu redor e nunca me perturbei com isso. No entanto, quando aconteceu comigo, achei que Deus estava sendo desnecessariamente cruel ao me privar da companhia de meu amado esposo e de minha adorada filha, aquela que representava tudo de bom que havia no mundo para nós. Depois pensei: "Ora, se para mim, que sempre tive essa noção de continuidade da vida, a morte de minha querida já estava sendo tremendamente dolorosa, seria mais ainda para Airton, caso ele tivesse sobrevivido. Consolei-me ao pensar que Deus foi justo e bom ao levá-lo com ela. Ainda assim me culpava pela forma como tudo aconteceu.

Andréa levantava-se e caminhava vagarosamente em direção à sacada. Queria ver o mar, respirava profundamente como se quisesse haurir novas forças para rememorar o dia mais triste de sua vida. Depois de breve silêncio, ela se pôs a falar:

– Era uma noite chuvosa. Ele e Lívea estavam em São Paulo. Eu estava com muita saudade dela, que se ausentara por várias semanas para fazer um curso que poderia lhe garantir a tão ambicionada vaga para estudar balé no exterior. Tínhamos certeza de que nossa querida bailarina iria realizar seu sonho. Só em ouvir sua voz pelo telefone meu coração se encheu de alegria. No entanto, como o tempo não estava bom, recomendei a Airton que ficassem lá e voltassem no dia seguinte. Ele não me ouviu. Estava seguro de que não haveria problemas e seguiriam viagem naquela mesma noite, apesar da chuva. Fiquei preocupada, achei imprudente... deveria ter insistido mais... esse foi meu pesar durante muito tempo. Eles não resistiram ao impacto do carro com outro veículo na estrada, à noite, com pouca visibilidade.

Diana aproximou-se e a enlaçou com suavidade. Era sua maneira de manifestar carinho a Andréa, que trazia à tona lembranças amargas para dar seu depoimento sobre o prosseguimento dos laços afetivos após a morte do corpo físico.

Estavam as duas de pé, divisando o mar e sentindo no rosto o toque dos raios do sol. Andréa prosseguiu:

– Certo dia, Carla foi à minha casa dizendo que um dos médiuns havia recebido uma comunicação por escrito da minha Lívea. Eu o conhecia. Era pessoa digna de toda confiança pelo trabalho sério e dedicado que realizava no centro espírita, o qual já havia consolado a tantos outros corações aflitos. Não esperava que um dia fosse ter essa felicidade. Ali, em riqueza de detalhes, que o médium nunca poderia ter tido conhecimento, minha querida filha contava sobre sua readaptação ao mundo espiritual; dizia que eu não me sentisse culpada; que aquilo que nós chamamos de acidente nada teve de injusto; foi uma das maneiras que a Piedade Divina encontrou para que tanto ela como o pai ressarcissem dívidas pesadas de anteriores encarnações, compromisso aceito por ambos. Ela já havia despertado, Airton ainda se recuperava, mas também se encontrava bem, assistido no hospital de uma das colônias espirituais, próximas à Terra. Incentivou-me ainda a continuar o trabalho com nossos pequenos na instituição. Enfim, Diana, com essa mensagem proveniente do coração amoroso de Lívea, que retornava para me reerguer da dor profunda e insuportável que me abatera, pude novamente dar curso a minha existência; foi como os raios de sol que neste momento nos aquecem e iluminam este ambiente.

Diana estava bastante emocionada com o relato. Andréa mais uma vez tomou *O Livro dos Espíritos* e o depositou suavemente nas mãos da amiga, como quem apresenta ao outro um precioso tesouro. E disse, mirando seus olhos:

– Seja mais uma a se beneficiar das orientações contidas neste livro. Ele a ensinará a não temer os espíritos, pois eles também fazem parte da vida, da vida que não se extingue jamais e sempre promove o reencontro daqueles que se amam verdadeiramente, sem erguer barreiras ao legítimo afeto.

As duas se abraçaram. Foi justamente neste momento de afeto que Floriano entrou e se uniu a elas. Andréa conversou rapidamente com ele e, em seguida, retirou-se, pois tinha outros compromissos. Ao partir, entretanto, deixou com Diana a convicção de que Deus age sempre com amor e justiça, mesmo quando, em muitas circunstâncias, não compreendemos suas ações.

Em busca das origens

Lívea Giovenazzi mais uma vez trazia sua alegria para nosso pequeno grupo sempre ocupado com tarefas diversas. Eu, meu amigo e paciente instrutor Marcos Almeida, bem como nossa querida amiga Alba Lúcia muito estimávamos a companhia daquele ser pleno de paz, alegria e esperança que, em sua mais recente encarnação, havia sido a filha de Andréa e Airton.

Contava-nos que havia estado na esfera terrestre, em visita à instituição à qual dedicara alguns anos de sua vida. Do ponto de vista terreno, seu trabalho havia sido cruel e inexplicavelmente interrompido. Entretanto, com uma análise mais cuidadosa, pode-se verificar que a jovem ali iniciou uma atividade voltada à arte e à dança bastante desacreditada a princípio, até mesmo pelas famílias das crianças que, apesar de conviverem com elas diariamente, nem sequer supunham que elas pudessem ter aptidão para esta ou aquela manifestação artística. Nem mesmo os amigos de Lívea acreditavam que ela pudesse ser bem-sucedida em algo tão complexo. Nada disso a fez desistir. Ela soube ser paciente e pertinaz. Começou com um pequeno grupo, logo conquistou a confiança de outros tantos e o trabalho foi crescendo. Mais adiante, surgiram voluntários dispostos a ensinar a prática de esportes e aulas de música. Então, a tarefa que no início reunia apenas a jovem bailarina e alguns outros voluntários, além do apoio de Andréa e Airton, foi passando a ser valorizada e reconhecida, ganhando ainda mais incentivo de outros trabalhadores.

Foi como se Lívea tivesse lançado a semente e não tivesse participado da colheita, diriam alguns. No entanto, dizia-nos ela, o acompanhamento das crianças seguiu agora com outros trabalhadores, como Milena, Carla, Jair e agora contando também com Diana e Floriano.

Assim, na condição de espírito, ela seguia inspirando iniciativas como essa em outros corações juvenis e, nesse afã, nossa delicada e paciente Lívea estava obtendo bons resultados.

Víamos, portanto, que, com sua partida repentina, ela não deixara compromissos pendentes ou inacabados. Havia cumprido sua parte de ser um elemento propulsor, o desencadeador de algo maior que não pertencia a ela somente; destinava-se a reunir servidores e necessitados num permanente aprendizado do exercício do amor desinteressado, tal como ela inspirara e seguia inspirando.

Ela se despediu de nós, sorriso encantador, olhar firme e sereno a irradiar imensa bondade e se dirigiu para se preparar para novas tarefas com seus instrutores em um dos departamentos de nossa colônia espiritual.

Quanto a nós, eu, Marcos e Alba Lúcia, ainda acompanhávamos a preparação de Afonso, que novamente seria encaminhado a reencarnar como filho de Diana Veiga e Floriano Sagres.

Ele agora se mostrava firmemente decidido a não mais opor nenhum obstáculo a esta ideia. Aprendera a ver na amorável figura de Alba Lúcia a mãe amorosa e gentil, alguém em quem podia realmente confiar.

Sem dúvida, nossa amiga estava profundamente ligada a ele por laços afetivos que remontavam à época na qual ele ainda estava encarnado como Afonso Marçal, o rico colecionador de joias, que viveu na São Paulo do século XIX. Na ocasião, Alba Lúcia foi sua adorada filha, Lídia, testemunha de seus mais pungentes dramas afetivos.

E para que você, estimado leitor, possa acompanhar alguns dos principais lances da anterior encarnação de nossos personagens, retrocederemos à época em que tudo se originou, na época em que Afonso, atingido nos seus profundos sentimentos, envolveu-se com os protagonistas desta história.

✳

Guaratinguetá, SP, 1852

Em uma noite de chuva torrencial, o capataz seguia pela estrada da zona rural, procurando vencer o mais rápido possível a distância que separava a grande fazenda dos patrões de humilde casinha, esquecida por aqueles rincões.

Quando finalmente a charrete parou diante do pequeno chalé, seus dois moradores assustaram-se com o barulho dos cavalos. Lá dentro, sinhá Corina, conhecida como habilidosa parteira e seu esposo já se preparavam para dormir.

Foi ele que, segurando o lampião, dirigiu-se para abrir a porta, tão logo percebeu a aproximação de algum inesperado visitante, dizendo para si mesmo: "Mas que noite essa para se vir ao mundo, meu Senhor!".

Ao abrir a porta, deparou com Silvino, empregado da fazenda do senhor Greegs que, com roupas encharcadas, apenas afirmou em tom imperativo:

– Patrão manda buscar sinhá Corina para socorrer dona Cecília que está em grande sofrimento!!

Nesse momento, Corina já havia se levantado e se encarregado de organizar seus apetrechos de parteira. A cena já era conhecida do velho Sebastião, com quem convivia havia quase quarenta anos. Mesmo assim, ele, ao ver a disposição da sua destemida mulher, não se conteve e indagou:

– Você vai mesmo sair com essa noite horrível para ir à casa daquele homem ingrato, que trata os pobres com tanto desprezo? E o médico que ele mandou vir *dos estrangeiros* porque não queria que o filho nascesse nas mãos dos nossos, onde está?

Silvino, com uma risada estridente, esclareceu:

– Esse pode ser achado numa taverna lá da cidade, dormindo em uma das mesas depois de uma bebedeira! O homem mal se aguenta sobre as pernas!

Sebastião olhou mais uma vez para Corina, mas nada disse. Sabia que era inútil. Na mente da esposa certamente não prevalecia a figura do arrogante Mr. Lester Greegs, que havia alguns anos administrava uma das mais poderosas fazendas de café da região. Não era ele, com seus modos estranhos e poucos gentis com os humildes, como há pouco lembrara Sebastião, que a levava a sair tarde da noite, cansada das atividades do dia, para socorrer sua esposa. Era a própria Cecília Greegs, com sua candura e bondade que a encorajavam a sair naquele instante. Silvino confirmou:

– É dona Cecília que clama pela senhora!

– Então, vamos, homem! O que espera? Já estou pronta!

E seguiram os dois, enfrentando a tempestade, na esperança de ajudar alguém a vir ao mundo.

O caminho foi trilhado às pressas; porém, à medida que se aproximavam da sede da vasta fazenda, a forte chuva amainava. Já havia cessado quando eles finalmente chegaram. De longe, apesar da escuridão, podia-se identificar o vulto alto e magro de um homem, postado no alto da escadaria que conduzia ao interior da residência. Seus movimentos bruscos denotavam sua aflição. Assim que viu Corina sair da charrete foi ao seu encontro e, em tom de súplica, falou:

– *My wife, please! Save my wife and my son! Cecile is my life*[2]!!

Corina não compreendeu o que ele dizia, mas viu o terror em seus olhos e percebeu seus sentimentos. A seguir, veio o assessor de Mr. Greegs, que esclareceu:

---

2. Tradução: "Minha esposa, por favor! Salve a minha esposa e meu filho! Cecília é a minha vida" (N.A.E.).

– Minha boa senhora, ele está tão aflito que só consegue se expressar na língua natal. Suplica-lhe que salve sua esposa e o filho! Cecília é a vida dele.

Ela se deteve a olhá-lo com bondade. Jamais imaginou que um dia veria o autoritário e arrogante Mr. Greegs a implorar o que quer que fosse a alguém, ainda mais a uma ex-escrava como ela. No entanto, tinha apenas mais um pai aflito diante de si e iria pôr seus conhecimentos a serviço dele, como faria para qualquer outra pessoa.

Sem mais demora, subiu e juntou-se às outras serviçais que tentavam socorrer a parturiente naquilo que podiam. Esta, por sua vez, contorcia-se em dores, no leito. Mal reconheceu Corina quando ela entrou. Contudo, apenas em sentir que a velha amiga estava finalmente ali, pareceu recobrar novas forças.

O parto exigiu muito da habilidade de Corina. Felizmente, ao término de uma hora, veio à luz linda menina!

Na sala, ao ouvir o choro da recém-nascida, Greegs chorou de emoção. Havia poucas testemunhas. Apenas seu assessor e dois serviçais. Ele, sempre tão contido em suas emoções, dava vazão a tudo o que parecia estar preso dentro de si: temor, angústia, tensão. Por um momento temeu a morte de Cecília. Sentiu imensa raiva ao saber que o médico que havia contratado para acompanhá-la em sua gestação e durante o parto havia se ausentado de maneira deplorável no instante mais preciso. Ansiava abraçar a esposa e a filha.

Quando, enfim, a serviçal anunciou que ele já podia entrar no quarto, rumou para lá sem mais demora. Chegou no exato momento em que Corina entregava a pequena nos braços da mãe.

"Estranha ironia", pensava Lester Greegs ao assistir a cena, "havia desprezado o conhecimento da gente da terra e, era justamente por meio daquelas mãos abençoadas da ex-escrava", que muito havia padecido ali, naquela mesma fazenda, em sua mocidade, "que nascia o ser mais caro para ele", conhecido aristocrata inglês, descendente de poderosa e influente família de banqueiros e investidores.

Cecília o chamava para perto de si. Ao ver a pequena criaturinha envolta em belíssimo xale bordado, tornou a chorar. Corina saiu discretamente. Nem mesmo a jovem que acabara de dar à luz percebeu sua saída. Já havia, entretanto, beijado as mãos da amiga e a abraçado calorosamente. A ela devia a vida, pois sentia que seu fim estaria próximo, não fosse a providencial ação da habilidosa parteira. Esta, por sua vez, sabia que deveria se retirar; aquele momento tão especial devia ser desfrutado apenas pelo casal.

Ao descer, Corina recebeu das mãos do assessor o pagamento generoso pelos serviços prestados e ouviu:

– Mr. Greegs determinou que eu lhe oferecesse essa generosa soma e a agradecesse pelo trabalho realizado.

A senhora se dirigiu para a saída, onde Silvino a aguardava. Antes de subir na charrete, portanto, lançou um último olhar para aquele lugar no qual nunca mais queria ter voltado a pisar. Só mesmo Cecília para fazê-la retornar àquela fazenda, onde, por um relance, novamente desfilavam seus antigos companheiros de lida no cafezal; as dores e alegrias; as tramas de fugas tantas vezes malsucedidas; a violência; a brutalidade dos feitores; a vida dura e injusta dos escravos. Lembranças amargas das mães que tinham seus filhos arrancados dos braços pouco depois do nascimento, algo que havia acontecido a ela própria. E o serviço que seguia sempre, dia após dia, suplantando as tristezas. Eram essas as agruras de tempos cruéis que assomavam à sua mente. No entanto, hoje voltara ali para ajudar a trazer mais vida àquela fazenda. A pequena Lucy, esse seria seu nome, sem dúvida viria para encher a fazenda de alegria e esperança.

E com esse pensamento, Corina partiu, indo ao encontro do merecido descanso depois de mais uma vez ser útil, lindamente útil ao seu semelhante.

✳

Doze anos se passaram e Lucy tornara-se uma criança bastante ativa, inteligente e sagaz. Seguidamente era vista na companhia de Lester, que a apresentava orgulhoso aos amigos. Era uma menina encantadora, com belo rosto, modos gentis e delicados.

Os pais, sem dúvida, esmeraram-se em sua educação e instrução. Preocuparam-se em contratar bons preceptores, a fim de oferecer-lhe uma boa formação cultural. Dessa maneira, ao longo do tempo ela ia se familiarizando com a música, aprendendo a tocar piano, assim como o pai, estudava línguas estrangeiras e, no intervalo dos estudos, apreciava aprender os delicados pontos de bordado e costura com sua mãe. Muito atenta e curiosa, Lucy gostava de aprender. Até mesmo com as escravas na cozinha, sempre que podia, ela acompanhava a feitura dos doces preferidos.

Com Lester, hábil cavaleiro, aprendeu a equitação e amava se exercitar nos cavalos cuidadosamente escolhidos para sua montaria.

A menina crescia no ambiente saudável da fazenda, sendo muito amada por todos.

Certo dia, Greegs chegou com uma novidade que deixou todos surpresos. Iriam os três fazer uma longa viagem à Inglaterra, a tão planejada ida à terra natal do chefe de família: Liverpool.

Havia muito tempo Lester não visitava a família que deixara do outro lado do Atlântico. Seus pais e seu irmão, Oliver, conheceram Cecília e a pequena Lucy em rápida visita à fazenda.

Aliás, para a família Greegs, a opção de Lester em se fixar no Brasil foi algo surpreendente e nunca bem compreendida. Ele já se interessara pelo negócio lucrativo da produção e exportação de café, mas nunca poderiam imaginá-lo à frente de uma fazenda, no interior de São Paulo.

Por certo, a iniciativa lhe proporcionara significativos ganhos financeiros; contudo, não era o suficiente para explicar a decisão do "gringo" como era chamado, em ali permanecer.

Na verdade, o orgulhoso Lester Greegs definiu que não mais regressaria tão cedo à Inglaterra no momento em que conheceu Cecília Saraiva, filha de um prestigiado senador mineiro, por quem se encantou irremediavelmente.

Em vão foram as tentativas de fazê-lo mudar de ideia e retornar às atividades normais em Liverpool. Se a amada quisesse permanecer na fazenda, a qual tanto apreciava, ele também permaneceria, pois ele tudo faria para tê-la feliz ao seu lado.

E assim, para espanto de todos, ele tornou-se grande senhor de terras em Guaratinguetá, além de outros negócios, propriedades e investimentos, tendo em Cecília a esposa cordata, amável, conselheira sensata de todos os momentos. Sabia auxiliá-lo em suas dificuldades e, com isso, tornara-se credora de toda a sua confiança.

E a união se fortaleceu ainda mais com a graciosidade da pequena e vivaz Lucy, que vibrou de contentamento ao saber que finalmente iria ver a terra narrada por seu pai em sucessivas histórias de castelos, reis e rainhas, fadas e duendes.

Cecília também exultou, mas temia viagem tão longa. Seu estado de saúde sempre fora frágil e ela receava ter surpresas desagradáveis. No entanto, o esposo a encorajava, acenando mesmo com a possibilidade de ela fazer algum tratamento lá mesmo, onde encontraria profissionais altamente capacitados para diagnosticar e tratar seus males físicos.

Assim ficou decidido. Partiriam os três nas próximas semanas, numa viagem que seria inesquecível para Lucy.

Ao longo de três meses, ela a tudo acompanhava com seus olhinhos curiosos. Diante deles se descortinou um país surpreendente, com as paisagens que ela só imaginara em sonhos, com seus contrastes de luxo, ostentação e miséria que podiam ser vistos nas ruas, nos bairros operários de Liverpool, que passava por acelerado processo de crescimento industrial, com todas as consequências já conhecidas.

Dessa maneira, a menina pôde ver os tão sonhados castelos, as propriedades magníficas, mas pôde ver também o sofrimento humano, em tais proporções que nem sempre podiam ser ocultas por mais que se quisesse. Lester, passeando com ela pelas ruas da cidade, observava o quanto ela ficava sensibilizada com os pedintes e como eram tratados, com total desprezo e indiferença. Viu alguns mutilados pelas fábricas que, sem assistência alguma, dependiam da caridade alheia para sobreviver. Cenas como essa deixavam perplexa a menina que vivia em uma fazenda distante do interior paulista, cercada pela fartura e atenção de todos os que lá viviam. O ar poluído da cidade afetou a saúde de Cecília. Ela se sentia sufocada naquele ambiente. Logo Lester e seu pai julgaram mais prudente levá-la para a propriedade rural da família, esta sim, bem mais aprazível. Naquele lugar encantador, Lucy novamente voltou a se exercitar na equitação e fazer agradáveis cavalgadas deixando o pai orgulhoso em ver suas habilidades de amazona.

Ao fim de três meses de estada na Inglaterra, Lester, sua esposa e filha regressaram a Guaratinguetá. A comercialização da safra de café exigia o atento acompanhamento do dono da propriedade. Além disso, o estado de saúde de Cecília, a par de algumas melhoras, tornou a se agravar com a longa viagem, de tal forma que ela chegou exausta e quase sem forças na fazenda.

Greegs estava bastante preocupado. Cecília era muito jovem, mas sempre fora muito frágil. Lucy estava sempre por perto da mãezinha, porém, por precaução, precisou ficar alguns dias afastada. Temia-se uma moléstia contagiosa.

De fato, o que mais se temia aconteceu. Ela havia contraído tuberculose, que se manifestou de maneira fulminante.

Apesar de todos os recursos mobilizados por Greegs, sua adorável Cecília faleceu em uma madrugada fria, acompanhada apenas por ele e por uma fiel serviçal.

Após a cerimônia fúnebre, ele se recusou a receber quem quer que fosse até mesmo a pequena Lucy, que ficou aos cuidados de empregados. Nos dias que se seguiram, ele pareceu vagar sem rumo pela extensa propriedade.

VEREDAS DA PAZ

Ao saber do abatimento profundo do genro, o pai de Cecília decidiu levar a neta para passar alguns dias com ele, em Ouro Preto, Minas Gerais. Lucy, sempre muito apegada ao pai não queria ir. Porém, ele também concordou que seria melhor para a menina, e iria a seu encontro assim que se restabelecesse.

Foram momentos bastante difíceis para a pequena, tendo de viver sem a mãezinha, longe da companhia do pai e adaptando-se à rígida disciplina da casa dos avôs. Sentia imensa saudade da fazenda onde havia nascido. Apenas sua acompanhante, com suas histórias engraçadas e modo peculiar de contá-las, trazia um pouco de alegria à sua vida.

Passados alguns dias, Lester foi buscá-la e a pequena Lucy mal acreditou quando o viu chegar. Ele ainda trazia a fisionomia triste e abatida. Seu rosto, contudo, iluminou-se ao ver a filha sorrindo e correndo em sua direção com os braços abertos, mal saíra ele da carruagem.

Greegs a abraçou e rodopiou com ela como se em suas mãos estivesse o mais precioso tesouro. Jurou para si mesmo que nunca mais se afastaria da filha. Ela era o que de mais valioso ele possuía.

Os dois se dirigiram apressados para o interior da residência onde ele esperava se refazer da viagem para conversar com seu sogro, o senador Vieira Saraiva a respeito da educação de Lucy.

Era vontade deste que a neta permanecesse morando com eles. Na fazenda ela passaria muito tempo sozinha, pois o pai, devido aos negócios que seguidamente exigiam sua ausência do lar, nem sempre estaria com ela.

Greegs nada respondeu. Talvez o senador até tivesse razão. A menina, aos cuidados da avó, certamente teria uma formação

203

melhor do que se ficasse convivendo apenas com ele: homem culto, refinado, mas sem a habilidade necessária para educar uma jovenzinha com todos os requisitos esperados.

Enquanto o senador falava, sempre com seu ar circunspecto, Lester tinha olhos apenas para a pequena, que se exercitava ao piano. Já criança era notável sua vontade de aprender, de ir além. Sentia que, como pai, era sua obrigação tentar observá-la, notar suas tendências, saber o que poderia ser melhor para ela. Sabia o quanto amava a fazenda, seus moradores, seus animais de estimação, seus cavalos; enfim, tudo o que lá existia até então merecera a atenção da pequena e, em sua ausência, quase tudo fenecera. Sem falar nele mesmo, Lester Greegs, que quase se consumiu de saudade da filha, no tempo que ficaram provisoriamente afastados.

Não fossem os compromissos assumidos, era até de se cogitar, segundo ele, deixar o Brasil e voltar definitivamente para a Inglaterra com Lucy. Contudo, essa era uma medida bastante radical, avaliava ele. Privar a menina da companhia de seus outros seres amados seria um tanto precipitado. Futuramente, quem sabe, sua terra natal estaria a oferecer melhores possibilidades para a jovem, mas não agora, em que ambos sofriam tanto pela desencarnação de Cecília.

Somente quando Lucy encerrou seus exercícios e saiu da sala é que Lester voltou sua atenção ao senador. Respondeu-lhe que não tinha condições de decidir nada naquele momento. Pensava apenas em se aproximar novamente do serzinho querido que a esposa lhe deixara, apenas isso. Em breve, comunicaria a ele sua decisão final.

O senador não mais insistiu. Sabia que o genro talvez não tivesse mesmo condições de tomar nenhuma decisão quanto ao futuro da criança, alegria dos dois. Confiava no cavalheiro inglês. Ele sempre soube honrar sua palavra e pôr em prática suas decisões. Aguardaria o tempo necessário e, por mais que fosse penoso ao seu coração de avô, permitiria o retorno de Lucy, a menina que havia enchido a casa solene dos avós de alegria e brincadeiras espirituosas, divertindo a todos com suas travessuras e observações sempre pertinentes.

Assim, os dois cavalheiros concordaram em protelar a decisão sobre o futuro dela. O mais importante era lhe oferecer amor e segurança, onde quer que ela estivesse.

O BAILE

Prosseguimos na investigação da existência pre-térita de Afonso, retrocedendo à época em que ele manifestou seu interesse por Lucy Greegs que, mais tarde, tornaria a reencarnar como Diana Veiga. Para tanto, vamos situar agora o ano de 1870, marcado por um acontecimento aguardado por centenas de famílias que tiveram seus membros envolvidos em um longo e tenebroso conflito: encerrava-se, finalmente, a Guerra do Paraguai.

Deixando um saldo lamentável para todos os países envolvidos, o conflito armado devolvia agora os filhos que nele haviam lutado às suas famílias. Pontilhavam, em diversos lugares do país, festejos públicos e privados em comemoração ao retorno de tantos soldados e oficiais que haviam experimento todas as dores e horrores de iniciativas como essa. Muitos voltaram doentes, alienados, mutilados. Outros nem voltaram. Inúmeros permaneceram desaparecidos. Missas e cultos eram celebrados em honra aos mortos, atraindo centenas de corações desolados.

Enquanto alguns comemoravam o fato de poder abraçar novamente os filhos, maridos, irmãos, outros amaldiçoavam a nefanda guerra por havê-los privado da companhia de seus entes amados.

Aquele dia seria peculiar para Lucy. Pela manhã ela compareceu à missa em memória do irmão de uma amiga muito querida. A família do rapaz estava inconsolável. As jovens, ambas com dezessete anos, oravam lado a lado para homenagear aquele que tanta saudade deixara aos familiares e amigos, ao desencarnar numa sangrenta batalha, nos últimos meses do confronto.

A noite, porém, iria lhe reservar emoções totalmente opostas. A família do ilustre senador Damasceno convidava para a confraternização em sua residência na capital paulistana, em comemoração ao retorno de seus dois filhos que haviam se destacado em vários combates.

Assim, ao cair da noite, a jovem Lucy Greegs entrava, elegantemente trajada, nos salões da luxuosa residência, ladeada por seu pai e seu avô.

Já havia alguns anos, Lester Greegs decidira passar parte do tempo na fazenda de café em Guaratinguetá, parte em São Paulo, onde construíra sóbria, mas bela morada para ele e para a filha. Dessa maneira, pôde educá-la com o auxílio de bem conceituados preceptores, proporcionando-lhe uma convivência com os costumes de uma cidade maior. Em seu modo de ver, era importante não segregá-la em uma fazenda. Greegs, apesar dos negócios que seguidamente requisitavam sua atenção, em nenhum momento descuidara de Lucy. E, sendo assim, a moça que entrava com ele na residência do senador Damasceno atraía, desde o primeiro instante, múltiplos olhares de admiração, fosse por seu porte elegante, fosse por seus modos delicados e finos.

Os dois irmãos, filhos do anfitrião a receberam com muita alegria e gentileza. Logo Lucy estava cercada por outras jovens, que muito apreciavam sua agradável companhia.

Por sua vez, seu avô e seu pai encontraram correligionários e amigos e se juntaram a eles.

Um desses líderes políticos, bastante influente em sua região, era Afonso Marçal. Bastante conhecido por ser um dos financiadores do Partido Conservador, ao qual pertenciam tanto o senador Vieira Saraiva como o anfitrião da festa, era pessoa bastante considerada no meio político.

Hábil negociante, Marçal ainda era conhecido como apreciador e colecionador de joias preciosas, as quais, segundo se dizia, eram cuidadosamente guardadas.

Todavia, afirmava a todos que sua joia mais preciosa era a adorada filha, Lídia, que infelizmente não pudera comparecer por haver adoecido. Ela, ao contrário de muitas jovens, não apreciava eventos que reuniam grande número de pessoas. Preferia os lugares mais simples, amava a vida singela e sentia-se mais à vontade em grupos menores. Assim, mesmo contra a vontade do pai, que muito gostaria da sua presença no baile na residência do senador Damasceno, ela preferiu permanecer em Guaratinguetá.

Sabia-se ainda que a filha estava noiva e casar-se-ia nas próximas semanas. E foi neste ponto da conversa que mantinha com alguns dos presentes, que Afonso ouviu a seguinte indagação:

– Ora, prezado senhor Marçal, certamente sentirá a ausência de sua única filha que, pelo que se sabe, ficará apenas alguns meses em Guaratinguetá, depois mudará de cidade com o esposo. O que fará o senhor, então depois de uma vida tão cheia de aventuras? Terminará seus dias em tão pacata cidade, solitário e afastado das atividades que sempre o fascinaram?

Afonso ouviu a questão. Entre um gole e outro de conhaque, ele refletia. Seu olhar estava fixado na bela jovem que valsava com o elegante cavalheiro, seu pai. Voltou-se então para o senador Vieira Saraiva, que fazia parte do grupo e declarou:

– Pretendo sim ter uma vida mais sossegada, sem mais os sobressaltos de outros tempos. Creio que mereço justamente por já ter vivido tantas aventuras, meu caro. Lídia, por certo, seguirá feliz com o noivo a quem tanto ama e que se fez digno de minha confiança. Meu futuro genro, mesmo jovem, tem se mostrado tão hábil nos negócios quanto eu e isso me deixa mais tranquilo em relação ao futuro dela.

E, para a surpresa de alguns, declarou:

– Não pretendo, de maneira nenhuma, terminar meus dias na solidão. Tenho pensado em casar-me novamente.

O avô de Lucy viu os olhares cobiçosos de Afonso em direção a ela. Conhecia-o havia algum tempo. Era bastante estrategista e conseguia, sem dificuldade, atingir tudo quanto se propusesse. Era uma qualidade que granjeava ao mesmo tempo, simpatia e temor. Até porque, até onde se sabia, Afonso não media esforços e se dispunha a tudo para chegar aonde queria.

Experiente, o senador percebia que era temerário contrariá-lo em seus interesses. Achou prudente silenciar e fingir que não percebera a indisfarçável atração do rico comerciante pela neta. Esse silêncio só foi quebrado quando alguém elogiou a beleza e a desenvoltura da jovem que, com toda certeza, já devia ter vários pretendentes à sua mão. O senador aproveitou a ocasião para esclarecer:

– Lucy e o pai estão de partida para a Inglaterra. Ficarão no Brasil apenas o tempo suficiente para Lester desfazer-se de alguns bens e, em seguida, ambos vão viver definitivamente em Londres. Tem ele a intenção de promover a união da filha com um membro da nobreza britânica.

Ficou evidente o olhar de espanto e desapontamento de Afonso Marçal. Já havia ouvido comentários sobre a intenção de Greegs em ir morar com a filha na Inglaterra, retorno este sempre adiado por diversas razões. Pela maneira firme com a qual o senador se pronunciara, desta vez era decisão tomada e prestes a ser executada.

O senador Vieira Saraiva logo se afastou em direção a outro grupo de amigos. E com Afonso ficou a estranha sensação de pesar pela possibilidade de não mais ver a bela jovem que continuava a atrair o seu olhar. Contudo, ficou também a estranha impressão de que nem tudo estava resolvido da maneira como parecia estar.

De longe, Afonso notou que Lucy se encaminhava em direção à mesa onde estavam sentadas as duas irmãs dos rapazes homenageados, todos filhos do senador Damasceno. Eram jovens como ela e logo iniciaram animada conversação. Não demorou, muito, porém, e ambas aceitaram os convites de seus pares para dançar. Por um instante, Lucy ficou a sós. Afonso Marçal pensou em se aproximar. "Seria apropriado?", indagou a si mesmo.

Enquanto seu pretendente hesitava em se dirigir ou não a ela, Lucy observava prazerosamente a festa sem imaginar que havia mentes formulando hipóteses para sua própria vida. Indiferente a isso, ela via o pai dançar com a mulher a quem ela tanto admirava: a condessa Valesca.

A filha de Greegs muito apreciava a companhia dela, mulher culta e refinada. Eram famosos os saraus promovidos por ela, que costumavam reunir a alta intelectualidade paulistana. A condessa a todos recebia, indistintamente, fossem quais fossem as opiniões políticas e religiosas que defendessem. Assim granjeara o respeito e a simpatia de muitos, ainda que outros tantos vissem com reservas sua forma independente de ser e de agir, julgando inapropriado a uma mulher escolher seus próprios caminhos, sem a companhia de um esposo.

Lucy tinha a condessa como um padrão a ser seguido e, embora não convivesse com ela tão seguidamente como gostaria, procurava imitá-la de alguma maneira, tornando-se também uma mulher culta e refinada.

Em meio a esses pensamentos, mal pôde notar a aproximação de um cavalheiro. Ainda distraída, demorou um pouco para perceber que se tratava de Hélio, um dos irmãos homenageados. Ele chegou vagarosamente. Ainda caminhava com dificuldade devido ao ferimento na perna quando estava em combate.

Somente quando viu que Hélio se colocara ao lado de Lucy é que Afonso desistiu da ideia de se aproximar. "Surgiria outra oportunidade", calculou ele, optando por ir ao encontro de outra companhia feminina.

Já o oficial, em traje de gala, finalmente conseguia conversar por alguns instantes com sua estimada amiga, a quem perguntava, sem muita cerimônia:

— É mesmo verdade que Mr. Greegs pretende cometer a maldade de nos privar de sua formosura, querida Lucy? Não consigo acreditar que isso seja verdade — rematou ele, com um sorriso.

— Sim, Hélio, é verdade que seguirei com meu pai para a Inglaterra ainda este ano — confirmou ela —; afinal, há quanto tempo estamos adiando isso!

Hélio a fitava. Sentia em suas palavras uma estranha impressão. Ao mesmo tempo em que ela parecia feliz com a decisão paterna de ir morar no exterior, deixava transparecer certa insegurança e inquietação, certamente por ter de deixar os amigos e recomeçar tudo em terra estranha. Ela prosseguiu:

— A minha avó Mary aguarda nosso regresso desde a morte de meu avô. Meu tio Oliver também conta com meu pai para auxiliar na administração dos negócios da família. Não há mais razão para permanecermos aqui. Além disso, meu pai também pensa em garantir meu futuro.

— Está bem! Sendo assim até posso desculpar Mr. Greegs por esta decisão! Certamente ele sabe o que é melhor para você — declarou Hélio segurando firmemente as mãos de Lucy e dizendo: — Neste caso, tristeza para os brasileiros, alegria para os cavalheiros ingleses, que poderão ter o prazer de desfrutar a presença da graciosa Lucy Greegs.

Os dois riam da conclusão divertida de Hélio quando todos foram chamados ao centro do salão para ouvirem a saudação do senador Damasceno, exultante pelo retorno de seus dois filhos que haviam participado da Guerra do Paraguai.

✳

Conforme dissera Lucy, não havia mais motivos para adiarem o regresso à Europa. Os meses que se seguiram foram de intenso trabalho para Lester, ultimando os preparativos para a viagem, venda de imóveis e outras transações. Na semana anterior à data marcada, o pai de Lucy apresentava-se visivelmente exausto. No entanto, alegava que somente iria descansar quando pudesse estar em sua propriedade rural no interior de Liverpool.

Já a filha havia pouco retornara de Ouro Preto onde tinha ido para se despedir dos avôs maternos. Aqueles seriam seus últimos dias na confortável residência em São Paulo, onde passara boa parte de sua infância e adolescência. Era preciso deixar tudo para trás e recomeçar uma nova etapa. Confiava plenamente no pai. Ele seria sempre o amigo com quem poderia contar em todas as ocasiões. Amava-o demais e o seguiria aonde quer que fosse. E era esse o sentimento que a encorajava em meio às incertezas do porvir.

Assim, na antevéspera da partida, ela cuidava pacientemente de arrumar sua bagagem. A casa já estava praticamente desocupada para os futuros moradores. Já era noite quando Lucy finalmente terminava de pôr em ordem sua bagagem pessoal, desfazendo-se de alguns objetos que não levaria consigo. De repente, um grito estarrecedor ouviu-se do térreo.

Lucy desceu rapidamente as escadas e encontrou a criada imóvel a chorar, na porta do gabinete de seu pai. Debruçado sobre os papéis da escrivaninha jazia o corpo de Lester Greegs, vitimado por um enfarto fulminante.

O DIAMANTE

Em uma tarde quente do verão de 1872 avistamos um menino negro, cerca de dez anos de idade, a correr apressado, subindo e descendo ladeiras, percorrendo as ruas de Guaratinguetá. Seu destino era a casa de Afonso Marçal. Assim que divisou a casa, guarnecida por um muro alto, começou a gritar para a criada, que varria os degraus da escadaria que conduzia ao interior da residência:

– Lina, o patrão já vai chegar... ele já está chegando!

– Sim, Neco! Já entendi! Pode parar com essa gritaria! Já está tudo pronto – respondeu ela diante da agitação do moleque.

A essa altura, também Lídia, filha de Afonso deixara de lado seus bordados e assomara à porta.

Ela, com os olhos muito claros, o rosto pálido, corpo esguio, já aguardava o retorno do pai, recentemente casado. Todavia, ele não havia dado a data certa de sua chegada.

Era uma tarde radiosa aquela em que o cocheiro finalmente alcançara o destino final, a porta de residência de Afonso Marçal. Desceria ele, bastante orgulhoso com sua bela esposa, que respondia com simpatia aos olhares curiosos. O casal era também acompanhado pela dama de companhia da jovem.

Lídia desceu a escada e logo abraçou o pai. Deteve-se diante da nova moradora da casa. "Sua beleza incomum ainda haveria de causar transtornos ao pai", avaliava ela. A fim de desfazer essa impressão, cumprimentou-a gentilmente dizendo:

– Seja bem-vinda, Lucy! Esteja à vontade para descansar da viagem! Acompanhe-me! Vou lhe mostrar a casa!

Afonso subiu os degraus rapidamente. Como era bom estar em casa outra vez! Foi logo em busca da bebida de sua preferência e se pôs a deliciá-la na poltrona da sala, onde pôde finalmente descansar o corpo.

Tinha no rosto a expressão do vitorioso! Exultava com o casamento! Havia sido tenaz, persistente, até convencer o senador Vieira Saraiva de que era o homem mais bem preparado para casar-se com sua estimada neta. Quantas artimanhas utilizara, quantos ardis! Mas, enfim, conseguira realizar seu ambicionado sonho de ter a bela Lucy Greegs a seu lado, partilhando seu leito.

E ali, na pequena e tranquila Guaratinguetá pretendia dar curso a uma vida sossegada, com a esposa, a filha e o genro, sem mais sobressaltos! Eram estes os planos de Afonso Marçal enquanto sorvia com gosto a bebida.

*

Os dias se sucediam marcados pela monotonia. Lucy, de início, portava-se como hóspede em sua própria casa, deixando as tarefas de cuidar do lar a cargo de Lídia. Na verdade, ela não se sentia como a senhora daquela morada. Tudo ali lhe parecia estranho: os cômodos muito rústicos, a decoração muito singela para o padrão de vida de um homem rico como Afonso, os hábitos das pessoas, seu comportamento, tudo tão diferente do que até então estava acostumada.

Na verdade, estava ainda atônita por tudo o que acontecera da maneira como acontecera. De uma hora para a outra, viu-se novamente em sua cidade natal. Não mais os castelos da velha Europa, não mais a residência confortável da família Greegs na Inglaterra. Tão logo soube da notícia do falecimento de Lester, seu irmão veio pessoalmente ao Brasil para tratar com o senador Vieira Saraiva. Queria voltar com Lucy, dando continuidade aos projetos do recém-falecido. Usou todos os argumentos possíveis, mas nada foi capaz de convencer o avô da jovem a mudar de planos.

Em seu testamento, Lester nomeou um curador de sua confiança para tomar conta dos bens da filha que os herdaria aos 21 anos, com a condição de já estar casada. Ele, dessa maneira, pensava em preservar a segurança financeira dela, confiante de que um marido teria mais condições de bem administrá-la.

Em vão, Oliver, o tio de Lucy, insistiu reiteradas vezes. O delicado estado de saúde da avó, que suplicava por sua permanência, também a fez mudar de ideia e não seguir com ele.

Todavia, jamais ela imaginou, em sua ingenuidade, que o avô pudesse usá-la como moeda de troca em seus acordos políticos, escolhendo cuidadosamente quem seria o parceiro a lhe dar mais vantagens ao desposar sua neta. Na visão dela, o mundo das mulheres era feito de sentimentos e emoções; e o dos homens, marcado pela ação e praticidade e eram eles que dominavam tudo.

Assim, mal pôde acreditar que o senador havia decidido concordar com a pretensão de Afonso Marçal, um homem de origens obscuras, cercado de lendas e mistérios que, no entanto, mostrou firmeza e persistência em de fato consorciar-se com ela.

Lucy mal podia disfarçar o desagrado que sua simples presença lhe causava. Nem de longe fazia lembrar os cavalheiros, galanteadores, cultos e refinados com quem sonhara. Nem mesmo sua aparência era atrativa aos olhos de uma mulher como ela. Quando conversavam, a filha de Lester perguntava a si mesma por que Afonso lançara os olhos sobre ela em lugar de se interessar por outras tantas que poderiam apreciar-lhe a companhia.

E era novamente com aquele olhar de cobiça e desejo que Afonso a observava, após o almoço, na varanda da casa em Guaratinguetá. Ficava a pensar o que ela encontrava de tão interessante nos inúmeros livros que trouxera. Eles compunham grande parte da bagagem. Havia exemplares em várias línguas. Ele se surpreendeu. Conhecera poucas mulheres com tanto gosto por assuntos tão diversos: botânica, astronomia, romances, poesias de inúmeros autores, nacionais e estrangeiros.

Era neles que a jovem buscava refúgio em muitos momentos. Amava estar também no pomar no fundo da casa,

VEREDAS DA PAZ

estudar as diferentes espécies de árvores frutíferas e pesquisar sobre a possibilidade de trazer outras.

De longe Afonso fitava Lucy. Como era bom tê-la ali, em sua casa, mesmo que isso não significasse o mesmo para ela. Sabia que era questão de tempo; afinal, as mulheres são seres dóceis que se "acostumam" com situações como essa. Pouco depois do almoço, ele saiu para tratar da administração de seus negócios. E mais uma vez deixou a bela esposa na companhia de Lídia e seus bordados.

Assim que ele saiu, Lucy foi rapidamente pegar folhas e o tinteiro para continuar uma tarefa com a qual se ocupava com gosto: ensinar a filha de Afonso a ler.

Ficara tristemente surpresa ao constatar que Lídia, uma jovem tão inteligente, era analfabeta porque o pai nunca havia julgado necessário e conveniente que ela estudasse, apesar de toda a vontade que ela manifestara em aprender.

Lucy pacientemente a ensinava, e ela acompanhava com gosto, mas pediu sigilo, pois temia a reação paterna.

Assim, as duas jovens passavam a tarde entretidas e construíam, pouco a pouco, uma relação cordial, de amizade e confiança.

No íntimo, Lídia compreendia o abatimento e o sofrimento íntimo daquela mulher que, em uma tarde quente de verão, viera a morar sob o mesmo teto que ela, dando cumprimento a um arranjo feito à sua revelia e sobre o qual ela não foi sequer consultada.

Pensava em sua própria história e como fora feliz ao poder casar com o homem a quem sempre amara, Sandro Carvalho, alguém em quem seu pai depositava enorme confiança. Regressaria ele dentro de alguns dias, segundo informara na última carta. Permanecera em São Paulo, a serviço, na empresa de exportação de café, da qual o sogro era proprietário. E Lídia não via a hora de abraçá-lo mais uma vez, saudosa pelo longo tempo de afastamento. Só por esse simples motivo já se julgava feliz. Ao contrário de Lucy, não se casara contra a vontade; conseguia viver bem com aquele que elegera como seu amor.

E foram as poesias de amor, declamadas com tanta sensibilidade que despertaram mais uma vez sua vontade de aprender a ler. Ela também queria recitar alguns daqueles belos versos, até mesmo, quem sabe, escrever alguns futuramente.

Assim, aos poucos, Lucy foi marcando o lugar com sua presença. Havia mudado a disposição de alguns móveis, trocado toalhas, tapetes e cortinas, tudo mais leve, delicado, refinado, conforme seu apurado gosto. Ao menos assim, mudando um pouco a aparência do local onde vivia, não se sentia estranha no próprio lar, pensava ela.

Afonso concordava e pagava os investimentos da esposa. A casa ia se modificando de tal forma que quando Sandro retornou mal a conheceu. Parecia estar na casa de algum cliente em São Paulo, foi sua impressão inicial. Tudo ficou mais leve, claro, arejado, perfumado, com delicioso aroma de flores frescas, trocadas regularmente.

Finalmente, chegara o momento tão aguardado por Lídia. Ela o abraçava carinhosamente, saudosa, feliz por vê-lo regressar bem e, ao que parecia, com notícias de promissoras transações com os clientes de seu pai. Sandro era um negociante hábil e astuto. Desde que começara a trabalhar com Afonso, mostrara grande aptidão e capacidade de contornar as situações mais difíceis com soluções criativas.

O recém-chegado retirava as roupas empoeiradas pela longa viagem e as lançava para Lina, a criada. Iria para o quarto, onde um agradável banho o esperava. Ao subir as escadas, deparou com uma mulher trajada com um vestido tão elegante, um tecido tão fino e ricamente adornado que, por breves instantes, pareceu a ele estar em uma dimensão diferente, de haver retornado aos luxuosos salões de festa da capital.

Sim, era Lucy, esposa de seu sogro, a jovem que conhecera na recepção oficial de noivado na casa do senador Vieira Saraiva. Contudo, a moça de olhar apagado e triste, agora se revelava aos seus olhos de maneira deslumbrante.

Lucy estacou ao ver o jovem cavalheiro nos primeiros degraus da escada a admirá-la. Lembrava-se vagamente de tê-lo visto naquele dia tão confuso para ela, um dia que, se pudesse, apagaria da memória. Tantas fisionomias desfilavam diante de si, todas indiferentes ao seu padecimento íntimo.

Sandro era um jovem bastante atraente e naquele momento ela pôde observar melhor seu porte altivo e elegante. A dona da casa, que até então falava em tom mais alto, de repente emudeceu, tomada de susto. Foi então que Lídia interveio:

— Algum problema com seu vestido, Lucy? Lina já vai ajudá-la.

— Sim — ela respondeu —, precisa de alguns ajustes. Vou esperá-la. Fico feliz que seu esposo tenha retornado bem da viagem.

– Boa tarde, senhora – cumprimentou ele com fidalguia –, fico também feliz em revê-la!

– Com licença, Lídia! Diga para Lina vir logo, por favor – determinou ela, retornando ao quarto.

Lídia subiu a escada e abraçou Sandro, informando-lhe que em breves dias casar-se-ia a filha de um rico fazendeiro de café da região e eles haviam sido convidados. Por essa razão, Lucy se preparava para o evento. Já Afonso não tardaria a regressar para se pôr a par das boas notícias trazidas pelo genro.

✳

O dia marcado para as bodas foi de grandes festejos e promoveu integração de distintas famílias da região. Aos poucos, a senhora Afonso Marçal revia antigas companheiras de infância e amigos de sua família, muito dos quais haviam privado da amizade de seus pais.

Ao tornar a ver as paisagens que tanto havia marcado sua meninice, ela mal pôde conter as lágrimas. Porém, era dia de festa e, ao chegar à sede da fazenda onde ocorreria a celebração do casamento seguida de grande comemoração, a esposa de Afonso foi controlando suas emoções, sem dar mostras aos demais convidados do quanto aquele lugar a deixava saudosa. Lembrou-se, por exemplo, das recomendações de sua mãe para que ela e a filha do dono da fazenda não exagerassem ao comer jabuticabas, recomendação essa quase sempre desobedecida pelas duas meninas que se demoravam a saborear os frutos da frondosa árvore.

A antiga propriedade de sua família ficava próxima dali. Uma parte dela podia ser vista do ponto mais alto do pomar. Foi para lá que Lucy se dirigiu, a sós, num momento raro, em que deixava de ser o alvo da atenção dos presentes. Era uma das mulheres mais exuberantes da festa e, como se isso não bastasse, a convite da amiga, recitou lindos versos de amor aos noivos, causando profunda emoção em todos os que a ouviam, ao demonstrar profunda sensibilidade ao declamá-los.

Em dado momento, contudo, sentiu necessidade de se afastar do olhar sempre atento e vigilante do esposo, da curiosidade dos presentes e foi buscar a companhia das pequenas aves que cantavam, animadamente, ao retornarem para seus ninhos, no fim da tarde. O sol já se despedia, mas Lucy conseguia ainda ver ao longe os campos verdejantes nos quais cavalgava em companhia do pai, nos tempos mais felizes de sua vida.

Ainda imersa em uma época que não mais voltaria, ouviu, atrás de si, uma voz masculina a trazê-la de volta ao presente:

– O agradável aroma deste pomar certamente lhe traz preciosas recordações, Lucy!

Quando ela se virou, deparou com Sandro. Estranhou o fato de ele estar sozinho. Quase sempre se fazia acompanhar por Lídia. Foram escassos os momentos em que puderam conversar em particular, mesmo morando na mesma casa.

– Todos precisam de alguns instantes a sós consigo mesmos, não é verdade? – redarguiu ela. – Você tem razão! Este lugar me traz preciosas recordações. Minha vida passou por tantas transformações nesses últimos tempos, tudo tão diferente do que a menina que cavalgava livremente por aquelas terras planejou para si. Ainda não consigo saber ao certo se essas mudanças serão ou não boas para mim. Apenas tento conviver com elas da maneira que posso.

– Noto que você é muito hábil em lidar com Afonso, apesar de conhecê-lo há pouco tempo. Ele procura satisfazer todas as suas vontades. É um homem apaixonado. Se você souber agir, conseguirá tirar partido disso. Não se deixe dominar por ele. Afonso é homem perspicaz e sabe conseguir tudo o que quer. Certamente você não conhece sua história, tudo o que o envolve.

Lucy estava visivelmente interessada na conversa de Sandro. Tudo fazia crer que ele tivesse informações preciosas sobre Marçal, alguém que falava muito pouco de si mesmo, que se comportava com reservas em relação a ela. O rapaz tinha razão. Ela havia casado com um desconhecido e que permanecia como um desconhecido.

No entanto, apesar da curiosidade, percebeu que não era o momento mais adequado para ouvir as revelações de Sandro. Alguém poderia vê-los e fazer juízos precipitados. Então, ambos julgaram por bem voltar à festa, adiando a conversa para outra ocasião.

Isso se deu dias depois quando, ao sair da missa, Lucy percebeu a visível contrariedade que Afonso esboçou ao perceber próximo à Igreja Matriz um andarilho a fitá-lo de longe. Entrou rapidamente no carro que o aguardava, puxando firmemente o braço de Lucy, que ficara a olhar o andarilho misterioso sem, contudo, conseguir identificá-lo.

Naquela mesma noite, após o jantar, ela foi procurar Sandro e o encontrou na varanda do andar superior. Em seu gabinete, Afonso atendia um comerciante e a conversa seria bastante demorada. Lídia estava em visita a uma amiga adoentada.

Sem mais demora, perguntou a ele quem era o tal homem cuja simples presença havia provocado tamanha irritação em

Afonso. Por que, afinal, uma pessoa da posição dele ficaria tão incomodada com um indivíduo que parecia ser quase um mendigo?

– Aquele homem, Lucy, em outros tempos foi alguém com poderes fora do comum. Conheceu Afonso em Diamantina, cidade onde ele nasceu e onde viveram seus antepassados.

– Sim, eu sei. Muito de sua fortuna vem da época em que sua família enriqueceu com a exploração de ouro e pedras preciosas, estas que ele ainda negocia até hoje. São joias de altíssimo valor.

– Ele a tem presenteado com algumas delas – afirmou Sandro.

– São belíssimas peças, de esmeraldas, rubis e diamantes.

– O maior deles continua zelosamente oculto aos olhares mais curiosos. É um diamante raro, de elevado valor. Pelo seu brilho, seu tamanho, sua pureza, chamam-no de diamante imperial. Foi descoberto há quase cento e cinquenta anos, em uma mina em Diamantina. Era tão valioso que o avô e o pai de Afonso esconderam-no por muitos anos e jamais revelaram o seu esconderijo.

– Então o tal diamante existe mesmo? As pessoas falam disso de uma maneira tão estranha, como se não soubessem se é mesmo verdade ou se é uma lenda.

– É proposital, Lucy. Afonso confunde a todos porque acha mais seguro que fiquem em dúvida se ele existe ou não.

– Você já o viu?

– O diamante imperial marcou minha infância. Foi meu pai quem o lapidou, num trabalho cuidadoso e sigiloso, que lhe exigiu toda a habilidade. Seu brilho quase cega quem o contempla. Ele é fascinante!

A esse ponto da conversa, Lucy permanecia sem saber qual a relação do andarilho e seus poderes com Afonso e seu precioso diamante. Foi então que Sandro esclareceu:

– Os parentes de seu marido foram brutalmente assassinados. O próprio Afonso teve de sair da cidade levando consigo parte da riqueza que amealhara; também ele corria risco de morrer. Perambulou por várias cidades sem se fixar em nenhuma, até conhecer a mãe de Lídia em Barbacena. Então, decidiu se estabelecer por lá, até que finalmente encontrou o tal homem misterioso.

Enfim, Sandro chegara exatamente onde Lucy, movida pela curiosidade, queria:

– Naquela época, ele era um vidente, um curandeiro, segundo se dizia. Tinha a habilidade de, em transe, fazer revelações às pessoas e até descobrir doenças que nem tinham aparecido. Foi ele que um dia, por informação dos próprios parentes mortos, obteve a revelação de onde estava o diamante. Afonso foi até a gruta onde ele estava escondido e o tomou para si. No entanto, o vidente fez uma advertência a Afonso.

– Que advertência? – indagou Lucy interessada.

– Os parentes que revelaram o local exato disseram que assim agiram porque não estavam encontrando paz no mundo invisível. Que Afonso usasse o diamante não para si, em proveito próprio, mas que se desfizesse dele e usasse o dinheiro em benefício de asilos ou orfanatos. Caso contrário, se ele nada fizesse em proveito de outrem, seria vítima de enorme infelicidade. Talvez você ainda não tenha notado, mas vez ou outra Lídia lembra-o desse compromisso, que ele insiste em ignorar.

Lucy fitava Sandro com uma fisionomia de espanto por tudo o que tinha ouvido. Certamente foi por essa razão que Afonso se sentiu tão incomodado ao ver o andarilho. De alguma maneira, recordou-se de um compromisso que até agora não havia cumprido. Tornara-se ele o guardião do diamante imperial. A joia preciosa exercia sobre ele tamanho fascínio e despertava sua ânsia de poder e sua vaidade. Nada de produtivo viera de sua aquisição. A fortuna adquirida por Afonso ao longo dos anos servira apenas para o exercício de suas extravagâncias e paixões. Até mesmo ela, Lucy, havia sido cobiçada e negociada pelo poderoso possuidor do diamante.

Ela foi informada ainda de que o vidente, com o tempo e, segundo se dizia, por empregar mal suas aptidões apenas para satisfazer a curiosidade alheia, acabou mergulhando em uma vida cheia de amarguras e havia muito tempo rondava várias cidades sem paradeiro fixo. Talvez naquele preciso instante já nem se encontrasse mais em Guaratinguetá.

"Todavia", concluía Lucy, "ainda que, por breves instantes, sua presença servira para trazer certa inquietação a Afonso, uma sensação penosa que acompanha aqueles que não estão em paz com a própria consciência."

Quando ela percebeu que o visitante se despedia do esposo, voltou rapidamente para a sala onde estava anteriormente, encerrando a esclarecedora conversa com Sandro. Outra indagação a perturbava agora: quem seria o jovem rapaz, genro de Afonso? Seria mesmo alguém digno de sua confiança? Que planos ocultos traria consigo? Seria verdadeiro seu afeto por Lídia ou apenas aparente?

Lucy percebia o quanto deveria ser observadora e cautelosa ao se mover entre pessoas tão envoltas em mistérios e interesses ocultos que deveriam ser desvendados pouco a pouco, com muita habilidade.

Entre dois caminhos

Em sua pequena oficina improvisada, o marceneiro dava os últimos entalhes em mais um berço, peça singela, mas que muito serviria para mais um recém-nascido encaminhado para as mãos bondosas de Amélia. Ela, com sua abnegação e dedicação ao próximo cativara a vontade do então andarilho em se pôr a seu serviço.

Ali finalmente Siron usava sua mediunidade em benefício de outras pessoas, desinteressadamente, com o simples propósito de ajudar. Na pequena granja mantida por Amélia e pequeno grupo de senhoras eram abrigados muitos filhos de escravas que, por determinação da Lei do Ventre Livre, não podiam mais ser cativos. Assim, muitos fazendeiros os deixavam à própria sorte, e crianças abandonadas passaram a formar grande contingente. Tal situação inspirou a compaixão de espíritos de escol, como a carioca Anália Franco que, buscando o apoio de muitas fazendeiras do interior de São Paulo, sugeriu iniciativas como aquela.

Amélia era uma fazendeira da região que enviuvara havia pouco tempo. Apesar de não herdar grande fortuna decidiu, contudo, dedicar-se ao atendimento das crianças negras abandonadas e pôs em prática uma ideia que sempre havia levado ao marido, mas que sempre havia sido sistematicamente rejeitada: entrar em entendimento com a proprietária daquela granja, a Peruíbe, que tinha alguns prédios de alvenaria abandonados. Eram prédios antigos que haviam servido de pousada para tropeiros e havia muito já não eram mais utilizados. Além disso, havia quantidade suficiente de terras para fazer horta e pomar. Para quem não tinha um teto, tal construção, com alguns reparos, poderia servir e muito bem, imaginava Amélia.

Assim, tão logo tomou posse de seus bens, e inspirada pelo mesmo ideal de Anália Franco, entrou em contato com a proprietária das terras da Peruíbe. Para sua surpresa, ela não só concordou com o aproveitamento dos prédios como também passou a cooperar com soma considerável para a manutenção das atividades que ali viessem a ser desenvolvidas.

Foi dessa maneira que o que parecia ser apenas um sonho distante na mente de Amélia, acabou por tornar-se realidade com a colaboração decisiva da dona das terras e de outras voluntárias operosas.

Já fazia alguns meses que o hábil marceneiro estava a colaborar com seus conhecimentos. Enquanto ele terminava os entalhes do berço, era observado por Neco, um dos negrinhos que haviam sido abrigados ali. Crescera com as outras crianças e agora, aos nove anos de idade, ajudava a mãe, doceira, a vender seus produtos na cidade. Mas o menino era curioso, gostava de aprender e aprendia rápido. Siron, por sua vez, tinha gosto em ensinar. Todavia, faltavam-lhe alguns instrumentos e apetrechos necessários para desenvolver melhor sua habilidade.

Amélia aprendera a contar com seu auxílio também para socorrer alguma criança adoentada. "Siron tem uma aptidão abençoada", dizia ela. Ele podia constatar o mal que abatera o enfermo e buscar soluções para suas curas. Suas intuições exatas muito contribuíam para a pronta recuperação de muitos deles, crianças que retribuíam seus cuidados com muito carinho.

Então, ele colocava os mais crescidos para ajudá-lo a cuidar da horta e das plantações, uma tarefa que eles faziam com alegria. Era difícil vê-lo sem estar na companhia de alguma dessas crianças.

Siron, sob assistência de Neco, dava o acabamento ao berço. Assobiava uma conhecida cantiga. Sua alma estava alegre. Havia superado maus momentos. Quantos equivocados caminhos havia trilhado até chegar ali, naquele recanto tranquilo, modesto, onde se trabalhava com amor e respeito ao próximo.

Ele agora, aos cinquenta anos, pele crestada pelo sol, fios de cabelo embranquecidos, tinha um brilho de alegria em seu olhar ao saber que acertara ao viver com modéstia e simplicidade, não mais colocando suas aptidões mediúnicas a serviço de interesses puramente materiais, como havia feito por tanto tempo. Tantos enganos cometeu servindo a pessoas inescrupulosas em troca de favores duvidosos que quase perdera a assistência de seus valorosos amigos espirituais. Percebeu-se, então, envolvido pelas perniciosas energias que emanam de entidades das trevas. Já não tinha mais paz, passou a ter um comportamento vicioso, comprometendo a saúde. Em pouco tempo, perdera os bens que conquistara ao pretender viver apenas dos rendimentos obtidos por meio de seus dons mediúnicos.

Acreditava que teria encontrado a morte em terríveis circunstâncias não fosse a confiança que Amélia, mulher franzina, de baixa estatura, já sexagenária, mas resoluta e de vontade férrea, nele depositou.

Havia algumas semanas ele tinha ido a Guaratinguetá para comprar mais material para sua pequena oficina e fazer mais alguns serviços a pedido dela. Ficou surpreso ao reencontrar Afonso Marçal, acompanhado por belíssima jovem que, mais tarde, veio a saber, tratava-se de sua esposa. Não imaginava vê-lo em cidade do interior sendo pessoa de tão elevada posse. Por certo, calculava, queria mesmo ser esquecido, ter vida discreta, sossegada ao lado daquela que deveria ser o seu mimo predileto.

Enquanto Siron viajava em pensamento, o pequeno Neco observava o movimento das mãos firmes e habilidosas do marceneiro dando forma final à peça. De repente, ele para, como se já não estivesse mais ali. Seu olhar fixa em um ponto distante, como a pressentir algo. Neco, já acostumado, não estranha. Permanece onde está. A qualquer momento viria a saber o porquê do acontecido.

– Dona Amélia espera por alguém, Neco?

– Que eu saiba não, senhor!

– Alguém se aproxima, Neco! Um pequeno veículo a caminho daqui! Quem será que vem até nós?

VEREDAS DA PAZ

✳

Acomodadas em pequena charrete, duas jovens, dispensando o condutor, seguiam pela empoeirada estrada que liga Guaratinguetá ao vizinho município de Lorena. As duas jovens, com lenços na cabeça e trajes simples, seguiam levando mantimentos à granja Peruíbe. Ao se aproximarem das terras pertencentes a esta propriedade, a condutora, Lídia Marçal, comentou com sua assustada acompanhante:

— Você conhece a proprietária destas terras, Lucy! É a condessa Valesca!

— Sim eu a conheço. Mas por favor, Lídia, estou até agora sem entender por que você nos faz percorrer esta distância toda. Aonde vamos, afinal? Como pude concordar em vir com você sem saber do que se trata? E agora estou ainda mais curiosa! O que tem uma mulher refinada como a condessa Valesca a ver com algo que esteja acontecendo nestes rincões longínquos?

Lídia apenas ria, deixando a outra ainda mais contrafeita. Saindo da estrada principal e rumando por caminho mais estreito e sinuoso, ela apenas respondeu:

— Você logo saberá, senhora Marçal, você logo entenderá por que eu a fiz deixar seus tecidos, vestidos e perfumes caros e vir para cá comigo. Confie em mim.

Com efeito, Lídia, jovem que sempre se caracterizou por vida austera, hábitos simples e discretos, havia muito estava impaciente com as exigências descabidas de Lucy. A seu ver, ela se ocupava em demasia com frivolidades. Em tudo via motivo de insatisfação, aborrecia-se à menor contrariedade. Tantas vezes

Lídia se perguntava como o pai era capaz de suportar o gênio instável da esposa, sempre a se comportar como a princesa de um castelo, tendo de ter todas as suas extravagâncias atendidas. Estava ela a promover discussões com Afonso porque esse se negava a autorizá-la a viajar para Ouro Preto onde pretendia retribuir a visita dos avós, o senador Vieira Saraiva e esposa. O pai de Lídia argumentava que queria ir junto, não julgava seguro deixá-la ir sozinha. Seria preciso, contudo, esperá-lo voltar de viagem à capital paulista. Lucy, no entanto, insistia, e a discussão que já durava dias aborreceu Lídia.

Naquela tarde, ao vê-la se lamuriar sobre o piano, disse com firmeza e com um tom autoritário, que a sofrida jovem não ousou desobedecer:

– Lucy, vista este vestido – e estendeu a ela uma peça extremamente simples.

– Você pensa mesmo que vou vestir isso? – perguntou ela, olhando com desprezo para a vestimenta. – Acaso vamos a alguma festa caipira?

– Lucy, venha comigo! – tornou ela em tom imperioso. – Hoje você vai saber o que é dor, sofrimento e abandono, vai sair deste palácio de cristal que só existe em sua imaginação e vai ver a dura realidade! E não ouse me dizer que não! Estou à sua espera!

Lucy, entre espantada e curiosa, terminou por vestir o que ela chamou de andrajo e seguiu com Lídia. E depois de vencer o longo percurso, avistava agora a casa simples, localizada em um ambiente limpo e arejado.

Algumas crianças negras corriam em torno do pequeno veículo, saudando com sorrisos a chegada de Lídia.

Com a ajuda dos maiores, logo os mantimentos já eram levados para o interior da casa principal. Lucy ainda não descera do veículo. Estava surpresa com a movimentação. Indagou a Lídia:

– Que lugar é este? Onde estamos?

– Este é, a meu ver, um dos lugares mais bonitos de nossa região! É a granja Peruíbe! Venha, vou lhe apresentar a senhora que cuida com muito carinho de tudo! Ela vai lhe explicar melhor!

Lucy deteve-se. Ao descer do veículo, mais uma vez deparou com o mesmo homem que vira ao sair da missa dias antes com o esposo. Era ele, sem dúvida! Seu rosto marcante era inconfundível.

De sua parte, ele também a reconhecera. Embora disfarçada em trajes mais simples, era a mesma jovem de porte altivo e figura imponente. Não sabia seu nome, mas era, sem dúvida, a senhora Afonso Marçal. "O que a traria ali?", indagou a si mesmo.

Lucy ainda o olhava fixamente e perguntou:

– Quem é aquele homem, Lídia? O que ele faz aqui?

– Não o conheço bem. Sei apenas que é Siron, o marceneiro.

De longe, da porta da oficina, ele as cumprimentou inclinando a cabeça.

Lucy agora acompanhava Lídia que entrava na modesta casa, saudada pelos seus moradores.

Amélia as aguardava na sala principal, com seu largo sorriso. Logo estava sendo servido um chá às duas visitantes.

A filha de Lester Greegs apenas observava calada a conversa. Via-se em curiosa situação. Ela, que havia sido educada nos finos moldes da melhor educação inglesa, estava naquele momento sentada em uma sala de móveis rústicos, tomando um chá em uma humilde xícara de cerâmica e não de fina porcelana.

Ela, vestida em trajes de humilde camponesa, sorvendo um saboroso chá elaborado com as bem cuidadas ervas da granja. Por um instante imaginou o que pensaria seu pai ao vê-la em tão inusitada situação. Certamente o distinto cavalheiro inglês desaprovaria, imaginava ela.

E a movimentação das mães e ajudantes de Amélia em torno das crianças! Eram desde recém-nascidas até crianças de doze anos. Todos filhos de escravos que não eram mais aceitos nas fazendas por não mais poderem ser escravizados. Simplesmente jogados no mundo.

Da horta vinham legumes frescos para fazer as refeições. O agradável aroma invadiu a sala e trouxe a Lucy as recordações dos dias felizes da infância vividos na fazenda ao lado dos pais. Por vezes, custava-lhe crer que havia sido privada da companhia materna tão cedo e que já não tinha mais perto de si a presença sempre firme e amorosa do altivo Lester Greegs, subitamente arrebatado de seu convívio no justo momento em que se decidira a mudar em definitivo para a Inglaterra.

Só então, voltando de seus devaneios, ela percebeu que ainda não havia descoberto o motivo de sua presença ali, naquele local tão estranho segundo seus padrões. Quando viu, Lídia tinha no colo uma criança de meses, a qual acarinhava suavemente.

Só então ela fez a Amélia a revelação da qual Lucy já suspeitava:

– Também serei mãe – disse ela com brilho especial nos olhos. – Sandro ainda não sabe. Quando regressar, vou lhe dar a boa notícia.

Amélia ficou exultante. Lucy já sabia do desejo da amiga em ser mãe. No entanto, também era de seu conhecimento o fato de que a paternidade não estava nos planos de Sandro e ele talvez não ficasse tão feliz com a notícia da maneira como ela imaginava. Pelo tempo que já conviviam, a esposa de Afonso pôde constatar o quanto Lídia se fazia merecedora de um marido que a amasse realmente. E este, tinha certeza, não era o caso de Sandro Carvalho, homem de obscuros interesses em relação à família Marçal. No entanto, Lucy não podia ainda avaliar se ela, como esposa, tinha consciência disso ou aparentava não ter para, talvez, sofrer menos.

A boa notícia ainda estava sendo comentada quando Siron, no batente da porta, perguntou onde o móvel deveria ser colocado e apontou para um berço vazio, carregado por seus dois auxiliares.

Ao verem o berço vazio, curiosamente as três mulheres pareceram ter uma penosa impressão, a se retratar no modo como se olharam. Para desfazer a má impressão, Amélia foi logo apontando o quarto para onde o móvel deveria ser levado.

A seguir, a conversa mudou para outros assuntos. Logo Lídia caminhava com Lucy para o pomar, o lugar reservado à pequena criação de animais e à horta e algumas plantações. Só então esta última indagou:

– Por que você me trouxe até aqui?

– Por que você tem muita influência sobre meu pai. Ele não sabe lhe negar nada. Há muitos anos venho insistindo para que ele invista em atividades como esta. Também é tarefa dele. No entanto, por mais que eu argumente, ele se nega reiteradamente.

Lídia não obteve resposta. Prosseguiu então:

– Veja o quanto eles já conseguiram obter com seu trabalho e dedicação. Mas veja o quanto ainda falta. Lá no fundo há galpões abandonados que também poderiam ser úteis, mas estão em péssimas condições.

– Mas o que vocês pretendem, afinal? Ainda assim, com tudo isso, por muitos anos se verão os filhos de escravas rejeitados pelos patrões a vagar por este mundo.

– Você tem razão, Lucy – tornou Lídia, com firmeza –, mas o que pudermos fazer para minorar este drama do qual estas crianças não têm culpa alguma, penso que devemos fazer.

– Ainda não entendi de que maneira uma dama da corte como a condessa Valesca pode estar ligada a um empreendimento como este!

Para Lucy, ainda prevalecia a imagem da mulher vaidosa e exuberante das festas na capital, a figura que emprestava charme e elegância a todos os eventos a que comparecia, a dama culta e refinada, que promovia bem comentadas recepções e saraus em sua luxuosa residência. Era difícil compreender como uma pessoa como ela poderia se interessar pelo drama vivido por aquelas crianças.

Lídia resolveu, então, solicitar a Amélia que explicasse como se deu o envolvimento da nobre viúva paulista com o trabalho ali realizado.

– Na mesma semana que escrevi para a condessa contando a respeito das edificações abandonadas em terras de sua propriedade, ela me disse haver recebido uma comunicação de um espírito a orientá-la a auxiliar a organização de uma casa de amparo às crianças abandonadas. Você deve saber que a condessa é espírita e há muito tempo promove reuniões mediúnicas em sua casa. Por meio dos médiuns tem recebido inúmeras mensagens, inclusive de sua mãe, Lucy. Foi ela o espírito que se comunicou na mesma semana em que eu a procurei.

Lucy ouviu a revelação com espanto.

– Nunca soube de nada disso...

– Seu pai chegou a ter em mãos algumas comunicações de sua falecida esposa.

– Papai nunca me falou nada a respeito – declarou ela com lágrimas nos olhos, a recordar a figura da amada mãezinha, com seu olhar doce e amável, sempre tão atenta e dedicada.

– A meu ver – explicou Amélia –, seu pai não teve o tempo que imaginava ter para lhe contar. Bem, minha querida, o fato é que eu também já era adepta da doutrina de Kardec quando falei com a condessa Valesca. A partir daí, regularmente fazemos reuniões de preces e estudos aqui mesmo na granja. Formamos um grupo pequeno, mas ativo de profitentes. Desde que Siron começou a participar, tem captado, por meio da sua vidência, a presença sempre inspiradora de Cecília Greegs entre nós. Foi dessa maneira, por meio de laços invisíveis, que nem supúnhamos existir, que ocorreu e ocorre ainda a ligação da condessa Valesca com nosso trabalho.

Lucy estava emudecida. Não sabia o que pensar a respeito do que estava ouvindo. Seria mesmo possível a comunicação entre os vivos e aqueles que já haviam partido? E que homem estranho era aquele que a olhava de maneira diferente como se visse coisas que mais ninguém via?

Afinal, decidira ela que era hora de retornar e se pôs a caminho da charrete para seguir viagem com Lídia. Com efeito, era bom que as duas não se demorassem muito. No horizonte, nuvens escuras anunciavam possível temporal.

Quando ambas já se encontravam de partida, mais uma vez Siron se aproximou e, olhando Lucy, declarou:

— Procure pensar bem em tudo o que viu e ouviu aqui hoje, senhora Marçal. Lembre-se de que a vida prossegue após a morte daqueles a quem amamos. Assim, a senhora terá coragem para enfrentar momentos tristes.

Naquele instante, o médium apenas obedecia à intuição transmitida pelo espírito de Cecília Greegs. Era sua maneira de preparar a filha para a notícia que ela receberia no dia seguinte. Sua avó havia falecido em Ouro Preto.

✳

Já havia passado cerca de quinze dias do desenlace carnal de sua avó. Naquela manhã, Lucy mais uma vez acordara sobressaltada. Outro sonho com sua mãe, Cecília, a aconselhá-la a sempre buscar o entendimento e a manter o diálogo com Afonso. "São os homens que tomam as decisões mais importantes", afirmava ela. "Cabe às mulheres ter o equilíbrio, a inteligência e a firmeza necessária para bem influenciá-las."

A chuva forte caía sobre a cidade de Guaratinguetá quando Lucy se ergueu do leito, mais cedo do que de costume. Sentou-se à frente da penteadeira, a arrumar os longos cabelos negros. Enquanto se olhava no espelho, meditava sobre o quanto amaria ter a presença física da mãezinha ao seu lado para melhor orientá-la. E não deixava de se perguntar: "Seria mesmo possível aos mortos entrarem em contato conosco e seguirem a nos transmitir seu afeto e suas ponderações?".

Lucy até podia entender a preocupação materna em, do mundo invisível, aproximar-se dela. Havia dias não falava com o esposo. Por sua vontade sairia o quanto antes daquela casa. Sentia tanta saudade dos tempos em que vivia em São Paulo, dos lugares, das pessoas que a cercavam! De uma hora para a outra se vira envolvida em um casamento, um arranjo do qual o coração não tomara parte alguma. Por certo, ela tinha um esposo apaixonado, pronto a concordar com seus mais inusitados desejos. Até então, ela havia aprendido a se aproveitar disso da maneira mais vantajosa possível. Todavia, ultimamente andava cheia de ressentimento em relação a ele. Culpava-o por ter se negado a permitir a sua viagem impedindo-a de visitar a avó em Ouro Preto a tempo de ainda se despedir dela, figura a quem tanto estimava. Mal havia conseguido chegar com ele a tempo de participar das cerimônias fúnebres. Conversou com o avô, senador Vieira Saraiva, profundamente abatido pela dor de perder a esposa. A neta ainda permaneceu com ele por mais alguns dias, preocupada com o estado de desânimo que o dominava. Até então, passara a sentir certa aversão pelo avô desde que a constrangera a aceitar o pedido de casamento de Afonso. Contudo, aquele senhor entristecido pela partida de sua companheira de tantos anos, em nada lembrava o homem arrogante e impositivo de outros tempos. Assim, ela decidiu lhe fazer companhia por mais alguns dias até que Afonso viesse novamente a seu encontro.

Naquela manhã, ainda em seu quarto, Lucy abria as cortinas e via, através da vidraça, a chuva forte a encharcar o pomar. Voltou-se e olhou para o leito vazio. O esposo mais uma vez se ausentava em viagem. E o pensamento tornou a vagar: por que os homens podiam usufruir de tanta liberdade, indo e vindo à vontade e às mulheres tudo era tão vigiado? Quanta falta de liberdade! Por que era imposta a elas a rotina repetitiva e monótona dos mesmos afazeres domésticos?

Ainda era cedo e já se ouvia a movimentação das escravas na cozinha. Estranhamente, por vezes, sentia-se tão cativa quanto elas. Se ao menos pudesse amar o esposo como acontecia a Lídia. Mas não era assim. O tempo passava e ela apenas havia aprendido a tolerar Afonso Marçal, nada mais.

Após alguns instantes, ela decidiu descer para o desjejum, na companhia de Lídia. Esta, sempre muito sensível, logo percebeu a inquietação que se manifestava no mundo íntimo da esposa de seu pai. Respeitou seu silêncio. Em sua convivência com Lucy, já havia aprendido que era a forma mais correta de proceder. Assim que terminou o desjejum, a futura mamãe dirigiu-se à sala para continuar a confecção do enxoval do bebê.

Ao ver a disposição de Lídia a cantarolar uma suave melodia, Lucy também passou a executar alguns trabalhos manuais. No entanto, como sempre, não conseguia deixar de admirar a destreza da filha de Afonso com a agulha de crochê. De seus hábeis dedos saíam formosas peças. Com quem ela teria aprendido? Certamente com a mãe. Foi esta a dedução que expôs a Lídia. Esta, sem largar seu trabalho, esclareceu:

— Então você imagina que fui criada pela minha mãe, Lucy?

— Bem, Afonso nunca me falou muito a respeito dela. Aliás, nem você mesmo me fala. Às vezes, penso que talvez você julgue que eu vou ficar aborrecida e por esse motivo evita falar nela.

Mas está enganada. Entendo perfeitamente o carinho que sentimos por nossa mãe, o qual sempre carregamos conosco. Hoje mesmo sonhei com a minha! Senti-me tão confortada ao saber que ela ainda vela por mim!

Subitamente, Lídia parou seu trabalho. Ainda com os olhos baixos, falou emocionada:

– Eu não conheci minha mãe, Lucy! Nunca soube quem ela é!

– Como assim? Vocês não viviam todos em Barbacena?

– É natural que você tenha sido levada a pensar assim. Foi mesmo em Barbacena que meus pais se conheceram e foi onde eu nasci. Na verdade, eu fui praticamente raptada por meu pai quando ainda era um bebê, retirada dos braços de minha mãe, a quem eu nunca mais vi.

A revelação deixou Lucy emudecida. Lídia, aos poucos, refazia-se da emoção. Em seguida, continuou:

– Assim que meu pai soube a localização exata do tal diamante que passou tantos anos oculto por nossos antepassados, ele deixou a cidade, levando-me com ele. Passamos muito tempo de nossa vida nos mudando constantemente, tudo porque meu pai via perigo e ameaças em toda parte. Ele sempre foi obcecado pela tal joia que é, sem dúvida, muito valiosa. Parece que a seu ver, a preocupação com a segurança foi mais importante que preservar meu vínculo com minha mãe.

– Você nunca procurou por ela, Lídia?

– Não, Lucy. Meu pai nunca permitiu, nunca achou necessário. A seu ver, ele me oferecia tudo de que eu precisava. Não fossem as criadas a zelar por mim, talvez nem tivesse sobrevivido.

Fez-se uma pausa. Lucy pensava no imenso ressentimento que a filha guardara em relação ao pai por todos esses anos. Por que privá-la de maneira tão brutal da companhia materna? Sabia que até hoje ele guardava muito bem o diamante imperial, transformado em maravilhoso brilhante após a lapidação. Nem mesmo ela o havia visto. Foi então que Lucy indagou:

– Essa atitude de Afonso deve ter lhe inspirado muita mágoa por ele, não é verdade?

– Lucy, eu tenho sido testemunha de muito do que acontece na vida dele. Com o tempo aprendi a entender que não devo julgá-lo. Ele pode ter cometido exageros, mas sei que de fato me ama e sempre se importou comigo. Temos sido o apoio um do outro nos momentos mais críticos. Cresci sem minha mãe. Você teve a sua até os doze anos de idade. Mesmo assim, tanto eu como você temos certeza de que elas continuam a nos amar.

– Como você sabe que sua mãe já não está mais viva? – perguntou curiosa.

– Siron a conheceu. Ele me disse que minha mãe faleceu poucos meses depois de minha partida, vitimada pela varíola. Veja você, o que teria sido de mim se meu pai tivesse me deixado com ela. Também já conversou algumas vezes com ela, por meio de sua mediunidade.

– E você acredita que isso seja mesmo possível?

– Aprendi a confiar em Siron. Ele me contou tudo pelo que passou até entender bem a faculdade que possui e como utilizá-la, não para satisfazer a interesses pessoais e sim ao bem do próximo. É isso que eu gostaria que meu pai entendesse e foi por essa razão que pedi sua ajuda, Lucy. Ele é um homem afortunado;

no entanto, guarda tudo para si. Deve aprender a compartilhar mais ou sua riqueza será sua ruína.

– Não fale assim, Lídia! Dessa maneira você me assusta!

– É verdade, Lucy! Foi o que disseram as "almas do outro mundo", como você fala! Elas o alertaram para que não conserve consigo o diamante, mas que o transforme em algo produtivo para os demais. Contudo, por mais que eu insista, ele não me atende. Quantas benfeitorias poderiam ser realizadas na granja Peruíbe, por exemplo, você mesma viu!

– Sim eu vi – tornou Lucy, fitando Lídia –, vi e não gostei nada daquele lugar! Nunca mais me leve lá! Não gosto de ver pobreza e sofrimento e nada posso fazer por aquelas pessoas – concluiu com ar zangado.

Mal Lucy acabara de pronunciar essas palavras e Lina, a criada, assomou à sala com uma expressão de espanto:

– Sinhá, a vizinha, dona Norma pede que a senhora vá ver a filhinha dela, que está mal!

Lídia prontamente se levantou e rumou para porta.

– A sinhá vai sair assim, sem proteção. Chove muito ainda... e pense bem... o sinhô Afonso não quer mais que a senhora faça isso... das outras vezes as pessoas não lhe davam sossego, a senhora sabe!

– Eu sei, Lina... mas não posso deixar de ir! Vou ver o que posso fazer pela menina!

– Não vá sozinha, sinhá – implorou a empregada!

Lucy apenas observava o diálogo sem nada entender.

– O que está havendo? – inquiriu ela.

– Se você vier comigo, posso lhe explicar no caminho. Não podemos nos tardar, dona Norma nos aguarda. Vamos logo!

E mais uma vez Lucy seguiu com Lídia, ainda com a mente repleta de indagações.

Logo chegariam a uma casa mais modesta, nos arredores, onde uma menina de cerca de seis anos de idade se agitava no leito. Estava febril, havia dias não se alimentava e, quando o fazia, o alimento não parava no estômago. Em vão se tentou medicá-la com as conhecidas tisanas. Lídia foi aos poucos acalmando a enferma. Solicitou uma garrafa de água e logo se pôs a orar em direção a ela. Em pé no quarto estavam Lucy e a mãe da menina, procurando também manter o pensamento em prece.

Em seguida, a filha de Afonso passou a fazer passes longitudinais na menina, procurando dispersar os fluidos mais densos na região do baixo-ventre, onde uma inflamação causada por um alimento contaminado provocava os distúrbios gastrointestinais.

Lucy a tudo assistia sem entender bem o significado das mãos de Lídia, em movimentos ritmados e precisos. Não demorou muito para notar que a menina passou a expressar alívio na fisionomia, até então abatida. Em seguida, ela tomou a água em pequenos goles.

A mãe e a visitante deixaram as duas a sós e foram esperar na sala.

Embora estivesse curiosa por entender o que se passava, Lucy se mantinha em respeitoso silêncio. Lídia não demorou muito a voltar e dar algumas instruções à mãe, ainda apreensiva, mas que demonstrava ter muita confiança na jovem.

Assim, as duas se despediram e voltaram vagarosamente pelas ruas de Guaratinguetá, a caminho de casa.

– Você deve estar um tanto espantada com o que aconteceu, não é? Fique tranquila, Lucy! Não é nada de tão extraordinário! Apenas tentei levar um pouco de alívio à menina, transmitindo-lhe energias revigorantes, da mesma maneira que Jesus nos ensinou para que cuidássemos uns dos outros.

– Não sabia que você socorria doentes dessa maneira! Nunca a vi fazendo isso antes! Achei estranho!

– Sim, é verdade, não acontecia havia algum tempo. Eu tenho essa aptidão, vamos dizer, desde muito jovenzinha. E isso já me causou certos aborrecimentos e conflitos.

– Como assim? – perguntou Lucy interessada.

– Muitas pessoas que receberam alívio ou mesmo a cura por meu intermédio passaram a me tratar como uma santa capaz de operar milagres. Buscando me preservar da crescente movimentação que se formou a meu redor, meu pai passou a mudar constantemente de cidade toda vez que alguém começava a propagar a eficiência de minha boa vontade em impor as mãos para auxiliar o próximo. E, creia-me, Lucy, esta é uma habilidade que toda pessoa que esteja em boas condições de saúde, com fé em Deus e em si mesma possui, sendo plenamente capaz de utilizá-la em benefício de alguém. Portanto, não sou nenhum ser diferente dos demais, muito menos uma santa a ser cultuada.

Lucy pensava no que Lídia lhe contava. Olhava seus gestos simples, a maneira tranquila e recatada de ser, as palavras sempre ponderadas. Custava-lhe crer quando ela lhe dizia que não era diferente dos demais. Como? Se ela, Lucy, nunca havia conhecido ninguém que fizesse o que ela faz, a ponto de sair de casa sem titubear para emprestar suas energias a outro ser mais carente e enfermo? Não, definitivamente Lídia não era uma pessoa comum. Em seu íntimo, não compreendia bem o móvel de suas ações. Era tão mais generosa que o pai, tão mais tolerante e humilde! No início, Lucy julgou que iria ter de conviver com uma mulher tola e limitada. Mas não. Lídia era perspicaz e inteligente, tanto que se alfabetizara em um tempo muito menor do que a sua mestra imaginava.

Naquele dia conhecera mais sobre ela. Aquele que parecia ser mais um dia como todos os outros se encerrava cheio de surpresas e revelações a respeito da moça simplória do interior, cuja imagem até então prevalecia na mente de Lucy. Reconhecia agora que estava equivocada em relação a ela e convencia-se de que não seria justo lhe causar nenhum dissabor, por mais que isso contrariasse suas reais intenções e seus recônditos desejos.

✳

Passados dois dias, a chuva intensa deu lugar a um dia ensolarado em Guaratinguetá. Aproximava-se da cidade um coche, no qual dois cavalheiros conversavam animadamente, regressando de São Paulo:

– Nunca esqueça, Sandro, é preciso ter muita firmeza na vida! Você é jovem, pode não dar muita importância a isso hoje, mas lhe digo: só é vencedor quem persegue com tenacidade o que quer conquistar!

Sandro Carvalho fingia interesse nas sábias palavras do prepotente Afonso, que se considerava o exemplo de homem no qual o genro deveria se mirar. E ensinava:

– Veja meu caso! Hoje poderia ser um indivíduo fracassado e frustrado se houvesse recuado ante a impertinência e a arrogância do senador Vieira Saraiva quando me disse com empáfia, naquela festa que Lester e Lucy iriam morar definitivamente em Londres onde ele pretendia que ela se casasse com um membro da nobreza britânica – e soltava sonoras gargalhadas. – Não me dei por vencido – prosseguiu ele –, ninguém acreditava que eu fosse obter o consentimento para casar-me com ela, julgaram-me um tolo pretensioso, mas onde está a cobiçada Lucy Greegs, agora? Diga-me... está à espera do velho Marçal em sua confortável residência! – ria-se ele mais uma vez.

Sandro apenas escutava. Já estava se tornando enfadonho tolerar as bravatas do sogro. Para ele, a esposa era um mero troféu ganho em uma competição. Talvez fosse mais uma das joias de sua valiosa coleção. Exibia-a sempre com orgulho diante de todos. Para ele, parecia ser insignificante o fato de não ser amado por ela, ou talvez, no íntimo, vaidoso como era, alimentasse alguma ilusão.

Na verdade, a esse tempo, já ocorriam encontros furtivos entre Lucy e Sandro. Encontros que estavam se tornando cada vez mais arriscados. Por problemas com a própria consciência, ela decidiu interrompê-los assim que soube da gravidez de Lídia. Aliás, na visão do futuro pai, a gravidez era indesejada por várias razões: além de afastá-lo de sua verdadeira paixão, fazia-o adiar seus planos de ganhar o mundo após arrematar de Afonso o diamante imperial. Com a vinda de um filho tudo ficou mais complexo. Queria tanto ir embora dali com Lucy e a preciosa joia! Mas, como ensinava o próprio Afonso, não era apropriado desistir de seus objetivos, mesmo quando eles pareciam distantes.

Aliás, neste ponto da conversa, Marçal recordava o quanto Lucy ficaria feliz com a aquisição de pequeno sítio perto da cidade. Ali, ela poderia voltar a praticar a equitação, atividade da qual sentia imensa falta. Gabava-se ele do excelente negócio que fizera.

Sandro sabia do que ele estava falando. Eram as terras que ele havia comprado por muito menos do que valiam. Haviam pertencido a uma viúva que perdera os filhos e o marido na Guerra do Paraguai e agora, com dois filhos menores, não conseguia gerenciar a pequena propriedade, vendendo-a por preço baixo, desesperada pela falta de dinheiro para sustentá-los.

Era este o "grande negócio" do qual Afonso tanto se orgulhava!

O genro sabia que grande parte da fortuna que ele amealhara havia sido fruto de atos semelhantes, aproveitando-se da desgraça ou da ingenuidade de outros vendedores.

Até mesmo seu pai, notável lapidador, havia confiado em demasia em Afonso e terminara seus dias abandonado por ele no momento em que se viu enfermo e impossibilitado de trabalhar. Mesmo sendo ainda muito jovem quando isso aconteceu, Sandro não esquecia a fisionomia de tristeza e abatimento do pai toda vez que alguém pronunciava o nome do rico proprietário que lhe havia pagado com ingratidão e indiferença a tantos anos de serviços prestados com lealdade e dedicação. Após a morte do pai, Sandro prometeu a si mesmo que a fonte de maior orgulho do colecionador Afonso Marçal não mais lhe pertenceria.

Usando da tenacidade tão propagada por ele, acabou por conquistar-lhe a confiança e mais: conquistou também o amor de Lídia, conseguindo mesmo desposá-la. No entanto, ser pai não estava nos seus planos. Não queria uma criança, alguém que pudesse atrapalhar seus planos de vingança. Ainda tinha em mente retirar de Afonso suas duas maiores preciosidades: Lucy e o diamante imperial.

Enquanto isso, o rico negociante propalava:

– Persistência e tenacidade, meu amigo! Com elas se vai longe, se consegue tudo o que se quer!

O veículo rodou mais alguns quilômetros e, ao cair da tarde, finalmente chegou à residência de Marçal. À medida que se aproximava, ele já podia divisar uma cena que costumava lhe causar apreensão. No portão de casa, Lídia despedia-se de uma senhora com uma pequena menina no colo. Era a vizinha que vinha agradecer por seus cuidados; a filha apresentara notável melhora e havia se recuperado. Manifestando sua gratidão, a mãe beijava as mãos da jovem e seguia apressada, rumo à sua modesta casa.

Em seguida, a filha de Marçal viu o coche se aproximar e, de relance, deparou com o olhar inquiridor e reprovador do pai. Se tivesse chegado minutos depois, pensou ela, teria evitado o que ele chamava de aborrecimento.

Embora ela recepcionasse o pai e o esposo com fisionomia alegre, logo notou a preocupação do primeiro. Este, em seu íntimo, temia que estivesse "começando tudo outra vez". Contudo, nada disse a respeito. Limitou-se apenas a perguntar por Lucy. Logo foi informado que ela não estava, havia ido encomendar outro vestido à modista. A isso, ele respondeu contrafeito:

– Ora, mas que mulher é essa que não sabe ficar em casa nem mesmo quando sabe que o marido está por retornar!

E subiu as escadas que conduziam ao interior da residência aos gritos com o escravo que descarregava as bagagens.

Já Sandro abraçava Lídia com ternura. Sabia o quanto era amado por ela e bem estimaria poder retribuir-lhe o sentimento. Por ela, inúmeras vezes pensou em desistir da vingança, esquecer tudo o que lhe causara tanta amargura no passado. No entanto, as atitudes do sogro tornavam a reacender o desejo de revide e a decisão de que ele de fato merecia ser punido pelos atos ignóbeis que não cessava de praticar.

Foi somente no dia seguinte que Afonso chamou Lídia à sua presença no gabinete. Iria ser bastante objetivo com ela. A jovem, com a calma habitual, sentou-se à frente da mesa onde Marçal costumava despachar. Já conhecia seu ar austero e antevia em torno do que a conversa iria girar. De fato, ao ouvir a primeira pergunta, verificou que não estava enganada:

— O que aquela mulher estava fazendo aqui ontem, quando eu cheguei? — E, sem esperar a resposta, concluiu com ar impositivo: — Quantas vezes preciso lhe dizer que não quero essa gente aqui na minha porta?

— Papai — esclareceu ela com delicadeza —, ela veio me pedir ajuda porque a menininha estava passando mal e eu não pude recusar. Desculpe se o aborreci, mas é difícil para mim me negar quando sei que posso ser útil a alguém. O senhor não precisa se preocupar. Pedi a ela a máxima discrição.

Afonso mirava a moça de traços delicados, olhos claros, cabelos castanhos presos à altura da nuca. Fisicamente ela tinha aspecto frágil, era miúda, mas parecia agigantar-se na alma em muitas ocasiões. Ele percebia a sinceridade de suas palavras e estarrecia-se diante da ingenuidade da filha. Por tudo isso, a seu ver, era urgente despertá-la para o que ele entendia ser a realidade da vida.

– Lídia, você fala em discrição! Acha mesmo possível que essa gente saiba guardar segredo a respeito de um assunto destes? Será que você se esqueceu dos tempos em que nossa casa vivia cercada por desconhecidos querendo ser atendidos por você? Será que esqueceu que não tínhamos mais sossego? Pois continue fazendo isso e logo terá uma fila de romeiros em nossa porta outra vez!

Ela, por certo não se esquecera de tudo o que lhe havia acontecido desde quando, na adolescência, acabara auxiliando e muito no tratamento de um menino enfermo ao seguir o impulso de impor suas mãos sobre ele e orar. Fez isso por dias seguidos e o paciente, sensível a seus cuidados, experimentou considerável melhora em seu estado, como havia muito não acontecia.

De Lídia emanavam energias curadoras. Ao saber disso, muitos começaram a procurá-la, obtendo também resultados satisfatórios em suas moléstias. Seguiam também as orientações que ela captava por meio da intuição e eram sempre precisas. Tudo isso gerou um encantamento em torno dela. Assim, com o tempo, passou a ser vista como uma santa.

Quando percebeu a dimensão que tudo estava alcançando, Afonso, no afã de protegê-la da curiosidade alheia, tratou de mudar de cidade todas as vezes que julgou necessário.

No entanto, sabia o quanto Lídia ficava sensibilizada sempre que ele voltava ao assunto. Sabia que não era justo culpá-la pelos exageros e pela ignorância de alguns. Todavia, a seu ver, a solução era demovê-la o quanto antes deste tipo de ação, que causava muito mais transtornos do que benefícios.

Foi com essa ideia que ele, levantando-se da cadeira e aproximando-se vagarosamente dela, que o olhava com inquietude, tornou a falar:

– Lídia, lembra-se de que saímos de Minas Gerais e conseguimos finalmente despistar a multidão que nos seguia? Viemos morar em Guaratinguetá onde você realizou o desejo de se casar com Sandro e eu, de recomeçar vida conjugal com Lucy, a quem você aprendeu a estimar e que também a estima. Pense bem, não vamos pôr tudo a perder apenas porque você não controla esse seu poder.

– Eu o entendo, meu pai. Mas é que nem sempre consigo evitar. O impulso de socorrer meu próximo é muito mais forte em mim e acabo me esquecendo de tudo o mais. Acredito que Jesus Cristo sabe o que se passa comigo e me perdoa caso eu esteja causando algum transtorno. Não é minha intenção, nunca foi. Eu apenas sinto muito por não poder lhe garantir que isso não voltará a acontecer. Sinto que, de alguma maneira, eu sirvo a Jesus, mesmo com meus recursos limitados. Negar alívio a alguém quando posso servir é o mesmo que virar as costas para o Mestre, papai. É assim que sinto em meu íntimo.

Um silêncio se fez entre ambos. Afonso sabia o quanto a figura de Cristo era presente na vida de Lídia. Ela mesma havia pensado em se dedicar à vida religiosa e viver em um convento. Felizmente, Sandro apareceu em sua vida. Graças a ele, pensava Afonso, havia conseguido manter a filha perto de si. Era inimaginável para ele ficar longe dela por muito tempo.

VEREDAS DA PAZ

A esse ponto da conversa, o dono da casa sentiu que precisaria ser mais incisivo se quisesse mantê-la a salvo de problemas futuros:

— Lídia, você vai dar à luz em alguns meses! Pense mais em seu filho e em seu esposo! Afaste-se dessas pessoas que nada de bom vão lhe trazer. Ao contrário, poderão envolvê-la em mal-entendidos e confusões de toda espécie. Você parece não conhecer a humanidade, Lídia. As pessoas só pensam em seus próprios interesses, pouco vão se importar se um dia você precisar delas. Vão lhe retribuir com a ingratidão e o abandono, tal como aconteceu ao Cristo, que você sempre diz querer servir. Estou enganado? — dirigiu-se ele à jovem, que o ouvia com os olhos baixos e marejados de lágrimas. — Ao que me recordo nenhuma das pessoas a quem Cristo socorreu estava com aos pés da cruz. Todos o abandonaram covardemente; ninguém surgiu para defendê-lo. E você vem me dizer que não consegue controlar seu impulso de socorrer alguém? Quer então terminar só e abandonada?

— Não, papai — declarou ela aos prantos —, não quero viver na solidão, quero minha família, meu esposo, meus filhos, e desejo que o senhor e Lucy tenham saúde para compartilhar minha felicidade. Não se zangue comigo, por favor!

Afonso estendeu um lenço para que ela enxugasse as lágrimas abundantes. Detestava ver a filha chorar, contudo, agia assim por acreditar ser a forma correta de chamá-la à razão. Lídia deveria se preocupar mais com o próprio futuro e a tranquilidade da família que iria constituir, isso era o mais importante naquele momento, na visão do pai zeloso que sempre havia sido.

255

A DECISÃO

Depois da conversa em tom enérgico, Afonso nunca mais voltou ao assunto com Lídia. Teve a impressão de havê-la dissuadido de sua ideia ingênua de fazer-se veículo de paz e consolação entre os homens, a exemplo do Mestre Nazareno. Em sua visão prática e materialista, tal propósito, além de inviável era totalmente inútil e perigoso. Havia também proibido a filha de voltar à granja Peruíbe, onde, segundo recebera informação, estava vivendo o tal "mago Siron", como ele o chamava. Pouco adiantou Lídia lembrá-lo de que graças às visões dele o diamante tão procurado havia sido recuperado e que restava apenas tornar sua existência produtiva para a coletividade. Toda vez que Afonso via referência a isso, irritava-se profundamente. Era cada vez mais impensável para ele obedecer "às vozes dos antepassados que venciam as brumas do outro mundo" para exortá-lo a desfazer-se da valiosa joia em proveito de obras benemerentes.

E assim, Afonso distanciava-se de pôr em prática o compromisso assumido antes de sua encarnação com seus mentores espirituais. Deveria ele trazer progresso financiando ações humanitárias onde fora chamado a viver. Para tanto, Lucy foi colocada ao seu lado para recordá-lo do nobre e necessário propósito de não apenas amealhar fortuna, aprisionar objetos de valor que maior utilidade poderiam ter e não apenas servir à vaidade de um só homem. Contudo, ela também havia de desviado dos objetivos iniciais traçados. Inúteis estavam sendo as tentativas de Lídia em sensibilizá-la, em ser sua aliada na intenção de fazer Afonso voltar o olhar sobre os inúmeros necessitados que se multiplicavam a seu redor. Lucy deixava-se envolver pelo mesmo materialismo, pelo mesmo desejo de possuir bens pelo simples prazer da posse e nada mais.

Por essa época, já maior de idade, apossara-se legalmente da herança paterna. Herdara também as joias da avó materna. Do esposo, ganhara de presente a agradável propriedade rural, margeada pelas águas caudalosas de um rio, recanto aprazível no qual desfrutava agradáveis momentos na prática da equitação.

Seus olhos voltavam-se sempre para o que não tinha. Queria investir seu dinheiro na compra de uma casa na capital paulista. Ansiava por reunir novamente os amigos, promover saraus, participar de festas, tal como fazia quando Lester Greegs ainda estava encarnado.

Tanto insistiu que o negócio estava praticamente realizado. Desde que Afonso recusara o pedido de Lucy em visitar a avó e esta falecera, nunca mais ele havia impedido qualquer outro desejo que ela lhe apresentasse. Todavia, estava sendo bastante difícil convencê-lo da necessidade de ir a Londres visitar os parentes do pai, a família Greegs, que aguardava a visita dela, ainda que por breve tempo.

Era esse mais uma vez o conteúdo da carta que ela relia, a sós, em uma tarde ensolarada na qual descansava à beira do rio, repousando após um longo exercício com sua égua preferida, a qual chamava Majestosa. O belo animal, esguio e elegante, pelo branco, muito bem tratado, refazia-se também à sombra do arvoredo.

Lucy, à vontade, em trajes de equitação, aproveitava a quietude do lugar e analisava o quanto sua mente estava confusa e o quanto se sentia cada vez mais insatisfeita com os rumos que sua própria vida tomara.

Por sua vontade, não estaria naquele lugar, naquele momento. Estaria sim em Londres, na agradável residência dos Greegs, com a vida estabelecida. Definitivamente não estaria casada com um homem como Afonso Marçal, alguém que nunca lhe despertara legítimo afeto.

Pensava em outras mulheres como ela, bem mais jovens do que os maridos, que também haviam se casado a contragosto, mas, ainda assim, desenvolveram um relacionamento harmonioso e até, podia-se dizer, baseado na afeição mútua. Com ela não era assim. Desde o início se sentiu usada e manipulada, num jogo político em que foi apenas uma peça a ser apresentada com vantagem pelo avô inescrupuloso. Sendo usada, aprendeu a fazer o mesmo com o marido que, à sua maneira, cercava-a de cuidados e mimos e se deixava fascinar pelo que significava ter uma esposa jovem, bonita, culta e atraente para exibir. No entanto, ela não queria se submeter a isso por toda a vida. Não era sua vontade envelhecer ao lado de Afonso. Desejava e muito mudar o rumo de sua vida. E o reiterado apelo da avó Mary, que vivia em Londres apenas na companhia do filho Oliver, fazia-a pensar em como realizar seu sonho. Naquela manhã, tivera áspera discussão com o esposo, que mais uma vez pretextava negócios urgentes a resolver não podendo, portanto, acompanhá-la. Jamais consentiria que ela fizesse longa viagem sozinha. E assim prosseguia o dilema.

Respirou aliviada quando o viu partir com Sandro logo pela manhã para tratar de assunto urgente. Sentia-se bem quando ele se ausentava. Afonso deixara-a na companhia de Lídia e dos criados.

"E Lídia? Que mulher estranha era ela", pensava Lucy. Apesar das proibições do pai insistia em ir ter com aquela gente da granja Peruíbe, com Siron e Amélia, outras pessoas incomuns, também, segundo sua opinião. Será mesmo que valia a pena se dedicar àquelas crianças? Lídia a convidara a ir com ela. "Jamais!", respondia, convicta. Sempre tivera aversão à carência e à pobreza do mundo, e nada a faria voltar àquele lugar de tanta penúria.

Queria tanto sair daquela situação, da convivência indesejada com a família Marçal! Se lhe fosse possível ganharia o mundo levando consigo apenas Sandro, a cujas investidas a muito custo resistia. Ele era um homem atraente, envolvente e quase a estava convencendo da possibilidade de executar um plano mirabolante, no qual ele a ajudaria a chegar a Londres em segurança. Queria antes, porém, apossar-se do diamante imperial, negociá-lo com um comprador que residia no exterior e partir com ela para a capital inglesa, onde ele se estabeleceria com parentes que já moravam e trabalhavam lá.

"Devaneios de amantes", pensava ela. "Impraticável! Seria ele capaz de deixar esposa e filho para trás para realizar este plano improvável? Não seria mais fácil ir sozinho?" "Não!", respondeu-lhe várias vezes, Sandro, com o olhar apaixonado. Queria-a com ele. Não imaginava a vida sem ela. Filhos queria tê-los com sua verdadeira amada. Quanto a Lídia, era muito mais forte do que se imaginava para lidar com a situação. Também ela ficaria livre para unir-se a quem a amasse.

Naquele instante, observando o caudaloso rio, Lucy recordava a proposta de Sandro. No último encontro, ele deixou claro que a cooperação dela como esposa era muito importante. O genro sabia que o sogro estava mais uma vez por providenciar a troca de lugar onde o diamante era guardado. Ultimamente estava no cofre em um banco em São Paulo. Contudo, Marçal, muito desconfiado, julgava prudente deslocá-lo de quando em quando. Todavia, como era fascinado pela pedra, ficava com ela por curto intervalo de tempo antes de levá-la a seu novo destino. A seu ver, assim conseguia desviar e confundir os mal-intencionados.

Sandro persuadia Lucy a ser sedutora, a usar de ardis para descobrir quando Afonso mudaria o diamante de lugar e, melhor ainda, os dias em que estaria com ele. Teria de agir com discrição e naturalidade para que Marçal não desconfiasse de seu interesse. Certamente ela saberia fazê-lo, sugeria Sandro.

Enquanto observava a égua Majestosa a descansar sossegadamente à beira do rio, Lucy se perguntava se ela não estaria mais uma vez sendo usada, servindo a outros interesses. Todavia, não vislumbrava outra solução possível. Ainda que duvidasse da eficácia do plano do genro de Afonso, decidiu confiar nele e seguir suas orientações. Arriscar-se-ia, entretanto, sentia a necessidade de fazer algo para se libertar definitivamente do convívio com Afonso.

✳

Na granja Peruíbe, por volta do meio-dia era grande a algazarra dos pequenos atendendo ao chamado de Amélia para que fossem almoçar.

Siron observava-os. Dias antes, Lídia havia estado ali, levando mais mantimentos e agasalhos que arrecadara. Ela era incansável nessa tarefa. Por vezes, Siron, em tom amistoso, alertava-a sobre o perigo de andar desacompanhada por estradas perigosas, exposta à ação de malfeitores. Ela apenas mostrava o sorriso meigo, dizendo nada temer. Todas as vezes que visitava a fazenda, recentemente adquirida por seu pai, ia também ver as crianças da granja Peruíbe, cuja companhia muito apreciava. Sabia, no entanto, que, à medida que sua gravidez avançava, era desaconselhável ir "sacolejando pela estrada" como dizia Amélia. Mas, enquanto pudesse, estaria ali, naquele lugar tão amado por ela.

Por tudo isso, Siron costumava dizer que o maior tesouro de Afonso Marçal não era o precioso diamante e sim a filha, intimorata e decidida na ação do amor ao próximo.

Era nisso que ele pensava enquanto terminava de colocar a ferradura em um cavalo. Logo foi surpreendido pela chegada de Neco, o menino sempre veloz que se aproximava afoito e gritando:

– Siron... Siron... preciso lhe contar uma coisa que fiquei sabendo lá na cidade!

– Sim, Neco, conte-me, estou escutando, mas primeiro tome um pouco d'água! Até parece que você veio correndo da cidade até aqui. Descanse um pouco – concluiu ele, estendendo uma caneca com água ao menino.

Ele a sorveu rapidamente. Ansiava por contar o ocorrido e, com a fisionomia de espanto, os olhinhos muito arregalados, começou:

– Esta manhã eu passei na casa do sinhô Marçal e vi a Lina chorando, desesperada no portão. Ela disse que as duas sinhás estão desaparecidas desde anteontem. Estavam na fazenda aqui perto e disseram que iam retornar, mas não apareceram até agora. Sinhô Marçal está enfurecido. Só acharam a charrete das duas abandonada no meio da estrada. Os empregados dele já procuraram por tudo e nada de achar as sinhás.

– Meu Deus! – exclamou Siron erguendo os braços para o alto! – O que terá acontecido? Tantas vezes falei a Lídia que não se arriscasse tanto! Só pode ser a ação de algum malfeitor.

Neco se aproximou mais, como se fosse contar um segredo:

– A Lina ouviu dizer que só vão devolver as duas se o Sinhô Afonso trocar pelo diamante.

– Como você sabe disso, Neco?

– É o que dizem, Siron! – respondeu ele, sacudindo os ombros.

– Então a vida delas está em risco... e tudo por causa daquela maldita pedra e da ganância de Afonso! Pobres mulheres! Onde estarão? Como estarão agora?

Neco, não comente isso com mais ninguém! Vamos aguardar os fatos! Quanto mais se comentar sobre isso, mais confusão poderá haver, certo? O menino entendeu e concordou com Siron. Além dele, somente Amélia ficou sabendo do ocorrido. Convidou o amigo para juntos orarem pela saúde de Lídia e de Lucy e que Afonso tomasse a melhor decisão.

Em seu íntimo, o médium desejava que lhe fosse mostrado, por meio de alguma visão, o local onde as duas mulheres estariam escondidas. O dia chegou ao fim e ele mal conseguia dormir, apenas imaginando o quanto elas deveriam estar sofrendo, ameaçadas, na incerteza do que lhes pudesse acontecer. Em suas preces intercedia por ambas.

Mal clareou o dia e uma visita inusitada chegou à granja Peruíbe. Sua presença, porém, não causou estranheza a Amélia, que o recebeu com a cordialidade habitual: era Afonso Marçal, totalmente transtornado, a bradar repetidamente:

– Siron! Onde está Siron? Chamem-no! Preciso falar com ele agora!

Andava de um lado para o outro na sala e apenas sossegou quando finalmente viu a aproximação de seu companheiro de outros tempos.

– Já estou aqui, Marçal – disse ele com voz calma – e sei o que o traz a este lugar!

– Só você pode me ajudar! Se conseguir localizá-las, dou a você o que quiser, dou a quantia que me pedir, faço melhorias aqui... só peço que me diga onde estão minha mulher e minha filha!!

Diante de Siron não estava mais o homem imponente e arrogante. Afonso tinha os olhos súplices, estava desesperado ante a iminência de perder as duas pessoas a quem mais amava. Queria tê-las de volta, mas sem se desfazer do diamante que o fascinava.

– Diga-me, Siron! Você pode fazer isso? Ele silenciou por alguns instantes como se consultasse forças invisíveis para melhor responder. E sua resposta não foi exatamente o que o pai aflito queria ouvir, mas era o que sua consciência ditava:

– Desde que soube da notícia não fiz outra coisa a não ser tentar visualizar o local onde elas estão. No entanto, isso não depende apenas de minha vontade. Até agora nada me foi mostrado.

– Não! – bradou Afonso, indignado. – Elas estão sob a ameaça de pessoas perigosas! Veja, recebi esta carta dizendo o local onde devo colocar o diamante para que elas sejam libertadas! Nada devo dizer às autoridades policiais! Malditos! Hei de apanhá-los!

Afonso andava de um lado para o outro, tomado de fúria. A muito custo, Siron conseguiu fazê-lo sentar-se para escutá-lo.

O médium lia e relia o papel amassado com as instruções que Afonso precisava seguir caso quisesse rever a filha e a esposa. Ao vê-lo mais calmo, falou com firmeza:

– Entregue o diamante, Afonso! Não há como você preservar suas três riquezas! Precisa abrir mão de uma! Que seja o diamante!

– Nunca! Não serei espoliado dessa maneira! Armarei uma cilada e pegarei esses bandidos que tiveram a ousadia de ameaçá-las! A eles, reservarei o pior castigo!

– Não arrisque a vida dessas duas jovens e mais a de seu neto, Afonso! Talvez tenha chegado a hora de o diamante trocar de mãos... deixe-o ir!

– Do que você está falando, homem? – indagou Afonso, mirando-o incrédulo.

– Você sabe perfeitamente em que condições este diamante veio a lhe pertencer. Ignorou completamente as advertências que recebeu. Teve sua oportunidade. Fez sua escolha. Agora, deixe-o ir... liberte-se você dele!

– Não entendo o que você diz, Siron! Como posso me render a esses malfeitores? Eles hão de me pagar pelo que estão fazendo! Não escaparão impunes!

– Você está se deixando tomar pelo ódio, e o ódio é mau conselheiro. Pense nas pessoas a quem ama e então vai se encorajar e escolher o caminho correto.

Afonso agora segurava firmemente os braços de Siron e bradava:

– Quero minha filha de volta, Siron! Você sabe que ela é tudo para mim, não concebo a vida sem ela! E, Lucy, quero tê-la comigo outra vez!

Lágrimas abundantes rolavam em sua face, dando vazão aos sentimentos que abalavam sua alma atormentada. Siron aguardou que ele se recuperasse e tornou a falar, ainda mais enfático:

– Liberte-se desse diamante, Afonso! Você se escravizou a ele ao longo do tempo, tornou-o alvo de cobiça! Ele tem apenas servido à sua vaidade e ao seu orgulho. Sim, o diamante o engrandeceu aos olhos de muitos, você passou a ser respeitado e, até mesmo, temido como se fosse o único dono de alguma fonte de poder. Mas quanto isso lhe tem custado? Você vive inquieto, vê ameaças em toda parte, nunca teve uma vida tranquila, está sempre sobressaltado, mudando o diamante de um lugar para outro, preservando-o consigo, servindo a ele como se essa pedra inanimada fosse seu amo. Será justo sacrificar a vida de seu bem mais precioso em troca de preservar essa joia?

– Não! Não! – respondeu Afonso, bastante aflito.

– Deixe que ele se vá! Não persiga ninguém! Lembre-se de que seus maiores tesouros voltarão para você.

– Quem me garante que elas voltarão?

– Eu sei que elas estão bem, eu sinto isso! Apenas não me é permitido ver onde se encontram. Como eu lhe disse, não sou eu quem determina quando minhas visões acontecem. Apenas posso lhe garantir que elas voltarão em segurança.

Afonso ergueu os olhos, caminhou pensativo pela sala, olhando o horizonte através das janelas.

– A seu ver é isso que eu tenho a fazer? Ceder a esta miserável extorsão para rever Lucy e Lídia?

– Pense bem e você verá que não há outra solução. O diamante deve seguir outro rumo, esteja certo disso.

Afonso se dirigiu então para a porta de saída. Antes de ir ainda ouviu a voz de Siron a preveni-lo:

– O que lhe falei não é apenas em relação ao diamante. Nunca detenha nada nem ninguém que não quiser permanecer ao seu lado. Deixe ir, deixe que se vá! Não persiga, não tente impedir a partida! Na verdade, não possuímos nada neste mundo, só a nós mesmos!

Afonso virou-se e respondeu irônico:

– Isso só pode estar sendo dito por você, um homem que perdeu tudo o que possuía. Homens afortunados como eu não pensam assim e por essa razão são afortunados!

– A vida me ensinou a lição do desapego, Afonso! E está tentando mostrar o mesmo a você! Não perca a oportunidade de aprender!

Afonso deu as costas e foi embora. Não podia demorar muito para tomar sua decisão. O tempo se esgotava. Saiu dali levando consigo as inquietantes palavras de Siron. Até então nunca ninguém havia se dirigido a ele daquela maneira, com tanta firmeza e autoridade. Estaria certo se seguisse as orientações daquele homem simples, mas que imprimia tanta segurança em tudo o que dizia?

Felizmente, Afonso resolveu entregar o diamante, providenciando para que o homem de sua confiança, seu genro, Sandro Carvalho, deixasse-o no local exigido. Não promoveu nenhum cerco nem perseguição na tentativa de reaver a joia. A seguir, pôde novamente abraçar a filha e a esposa que aguardavam no local indicado pelos sequestradores. O estado de saúde de Lídia não era nada bom. Abalada pelas fortes emoções daqueles dias, chegou ao lar sentindo muitas dores e foi logo atendida pelo médico. No entanto, apesar de todos os esforços, não foi possível salvar sua criança.

Indescritível a tristeza que se abateu sobre a casa dos Marçal. Tomada por profunda prostração, Lídia ficou alguns dias sem receber ninguém. Bastante desanimada, chorava muito a perda do filhinho tão aguardado.

Afonso, irresignado com tudo o que acontecera, limitava-se a blasfemar contra Deus por tudo o que havia sucedido. Não bastasse ter se desfeito de seu adorado diamante em nome da segurança da filha e da esposa, não bastasse ter desistido de perseguir os bandidos que haviam ousado sequestrá-las, ainda tinha de suportar ver a filha querida passar por tamanho tormento. Tomada por profundo desgosto, ela mal se alimentava.

Em um domingo em que Afonso organizava alguns documentos do escritório enquanto Lídia permanecia acamada, de súbito ouviu-se um murmurinho de dezenas de vozes, entoando cânticos e orações. Estavam no portão da casa, aguardando os donos lhes permitirem a entrada. Lina, a criada, foi até eles a mando do patrão e veio com a seguinte resposta:

— São pessoas a quem dona Lídia tem atendido, muitos conseguiram se curar com ela. Souberam do que tinha acontecido e pedem sua licença para falar com a sinhá, dar uma palavra de conforto, de ânimo. O senhor permite?

Marçal olhou através da janela do gabinete. Eram pessoas das mais diferentes origens sociais ali reunidas, em oração pela saúde de sua filha. Jamais imaginou que isso fosse ser possível. Ele, que havia tanto tempo já estava desencantado com o gênero humano, testemunhava ali uma demonstração de solidariedade jamais vista por seus olhos. Bastante surpreso, resolveu que seria bom para Lídia rever rostos amigos e receber orações deles, já que era de seu gosto.

A essa altura, sua filha já ouvira a movimentação em torno da casa e, bastante emocionada com a iniciativa, decidira se arrumar e descer as escadas, com o auxílio de Lucy, para recebê-los.

Assim, Afonso permitiu a entrada em pequenos grupos, já que todos desejavam vê-la. Mesmo ele, com o ar austero e reservado de sempre, acabou recebendo abraços afetuosos e manifestações de solidariedade de várias pessoas, muitas delas desconhecidas.

Dessa maneira, pôde novamente ver um pálido sorriso nas faces descoradas da filha e ter uma noção melhor da dimensão do trabalho que ela realizara com aquelas pessoas às quais, em nome da gratidão, não se furtaram em estar junto dela naquele momento de tanta tristeza, para infundir-lhe novo ânimo, tal como ela, inúmeras vezes, fizera em relação a muitos ali presentes.

Lídia recebeu a todos e agradeceu a bonita manifestação de apreço e carinho. Sentiu-se bem mais revigorada depois daquele dia.

E assim, na semana seguinte, mais uma vez uma charrete com roupas e mantimentos, conduzida por uma jovem solitária, cruzou os portões da granja Peruíbe.

À sua espera estavam Siron e Amélia, além de pequeno grupo de crianças que a receberam com cariciosos beijos e abraços.

Depois de feita a distribuição dos donativos arrecadados, Lídia pôde calmamente conversar com seu bom amigo, a sós, em um recanto sossegado da casa:

– Quero muito lhe agradecer, Siron. Você conseguiu convencer meu pai a finalmente se desfazer daquele maldito diamante que mais trouxe aborrecimentos do que felicidade à nossa vida. De fato, meu pai vivia como se fosse prisioneiro dele, como se pertencesse a ele e não o contrário.

– Não acuse a bela joia pelo desatino de Afonso. Ele teve a oportunidade de servir-se dela para o bem. Não o fez. Assim é com tudo o que possuímos. Tudo depende da maneira como utilizamos. Depois de muitos anos de enganos, aprendi essa lição com a vida.

Algumas crianças brincavam de roda no amplo pátio ao redor da casa. Cantavam animadamente, ignorando todas as dificuldades e tristezas da vida. Viviam sua infância amparadas por mãos cuidadosas quando poderiam estar na mendicância ou quem sabe nem terem sobrevivido, abandonadas que foram à própria sorte. Mas ali estavam e haveriam de ter um futuro promissor, pois os maiores já saíam sabendo como plantar, trabalhar em marcenaria, fazer trabalhos manuais e doces caseiros, o que poderia auxiliar no seu desempenho profissional, mais adiante.

Uma expressão de desapontamento transparecia no rosto de Lídia, que declarou num tom melancólico:

— Papai perdeu o diamante e eu perdi mais ainda do que ele! Aqueles dias de medo, pavor e incerteza me abalaram muito! Não consegui levar a gestação adiante! Poderia estar agora embalando meu filhinho, Siron!

Vendo o profundo desânimo da amiga, ele tentou encorajá-la, abraçando-a afetuosamente:

— E se eu lhe disser que posso antever uma cena muito bonita: seu filho correndo e brincando com estas crianças daqui há algum tempo? Você e Sandro são tão jovens! Certamente terão outros filhos!

Lídia ouviu. E, ainda abraçada ao amigo, respondeu imprimindo desalento na voz:

— Ah! Se eu pudesse ter certeza disso! Se ao menos pudesse contar com o amor de Sandro... mas não é assim!

Só então Siron obteve a confirmação do que havia muito tempo suspeitava. O esposo tão amado por ela, de fato era incapaz de retribuir-lhe afeto na mesma proporção. Nada comentou. Aguardou em silêncio: cabia a Lídia decidir se iria adiante em expor um assunto tão íntimo. Mesmo ela se surpreendeu, pois raramente tratava com alguém sobre esse tema. No entanto, nos últimos dias se vira tão inquieta e desorientada com tudo o que acontecera, com a violência da qual ela e Lucy foram vítimas, que sentira necessidade de expandir um pouco os sentimentos e confiava na discrição de Siron, tão acostumado a ouvir sobre os dramas humanos.

Depois de uma breve pausa ela continuou:

– Doeu-me profundamente ver a indiferença de Sandro em relação à perda do filho. Mal conseguia disfarçar a impressão de ter se livrado de algo que embaraçava seus planos. Suspeito que ele esteja interessado em outra mulher. Tenho pedido a Deus, em minhas orações, que seja apenas uma impressão sem fundamento, mas não é isso que ele tem demonstrado em seu modo de agir. Parece ter em mente projetos futuros que não me incluem.

Siron apenas escutava, sem interferir. Lídia prosseguia:

– Sandro é filho de um notável lapidador, que serviu a meu pai durante muitos anos. Todavia, parece que foi abandonado por ele quando adoeceu gravemente. A família guardou muito ressentimento em relação a meu pai. Ele, porém, estende a Sandro a mesma confiança que depositava em seu pai. Talvez por vaidade, tenha passado a acreditar que meu marido o veja da mesma forma e tenha esquecido qualquer mágoa que tenha sentido no passado. Você sabe o quanto meu pai é orgulhoso, vaidoso e prepotente em suas ações. Assim, não consegue ver ou não consegue acreditar que o vejam de forma diferente do que ele espera. Sabendo de tudo isso, casei-me com Sandro na esperança de que ele pudesse com o tempo conhecer mais de perto o Afonso Marçal que eu, sua filha, sei que existe. Poderia assim se libertar de qualquer ressentimento e desistir de qualquer propósito de vingança. Mas talvez eu tenha sido pretensiosa e ingênua demais! Por vezes, sinto que Sandro ainda não se libertou da impressão negativa que tem de meu pai que, devo admitir, em muitas ocasiões pratica ações torpes e maldosas para com seus concorrentes, apesar do mais profundo amor paterno que sempre me dedicou.

O interlocutor inferiu:

– Você suspeita de que Sandro esteja pensando em abandonar você e seu pai e executar alguma vingança? Se for isso, acredito que tenha se frustrado, pois o diamante o qual poderia cobiçar já não está mais em poder de Afonso.

– Espero que ao menos para isso tenha servido o tormento pelo qual passei com Lucy naqueles três dias, cativa em uma tapera abandonada no meio do mato. Talvez ele tenha ficado satisfeito em ver meu pai punido em seu orgulho e privado da pedra, à qual devotava um sentimento doentio. É o que eu espero.

Lídia, na visão de Siron, mais uma vez manifestava ter um nobre caráter e pureza de intenção. Agia sempre no sentido da paz e da conciliação. Era uma luz em meio às trevas que insistiam em cercar a família Marçal. Por essa razão, ao vê-la partir no fim da tarde, tornou a pedir a Deus que cuidasse dela e a preservasse de dissabores futuros. Na mente do médium ressurgiu a imagem da moça altiva e elegante que a acompanhou naquele dia. Desejava ardentemente que não fosse Lucy a causa de desventura na vida conjugal de sua querida amiga Lídia.

✳

Encerravam-se os festejos de fim de ano, muito bem comemorados na nova casa comprada por Lucy em São Paulo. Na discreta, mas confortável residência localizada em bairro nobre, ela mais uma vez pôde receber seus amigos em agradáveis saraus, tal como acontecia quando morava com o pai, Lester Greegs.

Nos primeiros dias de janeiro estava ela a sós, desfrutando dos ares urbanos que tanto a encantavam. Não mais o exílio forçado em sua terra natal. Em São Paulo podia, a todo momento, estar a par da moda, dos últimos acontecimentos, convivendo com pessoas de sua mesma idade, gostos e nível cultural. Não sabia ainda por quanto tempo Afonso concordaria com sua vontade de ali permanecer por longa temporada. Estirada na sala, muito à vontade em seu *robe de chambre* de seda, ela degustava o café da manhã quando, de súbito, a campainha tocou. Seu coração bateu mais forte. Seria Sandro mais uma vez a surpreendê-la?

Lucy não se enganou. Tão logo ele entrou na sala, correu para envolvê-lo em um forte abraço. Havia algum tempo evitavam encontros, mas naquele momento não puderam conter a saudade que ambos sentiam.

Sandro afagava suavemente seus cabelos negros. A jovem, de pele macia e bem tratada, os olhos sempre muito vivos e brilhantes, com o jeito independente de ser e agir, havia muito tempo o conquistara. Ela, a princípio relutara em envolver-se com ele; Sandro, todavia, experiente nos ardis da sedução, encontrou uma maneira de cativá-la.

E ambos estavam irresistivelmente atraídos um pelo outro, apesar dos perigos a que isso os expunha.

Refeita da surpresa, Lucy afirmou, enquanto sentava-se ao seu lado:

— Não o esperava hoje. Pensei que estivesse no Rio de Janeiro, com Afonso.

– É o que imagina Lídia, também. Já seu marido pensa que estou negociando no interior com fazendeiros de café. Ninguém imagina que eu esteja aqui com você. Mais uma vez despistei-os.

– Sandro e suas artimanhas! – comentou Lucy entre risos.

– Veja o quanto sou capaz de fazer por você.

O visitante imprimiu um tom misterioso à voz. Tinha ele também um semblante preocupado, como se fosse fazer uma grande revelação, e não sabia como começar. Primeiramente, certificou-se de que não havia testemunhas para a conversa dos dois. Ainda assim levou Lucy para a biblioteca, local mais reservado, onde poderiam ficar mais à vontade.

Ela, vendo o estranho modo de ele agir, logo indagou:

– O que se passa, Sandro? O que há de tão importante para me dizer?

– Lucy, devemos partir o quanto antes! Em três dias embarcaremos para Buenos Aires e logo a seguir rumaremos para Londres, minha querida. Já está tudo acertado. Aviso para que você também possa providenciar o que necessita para ir ao encontro de sua família.

Diante da expressão de assombro de Lucy, que continuava curiosa, ignorando os motivos da repentina viagem, Sandro tirou de um estojo, envolvido em tecido escuro, um belíssimo brilhante, cuja beleza quase ofuscou a visão da companheira.

Era o diamante imperial, agora nas mãos de Sandro Carvalho. Maravilhada com a beleza da peça, ela o tomou cuidadosamente. Valia uma fortuna e, por um instante, com o olhar fascinado, pôde entender melhor o encantamento que ele exercera sobre Afonso por tanto tempo.

Sandro percebeu a reação da jovem ao ver a valiosa gema. Logo, tratou de afiançar:

– Veja, Lucy. Poderia estar longe daqui há muito tempo! Mas não quis! Quero que você vá comigo! É a única maneira de nos livrarmos definitivamente de Marçal! Já tenho comprador para o diamante. Assim que negociá-lo, vamos para Londres, onde meu tio, meu primo e alguns amigos já me esperam!

Lucy depositava novamente a peça no estojo. Seus olhos voltavam-se agora para Sandro. Lembrou-se ela de todo o susto que passara ao ser sequestrada com Lídia, todo o medo de estar na presença de dois desconhecidos, cujas intenções ignorava completamente, assim como o local onde estiveram em cativeiro por três dias que pareceram uma infinidade, tal o pavor que as envolvia. Recordou também o sofrimento de Lídia ao perder a criança.

Estava diante de alguém que sacrificara a vida do filho e arriscara a integridade da esposa, que se devotava a ele com imenso amor, tudo para satisfazer sua ambição, para saciar a vingança em nome de um ódio inextinguível por Afonso Marçal.

No entanto, reiterava ele seu propósito de fugir com ela, num plano bastante arriscado e sujeito a ser malsucedido.

Sandro, muito sedutor, convenceu-a de que agira movido pela paixão, sem medir as consequências. Sentia muito por Lídia, não esperava por desfecho tão trágico. Porém, por outro lado, nada mais o prendia a ela. Sentia-se ainda mais livre para recomeçar nova vida ao lado de Lucy, em país estrangeiro, ainda que precisasse permanecer oculto por algum tempo diante da família dela. Todos pensariam que a fuga se deu por iniciativa dela mesma, provocada pela infeliz união conjugal com Afonso. Isso, aliás, não era novidade para a avó da jovem, que sabia das dificuldades e desventuras da neta casada com um homem a quem nunca amou. Ainda assim, nas cartas que lhe enviava, procurava encorajá-la ao cumprimento de suas tarefas de esposa. Sempre alimentava a esperança de que um dia pudesse revê-la na propriedade dos Greegs, em Londres.

E essa ideia também nunca saiu da mente de Lucy. Contudo, ela estava confusa. Teria mesmo coragem de deixar tudo para trás e seguir com alguém que dizia amá-la, mas que soubera agir com tanta dissimulação?

Sandro não dispunha de tempo. Era preciso agir depressa. Lembrava a Lucy que ela não devia satisfação de seus atos a mais ninguém, nem mesmo ao avô, o senador Vieira Saraiva, que a conduziu à infeliz união com Marçal, mas que já havia falecido. Ela, embalada pelas fortes cores com que Sandro pintava o futuro promissor, acabou por concordar com o plano insano. Seria cúmplice de um roubo. Entretanto, sua vontade de dar à própria vida um novo rumo, de modo que pudesse ter mais liberdade, dando vazão a seus sentimentos mais profundos, teve mais força e imperou na decisão final.

Naquele dia ainda, ela ultimou os preparativos. E, três dias depois, um casal de amantes zarpava em direção a Buenos Aires, onde um negociante adquiriu o diamante imperial por elevada quantia. Algum tempo depois, Sandro e Lucy chegaram a Londres.

Sua avó mal pôde conter a emoção ao estreitar a jovem de semblante triste em seus braços. Ao longo do dia ouviu narrativas do quanto Lucy era infeliz no casamento, todas as suas desventuras

VEREDAS DA PAZ

e a total incompatibilidade com o gênio possessivo e dominador do esposo. "Para ele não voltaria mais". Estava decidida", afirmava em pranto convulsivo diante da avó sensibilizada.

Já no Brasil, a fuga do casal de amantes não demorou a ser descoberta. Ainda assim, pouco restava a ser feito. Marçal, tomado de ira, demorava a crer na ousadia de Sandro, única pessoa em quem confiara nos últimos anos e, no entanto, o atraiçoara de maneira vil. Lídia lamentou tremendamente o ocorrido. Certamente Lucy havia ido em busca da família em Londres e Sandro a acompanhara na aventura. Há muito suspeitava do envolvimento dos dois; no entanto, intimamente, recusava-se a acreditar. Sofreu muito com a atitude intempestiva do esposo que, agora também era suspeito de haver forjado o sequestro para poder obter o diamante.

Com o tempo, porém, Lídia foi percebendo que talvez tivesse sido melhor assim. A pedido de Siron, recordava ao pai a recomendação de que ele não retivesse ao seu lado nada nem ninguém que não quisesse permanecer.

Afonso, abalado no seu orgulho, privado da companhia de Lucy e do diamante que o fascinara por anos, não pensava assim. E jurava para si mesmo que triunfaria até mesmo depois da morte para ir ao encalço daqueles que impunham tanta vergonha e desonra a ele e sua filha.

Depois do ocorrido, ele nunca mais foi a mesma pessoa. Ainda mais soturno e desconfiado foi, aos poucos, desinteressando-se por tudo o que anteriormente o atraía. Afonso mergulhava num estado de espírito bastante perigoso que, paulatinamente conduzia-o a um alheamento cada vez maior.

Assim, o próspero negociante foi se descuidando cada vez mais das suas variadas atividades. Como companhia desses dias difíceis apenas Lídia, sempre temerosa de que o pai pudesse praticar algum ato que pusesse em risco o próprio bem-estar físico.

Vencido por terrível influenciação a lhe insuflar ideias de que a vida não valia mais, em uma tarde quente de verão, Afonso não voltou mais de um profundo mergulho nas águas do rio que passava nos fundos da fazenda com que presenteara Lucy, tempos atrás.

Assim, por meio do suicídio, Afonso Marçal ingressava no mundo espiritual, em profundo estado de confusão, ódio e desejo de vingança. Logo foi dominado por outras entidades perversas que, associadas a ele, em seguida, começaram a traçar um modo de ação contra os dois amantes.

✳

A madrugada já ia alta na capital inglesa e um casal avançava, em passos cambaleantes, resultado das muitas taças de champanhe ingeridas naquela noite festiva.

Lucy e Sandro voltavam da casa de Bertrand Laurel. Festejava ele, com os amigos, mais uma estreia de sua companhia teatral. Haviam encenado uma peça em que satirizavam os rigorosos costumes da Inglaterra vitoriana. O público havia se divertido bastante, e Lucy repetia, animada, as falas de seus personagens favoritos.

Seguiam eles, ora de mãos dadas, ora enlaçados para a modesta casa onde Sandro agora morava com um tio, um primo e a enteada do primeiro.

Assim como Lucy, ele havia sido reiteradas vezes convidado a trabalhar com os parentes, radicados havia muito tempo na Inglaterra, onde haviam conquistado prestígio como renomados joalheiros. Entretanto, a ideia da vingança e o desejo de tomar posse do diamante prevaleceram na sua decisão e só agora ele passara a viver com o tio e o primo.

Havia poucos dias Lucy recebera uma carta de seu advogado, único a saber de seu paradeiro, comunicando o falecimento de Afonso. Sentiu-se aliviada. Nenhuma ponta de tristeza. Tinha, a seu ver, mais motivos para comemorar.

A frieza e a indiferença dela ao desfecho trágico do marido, que se deixara arrastar pelas águas de um rio, chamaram a atenção de sua avó e do tio, Oliver Greegs.

Este havia muito tempo suspeitava de que a sobrinha ocultara ou alterara a verdade. Em breve, descobriria os estratagemas utilizados por ela para encontrar-se com o amante oculto.

Contudo, enquanto isso não acontecia, Lucy e Sandro apenas se divertiam, pensando em desfrutar a tão almejada liberdade. Conhecer Bertrand Laurel e a companhia teatral fizeram-na ter outra fonte de interesse. Amava estar presente nos ensaios, ajudando-os a decorar as falas. A arte da encenação pouco a pouco a cativava poderosamente. No íntimo, sabia que caso sua família descobrisse, jamais aceitariam sua convivência com outra camada social que não a sua.

E as conversas com Bertrand, eram-lhe proveitosas! Ele era um homem maduro, que havia pouco tempo tinha perdido uma filha da idade de Lucy. Esta, aliás, em muito o fazia lembrar-se da recém-desencarnada. Passou a transferir a ela seus sentimentos paternais. Homem culto, sensato, apaixonado por sua arte, descobriu muitas afinidades com a filha de Lester Greegs.

E ela, naquela noite, seguia feliz para a residência do amado. Dissera ele à família que sua esposa, Lídia, havia falecido. Estava viúvo e livre para o relacionamento com a bela jovem que, seguidas vezes, acompanhava-o. Conhecera-a durante a viagem, dizia a todos, tentando modificar os fatos para que nada comprometesse a imagem de ambos.

Por sua vez, Sandro também encontrara uma pessoa que conquistara sua simpatia e sua confiança e, assim como Bertrand, sabia de toda a verdade, inclusive do roubo do diamante. Era Jenny, jovem que havia sido educada por seu tio que lhe desposara a mãe e, quando esta faleceu, continuou a cuidar da educação dela. Com personalidade vivaz, atitudes firmes, apesar de ter menos de vinte anos, sabia ser uma boa companhia para um recém-chegado à importante capital europeia. Ela conhecia cada recanto de Londres e, sempre muito expansiva e disposta, ensinava Sandro a bem se orientar na cidade.

Em resposta à missiva de seu advogado, Lucy solicitava que desse a conhecer o conteúdo da carta que deixara com ele, endereçada a Lídia.

E foi em cumprimento a essa incumbência que o doutor Castanheira chegou a Guaratinguetá em uma viagem bastante dificultada pela chuva torrencial. Sorvia agora o saboroso café servido por Lina. Tinha diante dele a única herdeira de Afonso Marçal a olhá-lo curiosa em saber o motivo de sua visita. O advogado estendeu-lhe então a correspondência selada e assinada por Lucy.

VEREDAS DA PAZ

Lídia hesitou em abrir, mas iniciou a leitura em silêncio. Logo, as lágrimas brotaram. Ali, a autora assumia a fuga com Sandro. Sabia que o que fizera era indesculpável. Ironicamente, lembrava Lídia, foi a esposa de seu pai que a ensinara a ler. Jamais poderia imaginar que tal aprendizado um dia serviria para dar a conhecer uma verdade tão cruel.

Mais adiante, Lucy a nomeava como procuradora para vender seus bens: a fazenda em Guaratinguetá e a casa em São Paulo. Confiava que ela daria a esses imóveis um destino apropriado, quem sabe pudessem servir para escolas, reuniões culturais ou, ainda, pudesse ser realizado um trabalho nos moldes da granja Peruíbe, que servia para abrigar crianças abandonadas. Nem isso a redimiria, afirmava Lucy. Todavia, a seu ver, bastava de acumular riquezas sem nenhum proveito a ninguém. E esse remorso não queria levar consigo.

Lídia concluiu a leitura bastante emocionada. Logo daria andamento ao pedido daquela que havia sido a esposa de seu pai. Em um ponto concordavam: era chegado o tempo de deixar de apenas amealhar patrimônio, sem mais nenhuma finalidade útil.

A cobrança

Mary Simons Greegs era uma senhora septuagenária, de cabelos embranquecidos, bastante dedicada em manter a harmonia familiar. Até então, vivia apenas na companhia de seu filho, Oliver. Ele, destacado banqueiro, estava sempre envolvido nos diferentes ramos de negócios e investimentos de sua tradicional família, em vários pontos do globo. Portanto, viajava muito, passava longas temporadas fora de casa. Nesse sentido, a mudança da neta Lucy para Londres trouxe, de início, grande alento ao coração de Mary, que já não mais passaria tanto tempo a sós na imensa mansão situada em refinado bairro londrino.

Contudo, nas semanas que se seguiram à chegada tão aguardada da filha de Lester, começaram as preocupações. Também ela demorava-se fora de casa e, nos últimos tempos, tardava cada vez mais a chegar. Apenas evitava tal procedimento quando sabia que o tio estaria presente.

Alegava ir ao encontro de parentes de sua mãe que haviam se mudado para Londres e alguns outros amigos brasileiros, que já viviam lá havia algum tempo. A avó e o tio a apresentaram aos amigos tradicionais dos Greegs, membros de famílias com as quais mantinham estreitas relações. A esses, Mary sabia que ela não procurava.

Sempre que possível convidava-a a acompanhá-la nos cultos da igreja luterana. Lucy acatava, um tanto contrafeita, mas julgando justo atender ao pedido da senhora que sempre a tratara com extremado afeto.

Mary procurava compreender as atitudes voluntariosas da neta, que havia saído de um casamento infeliz e procurava se adaptar aos costumes de uma terra estrangeira. Sabia o quanto a vida dela se alterara desde a morte repentina do pai. Certamente, se ela tivesse chegado anos antes, na companhia paterna, tudo teria sido completamente diferente. Talvez hoje, arrazoava Mary, ela tivesse uma maneira mais serena de viver, sem aquela ânsia em usufruir a liberdade sem maiores cuidados. Por vezes, ela se assemelhava a alguém que tivesse sido privada do direito de direcionar livremente sua própria existência e, agora, procurava de todas as formas experimentar de tudo e apenas isso.

A senhora tinha muito gosto em estudar os salmos da Bíblia, buscando neles a inspiração para melhor se conduzir. Pedia a Deus, com imenso fervor, que Lucy pudesse melhor se orientar, que vencesse essa fase de confusão e falta de perspectiva e, finalmente, desse um rumo mais digno a sua existência por meio de um novo casamento, uma união mais feliz, na qual pudesse ser abençoada pela maternidade. No entanto, toda vez que Mary aventava essa hipótese, Lucy se esquivava e punha muita firmeza e segurança na voz ao responder que não mais pretendia se casar.

Em uma manhã de sábado Mary estava mais uma vez a ler os inspiradores salmos quando Oliver pediu sua atenção. As notícias que tinha sobre Lucy eram quase inacreditáveis, o que a deixou estarrecida. Compreendeu que era urgente uma mudança de atitude em relação à neta. Era inadiável uma conversa decisiva. E, naquele dia mesmo, a jovem viria a saber dos novos planos que estavam sendo traçados para seu futuro.

Tão logo desceu para o desjejum, encontrou o tio com uma expressão nada amistosa, ainda sentado à mesa, terminando seu café da manhã.

Lucy o cumprimentou e, em seguida, passou a servir-se de frutas. Havia um silêncio inquietante que logo foi quebrado pela voz firme de Oliver Greegs, que declarou:

– Você não chegou sozinha à Inglaterra, conforme nos disse.

Do outro lado da mesa, ela apenas escutou sem nada dizer.

– Veio acompanhada por um homem! Seu nome é Sandro Carvalho! Ele era genro de seu marido e sua esposa ainda vive no Brasil!

Lucy tinha os olhos baixos. Não ousava olhar para o tio. As faces ruborizadas denotavam pavor e espanto diante da descoberta. Ignorava como ele podia ter conseguido tantas informações. Enfim, a farsa estava desfeita. Oliver prosseguia:

VEREDAS DA PAZ

– E é certamente na companhia deste rapaz que você está sendo vista pelos subúrbios da cidade, em lugares mal frequentados e mesmo em casa de jogos, onde ele põe a perder uma fortuna que não lhe pertence!

Lucy se preparava para levantar quando ouviu a voz imperiosa do tio:

– Não permito que você dê esse rumo a sua vida! Se você não sabe conduzi-la, deixe que eu faço isso por você!

– Do que o senhor está falando? – indagou, entre enraivecida e envergonhada.

– Decidi que vou aceitar o pedido feito pelo reverendo Collins. Ele me falou de seus planos em se casar com você. Assim, passará a frequentar regularmente esta casa e será sempre muito bem recebido por você. Logo trataremos do noivado.

A sobrinha de Oliver estava aturdida. Mais uma vez os homens decidindo por uma união matrimonial indesejada. "O que Oliver pensava estar fazendo?", ajuizava ela. Supunha afastá-la de seus desregramentos e reconduzi-la ao bom caminho sob o amparo de um homem virtuoso, alguém com quem até então trocara apenas algumas palavras. Era o líder respeitado da comunidade luterana à qual a família Greegs pertencia. Mas por que a ideia de casar-se com ela quando tantas outras mulheres se prestariam tão melhor ao papel de esposa? Isso não servia definitivamente para ela, Lucy Greegs.

Sabia que era inútil argumentar com o tio. Seria uma discussão desgastante e inútil. Restava fazer o candidato a noivo mudar de ideia.

A notícia pior ainda estava por vir: Oliver a proibiu de sair de casa. De nada adiantou protestar. Dali não sairia a não ser para acompanhar a avó em algum passeio, viagem curta, visita ou cultos da igreja. O isolamento provisório serviria para que ela refletisse melhor sobre o modo como estava se conduzindo e que nada condizia com uma mulher de família tradicional, como era seu caso.

Lucy mal conseguia acreditar que seria submetida a uma espécie de prisão domiciliar. Não era isso que esperava quando vivia no Brasil a imaginar os dias maravilhosos que teria na Europa.

Oliver não tardou a se retirar. Sabia que era urgente agir antes que a sobrinha comprometesse ainda mais sua saúde e sua segurança em aventuras perigosas. Ao sair, deu ordens à vigilância para que não permitissem a entrada de estranhos e impedissem as saídas de Lucy, provisoriamente cerceada em sua liberdade.

✳

Nos dias que se seguiram, até mesmo o mau tempo pareceu conspirar para que ela permanecesse no recesso do lar dos Greegs. Chuvas abundantes desabaram sobre Londres.

Lucy passou novamente a se cercar de seus livros, que sempre lhe fizeram tão boa companhia. Voltava sua atenção também sobre as obras do teatro de Shakespeare, Molière, Racine e outros tantos autores consagrados. Pesava-lhe a saudade dos amigos atores, principalmente de Bertrand. Sentia demais não poder ir ao encontro de Sandro. Haveria ele de imaginar uma maneira de aproximar-se dela. Por tudo isso, andava sempre atenta a todos os sinais, mensagens secretas que pudessem chegar até ela por meio de algumas das criadas; enfim, seu isolamento não poderia lhe infligir a perda do amado por tanto tempo.

O reverendo Collins passou a visitá-la regularmente. Ele tinha dez anos a mais do que Lucy, uma diferença menor do que havia em relação a Afonso Marçal. Tinha ele a pele clara, cabelos ruivos, olhos verdes muito expressivos. Caracterizava-se por seus modos brandos, atitudes sempre muito ponderadas; todavia, era conhecido também por suas iniciativas empreendedoras, as quais produziam excelentes resultados que muito agradavam à comunidade. O rapaz era de família tradicionalmente ligada ao luteranismo. Estudara e viajara por diversos países, era bastante culto segundo se denotava nas conversas que mantinha com sua pretensa noiva.

Lucy passou a estimá-lo e a admirá-lo. Certamente seria o noivo ideal para muitas outras jovens, pois mantinha bons princípios, era bastante sincero na fé que esposava e muitas melhorias seria capaz de realizar no meio onde estava.

O olhar sereno do reverendo Collins muito se diferenciava dos olhares cobiçosos que até então os homens sempre haviam lhe dirigido. Em algumas ocasiões, chegava ela a se perguntar o que ela representaria verdadeiramente para o reverendo, que nutria a esperança de desposá-la. Estaria agindo movido pelo desejo de regenerar uma alma perdida? Seria tão devoto a ponto de arriscar-se a sacrificar a própria felicidade em um casamento que só convinha a ele? Haveria algum interesse financeiro em jogo, já que Lucy pertencia a uma rica família de banqueiros ligados ao crescimento dos protestantes na Inglaterra havia séculos? "O que o moveria, afinal?", perguntava-se ela. Não o sentia apaixonado, ao menos não com a intensidade que justificasse um pedido de casamento.

Estranhamente, ele parecia mesmo decidido a levar adiante tal projeto. A ideia era rejeitada por ela e o reverendo sabia disso.

Na tarde em que finalmente a chuva cessou, e Oliver, Lucy e o reverendo Collins estavam sentados no jardim da residência, servindo-se de refrescos e frutas na mesa cuidadosamente arrumada, ela disparou, para espanto dos dois:

– O senhor deve saber que tenho um amante.

Eles se entreolharam surpreendidos, mal acreditando que ela estava a trazer à tona um assunto que deveria permanecer oculto, e, mais, esquecido em nome dos bons costumes e da paz doméstica.

Ao dizer isso, Lucy já sentiu o olhar fulminante do tio. Ainda assim continuou:

– Ele é um brasileiro que vive aqui. Apenas estamos impedidos de nos casar, pois ele já é casado e sua esposa vive no Brasil. Contudo, mesmo que isso fosse possível, não faria parte dos nossos planos, pois tanto eu como ele amamos preservar nossa liberdade.

A esta altura, Oliver interveio:

– Por que você está a tratar de maneira leviana sobre um assunto que pertence ao passado? Por que faz isso de maneira tão descortês e desrespeitosa com nosso convidado, seu futuro noivo?

Tinha a esperança de que ela modificasse seu intuito verdadeiro: dissuadir o reverendo da ideia do casamento. Entretanto, ela não recuou e prosseguiu:

– Perdão, reverendo Collins! Creia-me! Aprendi a lhe querer muito bem! A meu ver, não é justo que queira se casar com alguém a quem desconhece. Não sou a pessoa que todos querem que o senhor acredite existir. No teatro existem as farsas. Já vivi algumas na vida real. Não quero iniciar outra, não com o senhor, que é pessoa boa e honesta. Mais uma vez lhe peço perdão. Não quis constrangê-lo. Sei que o surpreendo da maneira que falo, mas não posso mais calar a verdade que, certamente, foi-lhe ocultada em nome da "decência". Sei que não é dado a uma mulher decidir a respeito de seu próprio destino. Se isso me fosse permitido, certamente não tornaria a me casar e seria ainda menos provável que o fizesse com uma pessoa a quem não amasse. Já passei por isso, reverendo. É muito triste. Mesmo sendo o senhor alguém infinitamente melhor do que meu primeiro esposo, não tenho a intenção de me arriscar em uma união a qual não desejo. Por fim, justamente pela grande consideração que lhe tenho é que não devo lhe impor a infelicidade na vida conjugal. Era o que tinha a dizer. Com licença, cavalheiros.

Lucy já ia se retirando quando o reverendo pediu que ela permanecesse mais um pouco. Naquela manhã havia sido oficialmente convidado a integrar uma missão na África, por seus superiores. Meditava ainda sobre a resposta a dar. Não poderia, contudo, demorar-se muito em sua decisão. Dirigira-se até a residência para ouvir a opinião da futura cônjuge. No entanto, Lucy antecipara-se. Ficava claro que a união dos dois não seria possível. O lugar onde ele viveria seria muito arriscado para uma jovem como ela. Destacou ainda que, apesar de sua franqueza rude, que teria indignado a muitos outros homens, ele entendera sua intenção e a necessidade de defender a si mesma dos planos elaborados por outros, que violassem seus próprios anseios de ser livre para bem direcionar a própria vida.

Ali, diante de Oliver Greegs, estava desfeito o compromisso. O reverendo Collins partiria sem mágoas, desejando a Lucy que a amizade construída entre eles permanecesse, almejando que ela fosse bem-sucedida em seus projetos, mas acreditando que seria sim, muito feliz ao lado de alguém que sabia defender seus pontos de vista sem temer a ninguém.

Oliver revelava-se aturdido com o ritmo acelerado com que a situação se modificava. Recebera, naquela tarde, o futuro noivo da destrambelhada sobrinha – como ele mesmo dizia –, e, agora, com um simples aperto de mão despedia-se do futuro missionário em terras africanas. Somente pensava que Lucy poderia ter esperado um pouco mais e não teria sido necessário se expor daquela maneira. "Que mundo estranho!", dizia a si mesmo.

Lucy saiu daquele encontro leve como uma pluma, quase a deslizar pelos jardins rumo aos seus aposentos. Queria seguir agora para outro encontro. Já havia pensado em um plano ingênuo para burlar a rigorosa segurança que, de tão ingênuo, poderia dar certo.

Ao cair da tarde, recolheu do varal um manto com capuz que pertencia a uma das criadas. Imitando até mesmo seu passo miúdo, com o rosto encoberto, passou pelos vigilantes sem despertar suspeitas. Assim que se viu fora dos limites da propriedade, seguiu rumo ao prédio que abrigava a joalheira e a casa do tio de Sandro.

Venceu a distância no menor tempo possível e encontrava-se agora, sem mais o disfarce, na frente do imóvel, um sobrado em que a parte inferior destinava-se à loja e a parte superior, à residência.

Lucy encontrou o proprietário a fechar o estabelecimento e logo perguntou por Sandro. Foi informada de que ele estava em repouso, já havia alguns dias estava adoentado, com muita febre. A princípio, pensaram até mesmo se tratar de cólera, mas o médico descartara a possibilidade. Ainda assim, Sandro permanecia bastante debilitado e em fase de recuperação.

Sem mais demora, a jovem subiu as escadas para visitar o enfermo. Chegou no justo instante em que Jenny acomodava os travesseiros para que ele pudesse sentar e fazer a refeição. Lucy estacou à porta, diante da cena que não foi nada agradável a seus olhos enciumados.

Sandro e Jenny a saudaram. Ele, de fato, tinha a expressão cansada, de quem já havia passado por maus momentos. Nos últimos dias não conseguira se alimentar corretamente, seu sono também era inquieto, agitado. Agradecido, olhava para Jenny que velara por ele naqueles dias.

Lucy afirmou que não pudera ir antes. Estava praticamente prisioneira em sua própria casa por ordem do tio, que havia descobrido a respeito do envolvimento dos dois.

A essa altura, Jenny retirou-se discretamente. Lucy aproximou-se mais do leito do amado e contou-lhe que havia poucos instantes tinha conseguido escapar de uma tentativa, movida pelo tio, de conduzi-la a novo casamento. Sabia, no entanto, que ele não desistiria da ideia de uni-la a outra pessoa.

Sandro terminava sua refeição e estava agora abraçado a Lucy quando Jenny novamente entrou levando uma vasilha com água fresca que pôs cuidadosamente em uma mesa próxima ao enfermo.

Em tom enérgico, Lucy reclamou:

— Você não vê que queremos ficar a sós? Por que insiste em ficar entre nós como se fosse uma sombra?

Jenny, surpresa pela reação inesperada, apenas se desculpou.

Sandro afirmou:

— Não seja rude, Lucy! Jenny sacrificou até mesmo suas horas de sono em vigília por mim. Por favor, não a trate assim, não seja injusta!

Jenny, com suavidade, redarguiu:

— Estou sendo inoportuna, Sandro. Lucy não o vê há dias. Fiquem à vontade — e retirou-se do aposento.

Ainda assim, Lucy continuou a esbravejar e a exigir que Sandro saísse daquele lugar. A convivência com Jenny não estava sendo recomendável. Não demorou muito e logo retornou à casa dos Greegs, onde não tardaram a dar por sua falta.

Depois de sua saída, Sandro novamente desculpou-se com a enteada de seu tio. Esta disse compreender o que se passava com Lucy. Certamente ela tinha a consciência a importuná-la. Sempre veria sombras entre eles. Sempre estaria insegura, com medo de que se repetisse com ela o mesmo sofrimento que ela impôs a Lídia em outros tempos. E essa sensação seria um empecilho a que a união deles fosse feliz, na opinião acertada de Jenny.

As palavras dela deixaram Sandro pensativo. Sem dúvida, imprimira ele um rumo surpreendente à própria vida nos últimos meses. Havia chegado a Londres onde sempre foi muito bem acolhido por seus familiares. O tio aprendeu a apreciar a desenvoltura e o tino comercial que o rapaz possuía. Com muita habilidade nos negócios, ele sabia cativar compradores e fornecedores. Desde que se enfronhou nas atividades da joalheria, muito colaborara com o aumento dos lucros. Sandro era inteligente e tinha muita aptidão para o comércio. Com ele, tudo parecia prosperar.

Contudo, a proposta de Lucy para que saísse daquela casa e providenciasse outro lugar para morar não fazia parte de seus planos. Queria permanecer trabalhando com o primo, com Jenny e com o tio por mais algum tempo. "Ela que acalmasse seus ânimos", avaliava ele. Nada sabia ela a respeito do mundo do trabalho e dos sacrifícios que ele exigia. Havia crescido cercada de mimos e facilidades, acostumada apenas a exigir e a ter seus desejos atendidos. Talvez por ser diferente dele, o atraíra tão poderosamente. Por causa dela, arriscara-se além do necessário. Tudo teria sido mais fácil se ele houvesse se apossado do diamante e sumido mundo afora sozinho.

De alguma maneira, agora sua existência já era conhecida pela influente família Greegs. Isso poderia lhe trazer ainda mais dificuldades caso não soubesse se portar com discrição. Aventou a hipótese se sugerir a ela que permanecessem afastados por algum tempo, dando a impressão de haverem rompido o compromisso, até que tudo fosse esquecido. No entanto, não teve como falar a Lucy, que saiu intempestivamente. Contudo, acreditava ser possível encontrá-la na casa de Bertrand, cuja companhia sempre procurava nos instantes em que se sentia confusa e inquieta.

No andar inferior, Jenny havia terminado a refeição com o tio e acabava de pôr em ordem a cozinha. Mal acreditou quando viu Sandro descer as escadas, manifestando a intenção de sair. Suas únicas palavras foram:

– Você não deve sair! A essa hora é sempre perigoso! Só agora você parece estar melhorando! Não vá! Deixe para amanhã!

– Estou bem, não se preocupe! – respondeu ele. – Lucy deve estar perto daqui, na casa de Bertrand! Devo aproveitar que ela conseguiu sair de casa para definir alguns detalhes importantes! Volto já!

Sandro foi até ela e despediu-se com um beijo na face:

– Obrigado por tudo, por seus cuidados, sua amizade! Conhecer alguém como você foi um prêmio para mim!

Jenny retribuiu com um sorriso. No íntimo, pesava-lhe uma estranha sensação. Insistiu ainda para que Sandro não saísse à rua naquela hora, mas foi em vão. Também o tio interveio, mas ele seguiu mesmo assim, à procura de Lucy.

Pouco depois, foi visto andando devagar pela rua. Ainda estava debilitado pelos dias em que estivera acamado. Na rua escura, nem percebeu que dois homens passaram a segui-lo. Quando viu, eles o estavam abordando, em tom ameaçador, exigindo que Sandro lhes entregasse a carteira de dinheiro. Como ele esboçasse reação, um dos homens, mais forte, tentou contê-lo. E o outro arrancou-lhe à força a carteira. Sandro ainda assim tentou reavê-la e, ao entrar em luta corporal com um dos assaltantes, acabou sofrendo um corte de punhal afiado, à altura do pescoço. Com o ferimento fatal, Sandro apenas cambaleou alguns passos e caiu. Os dois homens saíram correndo do local. Estava a apenas alguns metros da casa de Bertrand. Ironicamente, ele que, movido pelo desejo de vingança e pela ambição havia roubado o diamante imperial, tombava agora pelas mãos de outros ladrões.

Pela manhã, Bertrand Laurel recebia a visita de um policial acompanhado de um de seus vizinhos. Queriam saber se ele podia mesmo identificar o cadáver que havia sido encontrado próximo dali e que alguns haviam apontado como sendo seu amigo. Apressado, o ator dirigiu-se para lá e não conteve as lágrimas ao reconhecer Sandro Carvalho. Ele, acostumado às tragédias e comédias dos palcos, ficou fortemente abalado pelo ocorrido. Alguns dos presentes lembraram-lhe que era necessário avisar a família do rapaz. Tal providência foi tomada a seguir. Jenny, ao saber, pediu a Bertrand que avisasse Lucy, e assim foi feito.

Poucos minutos depois, um modesto coche estacionava ante os portões da suntuosa residência dos Greegs. Dele desceu Bertrand, portador de terrível notícia. Ao ser avisada de sua chegada, Lucy se assustou. Pediu à avó que permitisse a entrada do amigo. Algo muito importante deveria ter acontecido para que ele fosse procurá-la tão cedo. Vendo a preocupação da neta, Mary concordou.

Logo a figura alta e elegante do prestigiado ator entrou na sala principal. Após saudar a dona da casa, ele foi levado por Lucy para sala mais reservada.

Mary continuou a arrumar um belo arranjo floral no mesmo local onde estava. Não tardou a ser surpreendida pelos gritos de dor e de angústia da neta. Seguiu incontinenti para onde ela estava e a encontrou desmaiada nos braços de Bertrand. Em seguida, providenciou para que a neta fosse socorrida e recobrasse os sentidos. Mary foi colocada a par do que ocorrera. O funeral de Sandro já estava sendo organizado, e o amigo a acompanharia se fosse esse o desejo de Lucy. Esta, por sua vez, bastante abalada, demorou a pôr as emoções e pensamentos em ordem. Doía-lhe saber que havia deixado o seu amado na noite anterior, após uma discussão insignificante. E que ele havia sido cruelmente abatido quando se propunha a ir a seu encontro. "Que lástima uma vida se perder assim", dizia repetidamente.

Quando se restabeleceu do tremendo choque, dispôs-se a seguir para o velório, sempre amparada por Bertrand. Ao chegar lá, nem todos lhe dirigiram olhares amistosos. Mesmo o tio e o primo deixavam transparecer na forma de agir, que a culpavam pelo sucedido a Sandro. Somente Jenny compreendia que não era o momento de se buscar culpados pelo infortúnio. Com esse pensamento, foi a única a levantar-se e receber Lucy com um abraço. Esta, por sua vez, emocionou-se ainda mais ao perceber que o gesto amigo partira justamente de alguém a quem ela hostilizara recentemente. A jovem revelava-se uma alma nobre, e não uma mulher fútil e mal-intencionada, como até então a orgulhosa filha de Lester Greegs imaginara.

Jenny lembrou-se ainda de uma providência de ordem prática. Era preciso avisar Lídia, no Brasil, sobre a morte de seu marido. Assim que teve oportunidade, solicitou a Lucy o endereço para que pudesse enviar uma carta e os documentos oficiais.

A desencarnação violenta e repentina de seu amante teve efeitos devastadores sobre Lucy. Perderia ela muito de sua exuberância e alegria de viver. Além disso, passara a suspeitar de que seu tio Oliver pudesse ter algum envolvimento na morte de Sandro. Em sua mente, ele era um grande interessado no desaparecimento do rapaz.

Assim que este regressou de viagem, dois dias depois, ouviu pesadas acusações por parte da sobrinha, tremendamente revoltada com o acontecido. Oliver, dizia que ela havia perdido a razão. Em nenhuma hipótese se veria envolvido em um assassinato, por mais que detestasse o tal homem que, a seu ver, apenas trouxe ruína à vida de Lucy. Oliver falava a verdade. Não tinha mesmo nenhum envolvimento no assassinato de Sandro, que apenas atraíra para si o resultado de suas ações infelizes.

Em seu retorno à vida espiritual, ele despertou bastante confuso e demorou muito a perceber o que havia ocorrido. Muito desesperado e revoltado, acabou por se associar a entidades perversas que passaram a dominá-lo e a intimidá-lo. Não tardaria o encontro com aquele a quem tinha imposto pesadas perdas com o intuito de vingança. Sandro Carvalho seria levado à presença de seu rival, Afonso Marçal, que o manteria ainda por muito tempo sob sua nefasta influência.

Assim, reencontraram-se ambos em triste situação nas regiões inferiores da espiritualidade, tanto um quanto o outro, acusando-se mutuamente e tentando justificar suas ações insensatas. Sandro permaneceu por longo tempo sendo atormentado e perseguido por Afonso e as entidades cruéis que se consorciaram a ele. Tal situação aflitiva era ainda mais agravada pelos pensamentos de inconformidade e revolta que lhe eram dirigidos por Lucy. Via-se ele como um espírito atormentando, tanto pelos da esfera invisível como pelos da esfera física.

Quanto a Lucy, era evidente o desequilíbrio emocional causado pela desencarnação do amado. Vendo seu profundo estado de prostração, sua indiferença por tudo o que antes lhe dava prazer, sua avó convidava-a a acompanhá-la aos cultos da igreja luterana, na esperança de que as orações, os cânticos, a companhia de outras jovens como ela pudessem tirá-la daquela profunda tristeza. Esta era uma das poucas oportunidades em que Lucy saía. Já não mais se importava com o fato de permitirem ou não suas saídas. Sempre trajada de preto, ia frequentemente visitar o túmulo de Sandro, levando consigo um belo ramalhete. Ali chorava copiosamente, movida principalmente pela autopiedade. Por quê, se perguntava ela, Deus insistia em privá-la da companhia daqueles a quem ela mais amara, como seus pais e Sandro, trazendo à sua vida apenas o que ela não desejava para si? Por que essa injustiça por parte do Criador?

Foram dias muito difíceis tanto para ela como para Sandro, recém-retornando à vida espiritual.

Em um dos dias que saía da igreja com a avó, viu ao longe a figura modesta de Jenny, que se dirigia à casa de uma amiga. Lucy, a princípio hesitou em cumprimentá-la. Jenny mal a reconheceu em sua expressão pálida, emagrecida e ainda mais abatida pelas vestes negras. Foi dela que partiu a iniciativa do cumprimento cortês.

Sem conter as lágrimas, Lucy a abraçou e permaneceu por longo tempo enlaçada a ela. A avó, ao ver a cena, nada questionou. Apenas se dirigiu ao coche e preferiu ficar esperando ali, deixando as moças mais à vontade para conversar. Ambas dirigiram-se então ao pequeno e bem cuidado jardim que ladeava a igreja. Sentadas em um banco, começaram a conversar:

— Lucy, tenho encontrado muitas palavras sábias e confortadoras neste livro que me foi recomendado por uma amiga a qual estou indo visitar agora. Nós duas estamos estudando vários de seus ensinos! Eu também o recomendo a você.

Dizendo isso, Jenny retirou da pequena bolsa que trazia, um exemplar de *O Livro dos Espíritos*, de Allan Kardec. A neta de Mary Greegs tinha-o agora nas mãos. Folheou com pouco interesse. Ainda enxugava as lágrimas quando Jenny continuou:

— Eu iniciei sua leitura pouco depois da morte de Sandro. Tenho aprendido muito, principalmente, que aqueles a quem amamos não desaparecem. Seguem na vida de espírito a receber nossas impressões, nossos sentimentos e a nos influenciar também. Desde então tenho dirigido a Sandro as minhas preces, no sentido de que tenha paz, de que se eleve amparado por seus amigos espirituais...

— Desculpe-me, Jenny — interrompeu Lucy —, talvez eu não esteja preparada para entender o que você me fala. Tenho meu coração cortado por dor lancinante, minhas noites são povoadas por pesadelos terríveis nos quais seguidas vezes deparo com a face apavorante de meu ex-esposo que não cessa de me acusar e de me atormentar. Posso ter cometido meus erros, mas não devo ser acusada por querer buscar o que julgo melhor para mim. Afinal, ele também pensou unicamente em si, no seu desejo e nos seus interesses e conveniências ao tomar-me como esposa. Onde está Deus que permite que ele venha das sombras me perseguir?! E por que tirou Sandro da minha vida desta maneira tão estúpida e cruel?!

Enraivecida, praticamente atirou de volta o livro às mãos da amiga e levantou-se para ir embora. Jenny apenas argumentou:

— Cuidado para não agravar ainda mais as próprias penas, Lucy. Insisto no convite para que leia este livro. Ele muito poderá esclarecer suas dúvidas. Você compreenderá que Deus é sempre justo e bom em suas ações. Não devemos acusá-Lo pelos nossos maus resultados, que são apenas a decorrência de nossas atitudes e pensamentos. Como lhe disse: aqueles que se vão seguem vivendo. Você compreende o alcance de seus erros. Talvez seu ex-esposo ainda não tenha essa compreensão. Ore por ele também. É somente por meio do perdão que você poderá quebrar essa cadeia de ódio que se instalou.

Lucy tinha o raciocínio perturbado. As palavras de Jenny pareciam atordoá-la ainda mais. Lembrava-se agora das referências à sua mãe, Cecília Greegs e das comunicações que ela deixara nas reuniões da condessa Valesca em São Paulo. Tudo isso sempre lhe pareceu improvável, fruto de mentes crédulas e impressionáveis. E justamente no momento em que se via outra vez desamparada ante a partida de um afeto, vinha aquela jovem de aspecto simples, com um brilho no olhar, a lhe falar a respeito de imortalidade da alma, noção tão vaga para ela. Decidiu pôr fim à incômoda conversa. Despediu-se educadamente de Jenny e seguiu rumo à condução onde era aguardada pela avó.

A moça guardou o livro na bolsa enquanto olhava o vulto da mulher trajada de preto afastar-se vagarosamente. Este seria o último encontro delas naquela existência. Tornariam a se aproximar em encarnação atual quando Jenny, na identidade de Andréa Giovenazzi, seguiria prestando sua amizade e lealdade ao casal Diana e Floriano.

Nos dias que se seguiram, Lucy recebeu a visita do reverendo Collins. Ele estava prestes a ir para a missão da África, o que lhe exigiria alguns anos de ausência. Vinha se despedir da família Greegs.

Todavia, ficou com bastante pena ao ver que a pessoa que o recebia naquela tarde em nada recordava a figura expansiva, elegante e altiva da ex-noiva. Lucy Greegs apenas respondia com monossílabos. Notou a viva preocupação da avó com a saúde da neta que não manifestava gosto por mais nada, descuidando da própria alimentação. Era como se a vida houvesse acabado para ela precisamente naquela manhã em que recebeu a trágica notícia.

Depois de conversar com Lucy, o reverendo Collins sugeriu uma curta viagem à família, algum lugar que despertasse nela interesse e afeição, talvez uma propriedade no campo, onde ela pudesse se reequilibrar. Ausentar-se de Londres não fazia parte dos planos de Mary, mas a senhora aventou a possibilidade de ir com Lucy para a propriedade rural da família em Liverpool. Lá sempre foi um lugar prazeroso para ela, desde sua infância. Amava exercitar-se na equitação e lá teria o espaço destinado para essa atividade.

Como os pesadelos e a estranha sensação de estar sendo perseguida continuassem a afligi-la cada vez mais, Mary e Oliver julgaram por bem acatar a sugestão do reverendo Collins e afastá-la da capital inglesa.

A providência, todavia, não surtiu o efeito desejado. O estado de alheamento de Lucy agravou-se ainda mais. Passou ela a "falar com os mortos" levando verdadeiro pavor aos empregados da casa. Mary também se perturbava com o penoso e aflitivo estado espiritual da neta.

Lucy agia como se tivesse perdido o juízo, aos olhos de muitos. Experimentando contumaz obsessão, passou a alimentar constantemente o desejo de se autoaniquilar.

Em uma manhã fria, muito cedo ainda, levantou-se ainda em trajes de dormir, após acordar de mais um tormentoso pesadelo. Andava inquieta, sem rumo, até que finalmente dirigiu-se à estrebaria. "Vocês me chamam, vou até vocês", repetia constantemente.

Escolheu um dos cavalos e montou sem cela e sem arreios. Saiu velozmente, saltando os obstáculos naturais do terreno. Em um deles, porém, não conseguiu se equilibrar e evitar a queda violenta e fatal. O corpo inanimado de Lucy foi encontrado algumas horas depois por um dos serviçais que percebeu a falta do cavalo. Encerrava-se, assim, a existência tumultuada e breve de Lucy Greegs.

✳

Em Guaratinguetá, a notícia da desencarnação da segunda esposa de Afonso Marçal, poucos meses depois da de Sandro, chegou por intermédio de uma carta do advogado da primeira, endereçada a Lídia. Antes disso, porém, Siron, via mediúnica, havia recebido a mesma informação. Em uma das reuniões ocorridas na sede da fazenda Esperança, Cecília Greegs comunicou a ele o desenlace daquela que fora sua amada filha.

Portanto, a carta que chegara às mãos de Lídia e que a deixara comovida não trazia propriamente uma novidade. Apenas orou com fervor por todos aqueles espíritos que, por descuido, ambição desmedida, deixaram-se arrastar em um torvelinho de paixões que poderiam conduzi-los a verdadeiros dramas em seu retorno à pátria espiritual.

Lídia Marçal havia convivido com cada um deles. A cada um amara de uma maneira distinta. Sofrera e assistira ao profundo sofrimento do pai, abatido em seu orgulho. Apesar da terrível decepção que tivera com o ex-esposo, nunca teve para com ele nenhum desejo de revide ou de ódio. Nem mesmo por Lucy, que demonstrara tanto egoísmo e indiferença. Ouvira várias acusações imputadas a ela por sua frivolidade, sua total falta de consideração à amiga. Os outros falavam, acusavam, criticavam e condenavam. Era um procedimento tão fácil. Sempre que isso ocorria, Lídia se lembrava do Evangelho a narrar a resposta que Jesus deu àqueles que queriam apedrejar a indefesa mulher: "Aquele que estiver sem pecado que atire a primeira pedra". Ao ver que todos se retiravam, o mestre Nazareno serenamente perguntou a ela: "Onde estão, mulher, aqueles que queriam te acusar?"

Lídia não queria viver acorrentada aos sofrimentos do passado, envolvida em constantes lamentações. Com uma atitude bastante madura e corajosa não se intimidou, não se aniquilou emocionalmente. Soube dar novos rumos a sua vida, de maneira mais construtiva e os resultados estavam aparecendo.

A fazenda Esperança foi o nome escolhido para a propriedade adquirida por Afonso Marçal e presenteada a Lucy. Na condição de procuradora desta, Lídia transformou-a num abrigo para crianças carentes, nos moldes da granja Peruíbe e outras que faziam trabalho semelhante, inspiradas pelo exemplo de Anália Franco.

Para tanto, contou com o apoio da antiga moradora, a viúva de quem Afonso havia comprado a fazenda por preço irrelevante. Sua filha procurou corrigir esta injustiça. Propôs a ela que voltasse a morar lá com os filhos, oferecendo-lhe o apoio necessário, auxiliando-a a administrar a tarefa que ali seria executada. Aurélia, a antiga proprietária, concordou prontamente com a proposta e com a possibilidade de voltar a viver naquele lugar onde havia sido tão feliz antes de a Guerra do Paraguai privá-la, para sempre, da companhia do esposo e do filho.

Assim, nos últimos tempos, Lídia, Aurélia e outros cooperadores foram dando forma a mais um projeto de solidariedade, contando também com a experiência de Siron e Amélia.

Também na fazenda Esperança havia um espaço destinado ao estudo da Doutrina Espírita e reuniões mediúnicas. Por meio delas vinham as mensagens de estímulo à continuidade da obra assistencial. Era um pequeno grupo, bastante dedicado à tarefa.

Certa noite, por intermédio de Aurélia, médium psicofônica que não chegou a conhecê-lo, Sandro Carvalho comunicou-se em estado de profunda aflição. Voltava para pedir perdão à Lídia. Sua consciência o acusava tremendamente. Sentia-se profundamente aprisionado aos próprios erros que cometera e às pessoas que havia prejudicado em sua busca insana por satisfazer uma vingança e seu desejo desmesurado por Lucy. Sofria muito. Era constantemente assediado por entidades perversas que vigiavam seus movimentos e o impediam de tentar qualquer socorro. Afonso, dizia ele em seu comovedor relato, passara também a perseguir Lucy, a tratá-la como sua cativa. Nada o demovia dessa intenção. Notava que Afonso só demonstrava alguma sensibilidade quando alguém lhe falava o nome da filha. Nesses breves instantes, podiam-se observar lágrimas de saudade em seu rosto sempre amargurado e com expressão grotesca e deformada pelo ódio que sentia. Também ele, Sandro, passou a lembrar-se dela e a sentir imensa necessidade de vir lhe pedir perdão pela maneira rude como agira, indo embora sem olhar para trás. Deixou-se envolver por radiações bondosas que o atraíram até aquele lugar onde se sentia mais reconfortado. Não contava que um dia pudesse rever aquelas paisagens. Para um materialista como ele, a realidade da vida espiritual foi uma total surpresa, afirmava em sua comunicação. Agradecia aos seres bondosos que por misericórdia o haviam trazido ali e rogava pelo amparo divino a ele e a todos os que se envolveram naquela trama que os comprometeu tão penosamente. Sabia que errara muito e queria se redimir. Entendia que o primeiro passo era pedir o perdão da esposa. Lágrimas escoriam da face da médium. Siron, por meio da vidência, percebia o profundo abatimento do espírito Sandro Carvalho e pôde perceber também o profundo refrigério que sua alma experimentou ao ouvir as palavras reconfortantes de Lídia. Com a voz embargada, ela se expressou com muita clareza. Perdoara-o havia muito pela profunda dor que lhe havia causado. Não o acusava de nada. Queria apenas que ele encontrasse a paz e por essa razão orava e seguiria pedindo ao Criador que oferecesse a todos a bendita oportunidade do reajustamento. "Quem ama de verdade perdoa sempre", afirmava ela, com o coração generoso. Dele partiam delicadas irradiações impregnadas de afeto que atingiam o comunicante, proporcionando-lhe agradável sensação de esperança e consolação.

Sandro deixava transparecer por meio da expressão da médium, agora mais serena, após a conturbada e pungente comunicação. Seu espírito foi conduzido pelos dirigentes da reunião para um posto de socorro em uma das zonas espirituais que circundam São Paulo. Ali, recebeu o atendimento de que tanto necessitava e pôde ir se libertando da nefasta influência de Afonso.

Já Lucy permaneceu mais algum tempo em profundo estado de torpor e inconsciência. Quando finalmente despertou, estava sob o jugo de entidades de terrível aspecto que diziam vigiá-la a mando de Afonso Marçal. Assim, passou a viver amedrontada, temendo pela hora do encontro, que não tardou a acontecer e serviu para impregnar ainda mais seu espírito de profundo medo e pavor. Sentia-se tremendamente abandonada e infeliz, ao mesmo tempo em que a consciência culpada fazia-lhe crer que estava recebendo o justo castigo por parte daquele que se tornara seu pertinaz obsessor: Afonso Marçal.

E, assim, permaneceram ambos, enredados nas teias de ódio e vingança que haviam criado para si mesmos.

Nas regiões desoladoras, nas paisagens tristes da espiritualidade, ela permaneceu vagando confusa, à procura de Sandro, por muito tempo. Afonso se alegrava em ver o tormento daquela mente confusa. Ora lhe dizia que permitiria que o visse, como se tudo dependesse exclusivamente da vontade dele. Dizia-lhe que o rapaz estava sob seus domínios, o que era mentira. Sandro estava em um posto de socorro, aos cuidados dos benfeitores espirituais.

Estes também estavam atentos quanto à situação de Lucy e Afonso. Havia ele se transformado em entidade temida por muitos espíritos sofredores que viviam sob suas ordens. Alguns o haviam servido quando de sua última encarnação terrena. Identificavam nele a pessoa a quem deveriam continuar a obedecer sem contestar.

Ainda que a ex-esposa tentasse escapar de sua influência, logo tornava a se ligar a ele, numa imantação constante, alimentada pelo ódio recíproco que, como se sabe, é capaz de acorrentar uns aos outros por longo tempo. Nessa situação, qualquer iniciativa de socorro precisava aguardar o momento preciso. Ciente disso, a mãe amorosa de Lucy, Cecília Greegs, soube agir com paciência e esperança até que o quadro se alterasse gradativamente.

Seus instrutores espirituais a orientaram para que contasse com o auxílio de Lídia Marçal, encarnada, e de Bertrand Laurel, que já regressara ao plano espiritual e se encontrava desejoso de cooperar no auxílio à Lucy.

Assim foi feito. Ao saber que Sandro Carvalho havia sido perdoado por Lídia e, mais, estava recebendo auxílio por meio das orações do grupo, a princípio, ficou indiferente, mas, intimamente, a atitude da filha querida, uma das poucas pessoas que lhe sensibilizava o coração, teve sobre ele benéfica influência. Recordou-se do quanto ela havia sofrido, talvez tivesse sido a mais injustiçada em tudo o que ocorreu. Afinal, que fizera ela senão oferecer amor, carinho e compreensão a todos e mesmo assim ser ferida da forma que foi? Voltavam à sua memória as cenas nas quais ela tantas vezes lhe repetira: "Papai, quero apenas servir a Jesus". E ele sempre lhe respondia de maneira rude que ela poderia vir a se arrepender dessa decisão, pois o mundo era sempre ingrato com todos os que realizavam o bem, como acontecera com o próprio Mestre Nazareno em que lhe ofereceram a cruz do sacrifício, mesmo após receberem apenas o bem de suas mãos luminosas.

Lídia nunca cedeu a essa argumentação. Sempre prosseguiu fiel em sua fé. "De onde vinha tanta força?", perguntava-se ele – a mesma força que a fez perdoar tanto Sandro como Lucy.

Em um desses instantes de reflexão, sentiu-se envolvido em uma agradável sensação. As orações que procediam da mente e do coração da filha amada mais uma vez o atingiam. Afonso procurava reagir toda vez que isso acontecia. Mas a persistência no bem sempre acaba tendo bons resultados. Em meio à sua revolta e amargura, havia muito tempo não se sentia amado, querido por alguém.

Olhou para Lucy. Não mais tinha diante de si a jovem bela e fascinante. Seu olhar denotava profunda tristeza, as emoções descontroladas perturbavam-na cada vez mais. Por breves instantes pensou em deixá-la ir, partir em companhia de quem pudesse auxiliá-la.

A mente de Afonso, porém, resistia em permitir qualquer ideia de perdão. Não aceitava o fato de que ao dominá-la, tolhê-la em sua liberdade, constrangê-la, agravava ainda mais a própria situação de profundo sofrimento.

Foi neste instante de hesitação, em que o desejo de proceder de maneira diferente perpassou seu mundo íntimo que ele pôde divisar junto a Lucy a figura de um homem, de expressão tranquila, que a acolhia como se fosse alguém muito próximo. Ela o reconheceu. Era Bertrand, seu querido amigo, pessoa com quem tinha tantas afinidades! Era ele que vinha orientá-la.

A princípio, Afonso se surpreendeu com a presença daquele homem desconhecido para ele. No entanto, sabia o que estava acontecendo. Tentou evitar, fazer ameaças, intimidar o intruso. Como ousava entrar em seus domínios sem sua autorização? Algo, porém, continha-o. Era como se naquele instante, ao vê-la receber carinho de alguém que conhecera em algum lugar, revivesse timidamente um pouco do afeto que sentira por ela em tempos anteriores. Sim, ela havia sido merecedora de um sentimento um tanto melhor do que o ódio. Um sentimento mesclado com desejo, necessidade de posse, poder, ostentação. Um sentimento que havia sido atraiçoado, na visão de Afonso. Ainda assim, algo poderoso ainda o enternecia de alguma forma.

Bertrand mantinha-se seguro. Estava acompanhado por outros amigos que não eram percebidos por Afonso, mas que ali estavam para retirar Lucy daquele lugar sombrio e desolador. Também ela vinha pedindo por socorro. Não queria mais ficar indefinidamente dominada por Afonso. Arrependera-se muito de seus atos. De sua parte queria também se desculpar e refazer seu caminho. Era um primeiro passo para sua recuperação.

Afonso não opôs resistência. Ela partiu com Bertrand para receber o socorro do qual tanto necessitava. Ele, todavia, permaneceu mais algum tempo em "seus domínios" até ser também atendido por uma equipe socorrista, a serviço de Jesus, o Mestre Amigo a quem ele tanto desdenhara.

E assim foi sendo levado a efeito todo o longo trabalho de burilamento e reajustamento desses espíritos que, por longo tempo, envolveram-se com o erro e a leviandade em suas ações.

Já no plano terreno, Lídia Marçal seguia oferecendo sempre sua cooperação a quem precisasse. Havia aprendido a trabalhar com equilíbrio e harmonia as suas energias curadoras e as punha a serviço de quem necessitasse, sempre com a devida disciplina. Passou a compreender melhor o que se passava com ela. Nada de miraculoso, nada de sobrenatural. Com a Doutrina Espírita hauriu os conhecimentos necessários para guiar com segurança suas próprias faculdades, isentando-as de qualquer misticismo diante dos olhos dos que a procuravam.

Cerca de dois anos depois de haver fundado a fazenda Esperança, Lídia conheceu o homem com quem haveria de se casar: Germano Garcez. Ele era um empreendedor, homem de ideias avançadas. Havia se fixado no interior de Guaratinguetá como cafeicultor. Em sua propriedade, porém, não utilizava mão de obra escrava. Todos os trabalhadores eram livres, muitos deles imigrantes. Junto, o casal prosperou e, da união feliz, nasceram dois filhos: dois meninos que cresceram com as crianças acolhidas pela fazenda Esperança, numa convivência saudável, conforme Siron antevira havia muito tempo.

Mesmo depois da abolição definitiva da escravidão no Brasil, a propriedade seguiu servindo ao propósito para o qual fora fundada: atender à infância desamparada, preparando-a para a vida em sociedade.

Após muitos anos de bem elaborado trabalho, Lídia desencarnou em avançada idade, deixando a muitos seu nobre exemplo e as marcas luminosas de sua passagem pela Terra.

Preparando novas experiências

Sob a cuidadosa supervisão dos instrutores espirituais, foi elaborado o planejamento reencarnatório de Lucy Greegs.

Viria ela novamente ao plano terrestre como Diana Veiga. Seu pai seria seu grande amigo Bertrand Laurel, que mais uma vez dedicar-se-ia à carreira de ator, como Moacir Veiga.

Também foi estabelecido que Diana reencontraria seu amor do passado, Sandro Carvalho que viria a reencarnar como Floriano Sagres. Este, por sua vez, tornaria a contar com o apoio importante de Lídia, que voltaria a seu lado como sua mãe, Alba Lúcia.

Quis ela que esse papel lhe fosse reservado. Queria ter a oportunidade de influenciar na formação do caráter daquele ser a quem tanto amor devotara. De fato, ela soube cumprir nobremente esta tarefa, transmitindo-lhe esmerada educação moral, com elevados valores de integridade e respeito. Já sabia, de antemão, que ele e Diana teriam o compromisso de também receber em seu lar, na condição de filho, o antigo desafeto: Afonso Marçal.

Assim, foram todos se preparando para o regresso à vida corporal, com suas experiências redentoras.

Teria Diana Veiga a esperada oportunidade de se dedicar à arte, que tanto a cativava, e ser uma atriz. Para isso, contou com o apoio do grupo familiar.

Já Floriano Sagres poderia ter novamente a amizade de Jenny, que tornaria a encarnar como Andréa Giovenazzi.

Dessa maneira, o aparente encontro repentino de Floriano e Diana em Londres, cidade que testemunhou muitas de suas ações na anterior encarnação, seguiu rigoroso planejamento prévio. Mesmo a súbita decisão pelo casamento, na realidade, apenas pôs em prática uma decisão que serviria para o reajustamento de ambos.

Juntos, eles teriam a tarefa de dar a Afonso Marçal uma formação mais digna, impregnada pelo mais puro afeto. Tal decisão parece ter ficado fortemente gravada na mente de Floriano, que sempre desejou a paternidade e sofreu demais a ponto de se desequilibrar quando soube da decisão de Diana em interromper propositalmente sua gravidez.

Precisou ele também conviver com as distorções de comportamento que ele mesmo ajudara a impregnar em seu antigo afeto. No passado, beneficiou-se quando a incentivou a agir com leviandade, ambição, excitando seu orgulho, sua capacidade de seduzir, de se utilizar das pessoas em benefício próprio. Estimulara sua conduta licenciosa e, até mesmo, a prática de procurar fugir dos problemas por meio da bebida alcoólica.

Assim sendo, ele enfrentaria situações adversas ao lado de alguém que poderia ou não sucumbir diante de situações mais desafiadoras, tal como sucede a todos nós. No uso da liberdade de escolher seus próprios caminhos, Diana decidiu se unir a Vinícius Aguiar, fazendo com que Floriano passasse por experiência semelhante a que ele impôs a Afonso Marçal em passado remoto.

Tendo seu retorno à carne frustrado pela atitude de Diana em expulsá-lo de seu ventre, Afonso mais uma vez tornou-se amargo e rebelde e, ao tomar consciência dos fatos que os envolveram em época recuada, passou a ter a postura de quem cobra o outro por uma promessa não cumprida. Por muito tempo, ele passou a obsidiá-la, sugerindo-lhe o suicídio, no momento em que ela se apresentava mais vulnerável ao ser abandonada por Vinícius Aguiar, com quem havia se unido.

Na postura de quem cobra uma dívida, olvidava-se ele dos próprios erros que cometera ao adotar uma atitude de profundo apego aos bens materiais, ao desejo de posse desmedido, à indiferença pelos princípios morais e o desrespeito pelo sentimento alheio.

Com tal modo de proceder, era de se esperar que ele atraísse a cobiça, o desejo de revanche e acirrasse ainda mais os ânimos de seus inimigos contra si mesmo, conforme ocorreu com seu próprio genro.

Ao ser socorrido, após a tentativa mal-sucedida de conduzir Diana à ilusão de se autodestruir, Afonso permaneceu irredutível na sua postura de cobrar por uma ofensa recebida. Somente a influência benéfica de Alba Lúcia, que havia sido sua filha Lídia, parecia influenciá-lo positivamente, devolvendo-lhe a calma a trazendo-o pouco a pouco à razão.

Só então ele foi percebendo que tivera na filha uma oportunidade de se corrigir de seus enganos. Quantas vezes ela lhe havia sugerido o trabalho solidário e ele permanecera indiferente? Naquela época, haviam sido convidados ao trabalho edificante em benefício de muitas pessoas, com influência salutar na região onde viviam. Os três, Lídia, Lucy e Afonso poderiam ter dedicado parte de seu tempo, sua inteligência, sua fortuna, em auxílio de grande número de pessoas. No entanto, somente a primeira soube colocar em prática o compromisso assumido e granjeara ainda mais a confiança de elevados servidores da espiritualidade.

Estes, mais uma vez voltavam a confiar na capacidade de Diana Veiga em receber o antigo desafeto, que, apesar de ter lhe inspirado tanto pavor e rejeição, necessitava de nova oportunidade no mundo físico. Necessitava renascer ao seu lado para pôr fim às dissensões que por tanto tempo os haviam separado e semeado tanta dor e sofrimento no caminho de ambos.

Portanto, após estarmos a par dos principais lances do drama que os envolveu em encarnação anterior, voltemos agora aos tempos atuais, na São Paulo do século XXI.

※

Em uma manhã de verão, fotógrafos e jornalistas se reuniam em uma sala reservada à imprensa em prestigiado hotel da capital paulista. Aguardavam pela entrevista coletiva de autores de uma importante obra literária. Tratava-se de uma coletânea reunindo as melhores crônicas de Floriano Sagres e mais três escritores, dois deles estrangeiros.

Estavam todos bastante entusiasmados com o livro que reunia prestigiados nomes da literatura latino-americana. Floriano estava bastante feliz ao realizar um projeto com o qual sonhara havia muitos anos. Sentia-se muito honrado por ter sido convidado a participar da obra cuja dimensão ia mesmo além do que ele havia projetado anteriormente.

Aqueles dias haviam sido cheios de emoções. Sabia agora que outro sonho também estava próximo de se concretizar: Diana em breve daria à luz um filho seu.

A gestação avançava com tranquilidade, para regozijo do casal e de seus amigos. O nascimento do bebê era aguardado para as próximas semanas.

Ali, naquela manhã de verão, Floriano expressava na fisionomia serena e sorridente o bom momento pelo qual estava passando. Ao que tudo indicava, o período de tormenta havia se encerrado. Recomeçara a vida ao lado da mulher que amava e por quem era amado. Ela, por sua vez, também havia dado um novo rumo a sua vida. Havia reiniciado a carreira de atriz, prosseguia com o trabalho na entidade assistencial e procurava estar sempre atenta à manutenção da saúde física, psíquica e emocional.

Todos a postos na sala do hotel, iniciou-se a entrevista coletiva. Floriano, diante de seus colegas jornalistas, a todos respondia com a clareza e a objetividade habituais. Ao término de uma de suas considerações, viu se aproximar dele um de seus assessores, que lhe segredou algo no ouvido. Embora fosse seu outro colega que estivesse a responder a uma das indagações, todos os olhares se voltaram para ele, que parecia paralisado por súbita emoção.

De repente, ainda com a voz embargada, olhos brilhantes, revelou aos presentes o motivo que o impelia a ausentar-se, declarando:

– Senhores, devo me desculpar, mas não posso permanecer por mais tempo. Sigo agora para a maternidade onde minha esposa Diana acaba da dar à luz nosso filho.

Retirou-se o mais depressa possível do local. Queria apenas estar perto da amada e do filho. Sabia que ambos estavam bem. Enquanto se dirigia para lá, lembrou-se do quanto a vida é irônica, por vezes. Alguns anos atrás, naquele mesmo local, diante de repórteres e jornalistas, ele irrompeu furioso, expondo a figura de Diana e a si mesmo, ao acusá-la de ter interrompido voluntariamente a gestação de seu filho, em um dos lances mais tristes de sua existência.

Agora, todos o ouviam falar de vida, de alegria, de esperança, de renovação. O trânsito complicado da capital atrasava sua chegada e o impacientava. O assessor que estava com ele tratava de tranquilizá-lo, sem saber o quanto ele aguardava por aquele momento.

Na maternidade, tendo Cíntia a seu lado, Diana acalentava agora seu filho. Acarinhava seu rosto, vertendo lágrimas de alegria. O serzinho que gerara em seu ventre se corporificara e fazia com que ela sentisse uma emoção indescritível. Era um menino de cabelos escuros, que se aconchegava em seu colo, enchendo-a de ternura, sentimento compartilhado por sua irmã.

As duas estavam em silêncio no quarto da maternidade, quando Floriano, de inopino, chegou. Abriu a porta devagar e também, vagarosamente, foi se aproximando da esposa e do recém-nascido.

Ao contemplá-lo, chorou emocionado. Cíntia saiu para deixá-los mais à vontade, vivendo aquele momento tão especial. O pai dava vazão a uma série de emoções há tanto tempo represadas com ele. Enternecido, beijava-os suavemente.

O menino se chamaria Moacir, em uma homenagem ao pai de Diana.

Tanto ele como eu, Marcos e Alba Lúcia sentimos imensa alegria ao ver que Afonso Marçal fora bem-sucedido em seu regresso à esfera carnal. Desde seus primeiros instantes recebera o afeto do casal, que se encarregara de educá-lo e proporcionar-lhes as condições necessárias para o reajustamento de todos. Agora, dar-se-ia curso a novas experiências indispensáveis ao crescimento de todos aqueles antes comprometidos com uma série de enganos cometidos no passado e que precisavam ser ressarcidos.

✳

Durante um feriado prolongado, encontramos Floriano Sagres a extrair notas de suave melodia no piano na sala de sua ensolarada residência no Guarujá. Não longe dele, Diana amamentava o recém-nascido. O conhecido e renomado escritor amava os instantes em que podia desfrutar da tranquilidade com a esposa e o filhinho. O último livro de crônicas que lançara com outros autores latino-americanos, foi traduzido para o espanhol e obteve absoluto sucesso. Ele vivia, agora, um excelente momento em sua vida profissional.

Moacir crescia saudável, sob o olhar vigilante dos pais.

Sua chegada modificou-lhes a rotina; todavia, trouxe-lhes novo significado à existência. Diana vivia prazerosamente a experiência da maternidade, antes tão temida, evitada e protelada. Jamais poderia imaginar o quanto o simples gesto de sentir o filhinho sugando seu seio lhe traria sensações indescritíveis, despertando-lhe acendrado amor por aquela criaturinha a quem nutria, não só com alimento orgânico, mas a quem transmitia sua mais intensa ternura.

Havia pouco tinham recebido a visita de Andréa e conhecido seus planos de ampliação da entidade assistencial onde eram tratadas as crianças com necessidades especiais. Estavam todos animados após terem conseguido captar os recursos exigidos para pôr em execução a obra que já se fazia necessária havia alguns anos. Andréa explicava a Floriano e Diana a planta com as modificações que seriam feitas para melhorar o atendimento às crianças.

Nesses momentos, Floriano regozijava-se, ainda mais ao ver a esposa tão decidida a participar da empreitada. Aquilo que todos, a princípio, julgavam ser um entusiasmo passageiro da atriz, transformou-se em compromisso atendido com toda a seriedade. Desde o primeiro dia em que colocou os pés naquele lugar, apresentado a ela pelos amigos Carla e Jair, nunca mais deixou de frequentá-lo. Entendia-se de modo particular com os pequenos que traziam limitações sérias consigo, mas nem por isso deixavam de amar a vida e procurar aprender algo naquele lugar encantado, como muitos deles descreviam.

A entidade assistencial, situada em um dos bairros mais pobres da capital, não se caracterizava pela tristeza e pela desolação.

VEREDAS DA PAZ

Longe disso. Ali, a esperança parecia estar sempre presente e, apesar das carências e dificuldades, não havia razão para desânimo, mas sim motivação para lutar sempre pela melhoria das condições, o que felizmente já se verificara nos últimos meses.

Após a saída de Andréa, Diana e Floriano permaneceram conversando a respeito das modificações propostas e pensando em algumas soluções para alguns problemas ainda pendentes, bem como pessoas que pudessem auxiliar na solução destes.

Assim como acontecera a ela, a conhecida atriz havia captado mais alguns cooperadores que também se engajavam com afinco na obra assistencial, dando à casa um tom ainda mais colorido e vibrante, onde a dança, a música e a pintura ajudavam na reabilitação de alguns dos assistidos.

O trabalho voluntário levado a efeito por esses trabalhadores também dava a eles excelentes oportunidades de reajustamento por meio do amor. Esse, aliás, era um compromisso assumido por Diana Veiga antes de sua encarnação. Percebeu ela o quanto havia desperdiçado a chance que se apresentou de juntar-se a Lídia no trabalho que ela executava com as crianças da granja Peruíbe, em épocas recuadas. Arrependeu-se muito por ter se deixado levar por futilidades, pela tola vaidade e pelos preconceitos. Na ocasião, achava inútil dedicar tanta atenção aos filhos de escravas que seguiriam tendo um destino incerto na vida.

Compreendeu que se ela tivesse tentado despertar o interesse de Afonso por aquela atividade, os fatos teriam seguido um desfecho favorável para ambos. Mas a rejeição pelo ex-marido foi mais forte, o desejo de evadir-se de Guaratinguetá prevaleceu e a atração por Sandro terminou por arrastá-la a uma perigosa aventura que os comprometeu seriamente diante de sua própria consciência.

Ali estavam novamente encarnados, os envolvidos nas tramas confusas de uma paixão devastadora e da ambição desmedida.

Sandro Carvalho, o sedutor e sagaz amante de Lucy Greegs, retornara como esposo disposto a honrar o compromisso com a paternidade. Como Floriano Sagres renasceu no lar de Alba Lúcia, sua genitora, alma nobre, que antes havia sofrido muito quando ele a abandonara, a despeito de todo o sincero afeto que recebera dela. Soube entender que sua atitude em nenhum momento quis atingi-la e sim ao pai, Afonso Marçal, homem rude, violento e ambicioso, que acabou por colecionar inúmeras inimizades como consequência de seu insaciável desejo de posse.

Já Lucy Greegs renasceu no lar de Moacir Veiga, a quem havia conhecido como Bertrand Laurel, prestigiado ator dos tempos da Inglaterra oitocentista. As afinidades continuaram a uni-los, o amor pela mesma arte fez com que pudessem desenvolver ainda mais seus talentos.

E, na juventude, ainda visando sua formação para a arte dramática em Londres, novamente Diana vê-se diante de Floriano Sagres, que se preparava para a carreira diplomática, e torna a irromper o profundo sentimento que os unia, tendo como palco a cidade inglesa. Assim, deu-se cumprimento aos planos traçados anteriormente por ambos, ainda na erraticidade.

Sabemos das inúmeras dificuldades, desacertos e alterações de toda ordem que aconteceram até que pudéssemos assistir com júbilo à cena que agora assistíamos.

Diana, com cuidado, aproximava-se com o filho no colo, para que ele recebesse um beijo do pai. A seguir, colocava-o no berço, para que ele pudesse ter um sono sereno. Ignorava que ali estava o mesmo espírito do esposo apaixonado e possessivo de outrora. Como seu obsessor cruel, impôs-lhe tão pesadas impressões a ponto de fazer com que ela o rejeitasse em sua primeira gravidez.

Sua decisão em abandonar definitivamente a bebida alcoólica justificava-se ainda mais agora. Diana havia conseguido sair de tormentoso pesadelo que lhe infligira dolorosas perdas. Havia saído de um torvelinho que ameaçara sua própria existência. Precisou recomeçar e recomeçar todas as vezes que se fez necessário, mesmo quando não se achava com forças para tal. Foram várias as pessoas que a ajudaram nesse processo de reerguimento e a todas elas era profundamente grata.

Depois de colocar o filhinho no berço, voltou à sala para escutar sua música predileta sendo executada com extrema sensibilidade pelo esposo. Em meio a seus desajustes, quase havia perdido seu precioso afeto. No entanto, apesar de todos os revezes, aquele sentimento profundo e arraigado que os unia soube resistir e emergir com força no momento exato, justamente, quando muitos julgavam não ser mais possível reavivá-lo.

Conforme fazia, sempre que podia, Alba Lúcia visitava o lar daquele que, no passado recente, havia sido seu esposo e que havia retornado como seu amado filho. Visitava, também, o recém-nascido e tinha esperanças de que sua presente encarnação fosse bem-sucedida em todos os aspectos. Muito se empenhara para auxiliar aquele espírito que padecera por longo tempo, atormentado pela dor, revolta e desejo de vingança por uma ofensa tão remota, mas da qual não se esquecia, como quem insiste em remexer uma ferida, impedindo que ela cicatrize. Assim agem os obsessores até serem tocados, finalmente, por um sentimento mais forte do que o ódio. E Afonso sempre foi sensível à influência dela, fosse na condição de sua filha Lídia, fosse como amorável entidade espiritual, incansável na tarefa de reerguê-lo. E sua tarefa não se encerrava ali. Solicitara a permissão para que continuasse a acompanhar o desenvolvimento do pequeno Moacir, encorajando-o a permanecer em um caminho melhor, de retidão e amor, amparado pelo amor dos pais que, após terem passado por dolorosas experiências e aprendido mais com os próprios erros, haveriam de estar mais amadurecidos e cientes de suas responsabilidades, diante daquele ser que agora se afigurava como filho amado, credor de seus melhores sentimentos.

A tarde ensolarada agora dava lugar a um céu estrelado, com uma bela lua cheia a encantar os olhos de quem passasse por algumas das praias do Guarujá. Da varanda de sua casa, Floriano e Diana, abraçados, sentiam a brisa do mar e a aspiravam com gosto. Recebendo a influência benéfica da amorosa genitora desencarnada, que mais uma vez o envolvia naquela sensação de paz que ele tão bem conhecia quando estava a seu lado, Floriano sentiu necessidade de agradecer a Deus pelos tempos felizes que viviam agora. Agradeceu pelo filhinho Moacir, por sua saúde, pela companhia da amada Diana, por tudo o que lhes estava sendo oferecido nesta presente etapa.

Diana o olhava embevecida. Escutava as palavras que brotavam do seu íntimo em profusão e com muita sinceridade. Em poucas oportunidades recordava-se do marido elevando aos céus uma fervorosa oração. Ainda que em poucas palavras, conseguiu expressar sua gratidão ao Criador por todas as experiências vividas, aquelas que foram proveitosas e até aquelas que os conduziram às quedas das quais tiveram de aprender a se erguer.

Eu e Alba Lúcia o acompanhamos na breve e sentida oração, também agradecidos à Providência Divina e à Sua Soberana Justiça, que nos permite aprender sempre, a todo o momento, dando-nos a oportunidade de corrigir e melhorar nossas ações e nossa conduta.

Seguimos logo para a colônia Redenção com outros companheiros. Éramos aguardados para uma reunião em nosso aprazível recanto, Veredas da Paz, onde são discutidos variados e relevantes assuntos concernentes à difusão das doutrinas consoladoras pelo mundo, tal como acontece com a Doutrina Espírita. Não poderíamos deixar de agradecer a todos os cooperadores que prestaram seu relevante concurso para a elaboração desta obra, sugerida em uma dessas luminosas reuniões em Veredas da Paz!

Leia estes envolventes romances do espírito Margarida da Cunha
Psicografia de Sulamita Santos

DOCE ENTARDECER

Paulo e Renato eram como irmãos. O primeiro, pobre, um matuto trabalhador em seu pequeno sítio. O segundo, filho do coronel Donato, rico, era um doutor formado na capital que, mais tarde, assumiria os negócios do pai na fazenda. Amigos sinceros e verdadeiros, desde jovens trocavam muitas confidências. Foi Renato o responsável por levar Paulo a seu primeiro baile, na casa do doutor Silveira. Lá, o matuto iria conhecer Elvira, bela jovem que pertencia à alta sociedade da época. A moça corresponderia aos sentimentos de Paulo, dando início a um romance quase impossível, não fosse a ajuda do arguto amigo, Renato.

À PROCURA DE UM CULPADO

Uma mansão, uma festa à beira da piscina, convidados, glamour e, de madrugada, um tiro. O empresário João Albuquerque de Lima estava morto. Quem o teria matado? Os espíritos vão ajudar a desvendar o mistério.

DESEJO DE VINGANÇA

Numa pacata cidade perto de Sorocaba, no interior de São Paulo, o jovem Manoel apaixonou-se por Isabel, uma das meninas mais bonitas do município. Completamente cego de amor, Manoel, depois de muito insistir, consegue seu objetivo: casar-se com Isabel mesmo sabendo que ela não o amava. O que Manoel não sabia é que Isabel era uma mulher ardilosa, interesseira e orgulhosa. Ela já havia tentado destruir o segundo casamento do próprio pai com Naná, uma bondosa mulher, e, mais tarde, iria se envolver em um terrível caso de traição conjugal com desdobramentos inimagináveis para Manoel e os dois filhos, João Felipe e Janaína.

LAÇOS QUE NÃO SE ROMPEM

Em idos de 1800, Jacob herda a fazenda de seu pai. Já casado com Eleonora, sonha em ter um herdeiro que possa dar continuidade a seus negócios e aos seus ideais. Margarida nasce e, já adolescente, conhece Rosalina, filha de escravos, e ambas passam a nutrir grande amizade, sem saber que são almas irmanadas pelo espírito. O amor fraternal que sentem, e que nem a morte é capaz de separar, é visível por todos. Um dia, a moça se apaixona por José, um escravo. E aí, começam suas maiores aflições.

Leia os romances de Schellida!
Emoção e ensinamento em cada página!
Psicografia de Eliana Machado Coelho

Corações sem Destino
Amor ou ilusão? Rubens, Humberto e Lívia tiveram que descobrir a resposta por intermédio de resgates sofridos, mas felizes ao final.

O Brilho da Verdade
Samara viveu meio século no Umbral passando por experiências terríveis. Esgotada, consegue elevar o pensamento a Deus e ser recolhida por abnegados benfeitores, começando uma fase de novos aprendizados na espiritualidade. Depois de muito estudo, com planos de trabalho abençoado na caridade e em obras assistenciais, Samara acredita-se preparada para reencarnar.

Um Diário no Tempo
A ditadura militar não manchou apenas a História do Brasil. Ela interferiu no destino de corações apaixonados.

Despertar para a Vida
Um acidente acontece e Márcia, uma moça bonita, inteligente e decidida, passa a ser envolvida pelo espírito Jonas, um desafeto que inicia um processo de obsessão contra ela.

O Direito de Ser Feliz
Fernando e Regina apaixonam-se. Ele, de família rica, bem posicionada. Ela, de classe média, jovem sensível e espírita. Mas o destino começa a pregar suas peças...

Sem Regras para Amar
Gilda é uma mulher rica, casada com o empresário Adalberto. Arrogante, prepotente e orgulhosa, sempre consegue o que quer graças ao poder de sua posição social. Mas a vida dá muitas voltas.

Um Motivo para Viver
O drama de Raquel começa aos nove anos, quando então passou a sofrer os assédios de Ladislau, um homem sem escrúpulos, mas dissimulado e gozando de boa reputação na cidade.

O Retorno
Uma história de amor começa em 1888, na Inglaterra. Mas é no Brasil atual que esse sentimento puro irá se concretizar para a harmonização de todos aqueles que necessitam resgatar suas dívidas.

Força para Recomeçar
Sérgio e Débora se conhecem e nasce um grande amor entre eles. Mas encarnados e obsessores desaprovam essa união.

Lições que a Vida Oferece
Rafael é um jovem engenheiro e possui dois irmãos: Caio e Jorge. Filhos do milionário Paulo, dono de uma grande construtora, e de dona Augusta, os três sofrem de um mesmo mal: a indiferença e o descaso dos pais, apesar da riqueza e da vida abastada.

Ponte das Lembranças
Ricos, felizes e desfrutando de alta posição social, duas grandes amigas, Belinda e Maria Cândida, reencontram-se e revigoram a amizade que parecia perdida no tempo.

Romances imperdíveis!
Obras do espírito Hermes!
Psicografia de Maurício de Castro

Nada é para Sempre

Clotilde morava em uma favela. Sua vida pelas ruas a esmolar trocados e comida para alimentar o pequeno Daniel a enchia de revolta e desespero. O desprezo da sociedade causava-lhe ódio. Mas, apesar de sua condição miserável, sua beleza chamou a atenção de madame Aurélia, dona da Mansão de Higienópolis, uma casa de luxo em São Paulo que recebia clientes selecionados com todo o sigilo. Clotilde torna-se Isabela e começa então sua longa trilha em busca de dinheiro e ascensão social.

Ninguém Lucra com o Mal

Ernesto era um bom homem: classe média, trabalhador, esposa e duas filhas. Espírita convicto, excelente médium, trabalhava devotadamente em um centro de São Paulo. De repente, a vida de Ernesto se transforma: em uma viagem de volta do interior com a família, um acidente automobilístico arrebata sua mulher e as duas meninas. Ernesto sobrevive... Mas agora está só, sem o bem mais precioso de sua vida: a família.

Herdeiros de Nós Mesmos

A fazenda Boa Esperança era uma verdadeira mina de ouro. Durante anos, vinha sustentando a família Caldeiras com luxo e muito dinheiro. Mas o velho Mariano, dono de todo aquele império, agora estava doente e à beira da morte. O sobrinho Cássio, quase um filho para Mariano, agora comandava a usina. Mas a vida traz lições e ensinamentos e a história ganha contornos inesperados, graças ao sigiloso testamento que Mariano preparou antes de morrer. Uma emocionante obra que nos mostra as consequências do apego aos bens materiais, sobretudo quando ele contamina o amor entre as pessoas, gerando discórdia e desarmonia.

Emocionante romance do espírito Marius

Psicografia de Bertani Marinho

Sempre é Tempo de Aprender

Neste romance, você vai conhecer a família de Maurício Benevides, professor universitário, filósofo, casado com Adélia, proprietária de uma loja de miudezas. E seus dois filhos: Ricardo e Luísa. Em Sempre é tempo de aprender, o espírito Marius, pela psicografia de Bertani Marinho, conta-nos como podemos suportar a dor da perda de um ente querido e o que encontraremos no plano espiritual após nossa passagem. Mostra-nos, ainda, como melhorar nossa conduta com os ensinamentos do Espiritismo, lições de vida inesquecíveis em benefício de nossa própria reforma íntima.